大数据管理丛书

数据合规

入门、实战与进阶

孟洁　薛颖　朱玲凤　著

机械工业出版社
CHINA MACHINE PRESS

图书在版编目（CIP）数据

数据合规：入门、实战与进阶 / 孟洁，薛颖，朱玲凤著 . -- 北京：机械工业出版社，2022.4
（2024.5 重印）
（大数据管理丛书）
ISBN 978-7-111-70536-9

Ⅰ. ①数… Ⅱ. ①孟… ②薛… ③朱… Ⅲ. ①企业管理 - 数据管理 Ⅳ. ① F272.7

中国版本图书馆 CIP 数据核字（2022）第 058617 号

数据合规：入门、实战与进阶

出版发行：机械工业出版社（北京市西城区百万庄大街 22 号　邮政编码：100037）
责任编辑：陈　洁　　　　　　　　　　　　责任校对：殷　虹
印　　刷：固安县铭成印刷有限公司　　　　版　　次：2024 年 5 月第 1 版第 5 次印刷
开　　本：186mm×240mm　1/16　　　　　印　　张：19.5
书　　号：ISBN 978-7-111-70536-9　　　　定　　价：89.00 元

客服电话：（010）88361066　68326294

版权所有·侵权必究
封底无防伪标均为盗版

Preface 自 序

掐指算来,这些年我们作为企业法务和律师,其中很长时间都是从事一线数据合规工作,加起来也有将近20年的"数据合规"工作经历了。那时我们都还年轻(当然,现在热爱学习的心也依然),对这个领域无知且无畏,那时没有《网络安全法》,也没有GDPR(暴露年龄了),那时我们看到数据处理条款和"同意"要求都还很懵圈,那时我们作为中国律师在这个领域没有发言权,需要跟随域外法律从头学起……时光荏苒,一晃已经过去了好多年。

后来我们不知不觉在这个领域一路走下来,不断成长,也不断收获,平时对一线数据合规治理工作有了些心得体会,就赶紧写下来。细壤不拒,细流不择,慢慢有了最初10万字的积累,再后来就有了体系化、做"成书",以总结传承的想法。然而,每每汇总整理时,却又都重重受阻,不是新法更新太快,就是日常工作太忙。其实,归根结底还是内心志忐,不知成书是真的能够帮助大家,还是贻笑大方。

赶上我国《个人信息保护法》的制定、颁布和生效,也算是从事数据合规工作遇到了一个里程碑。我们决定以此为动力,督促自己一定把这本书最终写完。

本书将以一位数据合规法务或律师"白晓萌萌"的成长之路为脉络,分别从入门篇、进阶篇、高阶篇逐步介绍数据合规领域专业人士一路成长过程中会遇到的各类业务场景和风险点,探讨梳理各场景下的数据合规治理解决方案,为希望了解、从事或喜欢数据合规这个领域的法务或律师们拨开云雾,提供数据合规治理的门径与指引,并展望这一专业领域的职业前景和蓝图规划。

写这样一本书并不是任务,也没有指标,更无关奖酬,就是为了提醒、督促、鉴证自己在数据合规这个枯燥而又生动的领域不懈努力、不忘初心。其实说起来,在这个领域坚持下来的初心真就以下两个,虽看起来有些太过"诗与远方",却不惮于读者诸君窃笑无知狂妄而分享于此。

一是从小处着手，希望在一线业务场景中实现"Law is Code"。多年前初见劳伦斯·莱斯格教授的金句"Code is Law"，并无甚感觉，然而在一线互联网或物联网场景从事隐私保护设计工作多年下来，对此经典判断颇感认同，并有了进一步的化用和体会，还希望"Law is Code"，乃至"Code is Code"——在应然状态下，良好的"隐私保护设计"方式确保软件代码与法律规范要求（法律侧代码，另一种"Code"）一致，让技术和法律两种"Code"协同实现业务功能，落实法律对个人信息与数据保护的要求。例如，在用户做出"同意"之前，不能触发SDK来收集用户个人信息，避免不必要地高频读取用户终端地理位置，可以便利地关闭App的访问权限……这些细致具体的数据合规工作落地到一线场景，就是需要让法律规范要求限制技术代码，而不是让技术代码自行其是地获取数据，做出任意处理；同时，也要借助技术手段来高效实现法律对个人信息和重要数据等法益的保护。

这些工作初始可以自己做，随后带动团队做，再后来多方一起努力，影响一条业务线、一家企业，甚至一个行业参与其中。写书不失为一种有效的方式——影响更多人关注和投入这个领域。

二是从大处着眼，希望能为推动数据治理规则更加完善献上一份微薄之力。数据合规的治理规则是数字化时代全社会治理规则体系不可缺失，甚至越来越重要的组成部分。时下热议的数字经济、人工智能、元宇宙等的发展背后都离不开数据伦理和数据处理规则。良善治理和共同富裕的美好社会使普通人受益于数据使用带来的安全、便利和更多福祉，同时，亦无须无限制地让渡个人信息保护和隐私，当然也会避免由资本裹挟技术推动数据使用的无限扩张。

只有在法律的治理与规则的约束下，个人信息、重要数据、大数据和人工智能等与数据相关的要素和资源才会被确保用于做"好"的事情。在AI还不能自主生成法律规则之前，我们还可以抓紧时间探索和制定愈加成熟的、推动技术向善发展的规则体系。如果说，在以前这是重要而不迫切的事情，那么随着个人信息收集使用、大数据算法和人工智能越来越广泛运用，这件事已经变得重要且迫切了。正如苹果公司CEO库克在2021年1月的一次演讲中提到的："如果我们接受生活中的一切都可以被汇总和出售，并且认为这是正常的、不可避免的，那么我们失去的不仅仅是数据，而是失去了做人的自由。"

当然，为个人信息保护和数据使用设立规则并非为了阻碍数据的利用，而是为了促进数据被合法有效地利用，真正让个人、企业和社会都能得到保护，实现各方利益共赢，达到并保持"有效保护与合法使用的可持续状态"。

近代以来的法治精神始终贯穿着"尊重人之为人"的思想，如果法律人能够做一点点事情，推动完善数据治理的规则，以避免把人异化为可以被随意处理的数据字段，使得大数据时代下的人仍然可以保有隐私与尊严，维持人格独立，享有思想自由，这也算是法律人在大数据和人工智能时代回应时代命题的价值和使命吧。

在极其忙碌的日常工作之外，还要坚持不懈地自虐码字，又不揣粗陋成书出版，只愿为我们这个时代的数据保护和治理水平之提升尽绵薄之力。无论是解决一个个具体的代码场景，还是有利于整个社会的数据治理规则完善，我们作为有幸处在这个变革时代的个体，感受着"数据"为我们的生活带来的变化，总想着要为此做些事情。

星辰大海虽远，然心向往之并孜孜以求，正是"怕什么真理无穷，进一寸有进一寸的欢喜"。

是以为序。

作者

2022年1月 北京冬日暖阳

目录 Contents

自 序

开篇 小白入职"数据合规"法务岗位，一头雾水怎么办

第一章 "数据合规"都管哪些事儿 …… 3

第一节 这些数据很重要：用户数据、个人信息、隐私 …… 3

第二节 要管理的数据处理活动太多了：覆盖数据全生命周期 …… 9

第三节 数据合规工作面面观：政策研究、合规评估、管理体系、技术措施 …… 12

小结 …… 17

第二章 数据合规之避坑预警 …… 19

第一节 避坑点之产品端在线协议 …… 19

第二节 避坑点之内部管控 …… 22

小结 …… 25

入门篇 对症下药，小白必知的合规要求

第三章 我国数据合规立法体系与监管要求 …… 29

第一节 现行数据合规立法体系 …… 29

第二节 多重监管要求的对比分析 …… 39

第三节 数据合规违法案例 …… 44

小结 …… 50

第四章 如何让《个人信息保护法》在业务中落地 …… 51

第一节 摸排场景：识别个人信息和主体身份 …… 52

第二节 遵循个人信息处理的基本规则和通用义务 …… 56

第三节 遵循个人信息处理的特殊义务 …… 60

第四节　个人信息主体的权利及其他 ……65
小结 …………………………………… 69

第五章　欧盟数据保护立法体系与监管要求 ……………………………… 70
第一节　欧盟数据保护立法概况 …… 70
第二节　欧盟数据保护监管案例 …… 82
小结 …………………………………… 87

第六章　美国数据保护立法体系及监管要求 ……………………………… 88
第一节　美国数据保护立法概况 …… 88
第二节　美国数据保护监管案例 …… 98
小结 …………………………………… 102

进阶篇　不得不知，小白最常遇到的普通场景

第七章　"告知同意"就是用户"点击同意隐私政策"吗 …………… 105
第一节　"告知同意"法典化概况 … 106
第二节　"告知"规则的适用要求 … 108
第三节　获取个人的有效"同意" … 111
小结 …………………………………… 118

第八章　隐私政策不能抄！那该怎么办 ………………………… 121
第一节　用户同意的隐私政策是合同吗 ……………………… 122

第二节　隐私政策的合规要求 ……… 126
第三节　隐私政策的开发路径 ……… 132
小结 …………………………………… 135

第九章　账号注销，落实起来不容易 … 137
第一节　账号注销，这事儿必须做 … 138
第二节　账号注销需要哪些流程才能完成 ………………………… 141
第三节　用户注销账号之后，企业还需要做什么 ………………… 147
小结 …………………………………… 152

第十章　员工个人信息保护，这事儿不能忘 ……………………… 153
第一节　雇用中国籍员工的注意事项 ………………………… 153
第二节　雇用外国籍员工的注意事项 ………………………… 158
第三节　境外分支机构雇用员工的注意事项 ……………… 162
小结 …………………………………… 162

高阶篇　见招拆招，小白化身数据合规专家应对高难场景

第十一章　更懂你的精准营销和个性化推荐 …………………… 167
第一节　为什么广告是为我量身定做的：精准营销 ………… 167

第二节 为什么互联网产品总能"猜你喜欢":个性化推荐 …… 184
第三节 解开算法中的你和我 …… 189
小结 …… 197

第十二章 数据要素效能发挥:数据共享与交易 …… 198

第一节 数据共享与交易的困境 …… 198
第二节 平台企业有数据垄断"原罪"吗 …… 210
小结 …… 219

第十三章 生物识别技术的发展:人脸识别的恐慌与合规 …… 220

第一节 辨析人脸识别技术及其应用场景 …… 220
第二节 映射人脸识别的数据合规要点 …… 224
小结 …… 231

第十四章 出海业务中如何跨境传输数据才不碰雷 …… 233

第一节 第一道雷:数据本地化 …… 233
第二节 第二道雷:跨境传输合规机制 …… 235
第三节 避雷指南:出海业务跨境传输合规三步走 …… 245
小结 …… 247

第十五章 企业上市中的数据合规:全面布局 …… 248

第一节 证监会上市要求洞察与分析 …… 248
第二节 拟上市企业的前期准备 …… 250
第三节 企业上市后的合规保健 …… 264
小结 …… 265

第十六章 月薪10万元是个小目标:职业跨越式发展 …… 266

第一节 从数据合规律师到数据保护官 …… 266
第二节 数字化转型时代对数据保护官的进一步要求 …… 272

后记 …… 275

附录 …… 277

附录 A 名词解释 …… 278
附录 B 与数据保护相关的常用法规、规章与规范性文件 …… 281
附录 C 数据保护领域单行专项法律 …… 285
附录 D 综合性法律中的数据保护专条 …… 286
附录 E 关于数据本地化和出境要求的规范汇总 …… 294

开篇

小白入职"数据合规"法务岗位,一头雾水怎么办

- 第一章 "数据合规"都管哪些事儿
- 第二章 数据合规之避坑预警

白晓萌萌就职于一家互联网公司法务部，公司的主营业务是面向C端用户提供在线内容服务，涉及在线音视频、在线教育、社交等业务线。在被总法律顾问指定来做"数据合规"专职律师的时候，她整个人还没有完全反应过来。她知道这个领域非常前沿，知识迭代快速，尚处于摸索和创新阶段，因此感到不知如何下手，从哪里切入。当然，她还不知道的是，总法律顾问指定她来担任这个岗位，不是因为她懂这个领域——事实上，大部分人都不懂。领导相信她这个"小白"能够成长为专家，乃是因为白晓萌萌极强的学习能力和经验迁移能力，以及对互联网产品开发设计的热爱，还有对"数据合规"这个领域的好奇。

本篇就是帮助白晓萌萌这位"小白"律师从零开始了解自己的岗位职责。开展数据合规一线工作，首先要弄明白以下问题：

- 要管"哪些数据"——哪些"数据"受到法律和监管要求，需要合规？
- 要管数据的哪些事儿——哪些与"数据"有关的业务运营活动需要"合规"？
- 如何做数据合规——数据合规岗位通常需要做哪些事？会与哪些其他岗位产生工作交集和相互配合？
- 数据合规有哪些底线——这个领域最不能触碰的"大坑"有哪些？如何练就避坑大法？

理解数据合规领域的基本范畴、客体、岗位职责、合规红线——这些都是入门基础知识，只是这个"入门"却不那么容易掌握，虽是"起点"，却也是数据合规领域的"难点"之一。一旦基础掌握不好，以后小白如遇到各种涉及数据处理活动的业务场景，动辄阵脚大乱、动作"变形"或"跑偏"，出具的法律意见和解决方案如无本之木、无水之源，或无法落地，或无从满足法律要求，或根本难以控制风险。

千里之行始于足下，白晓萌萌从零开始，正式开始她的数据合规律师升级打怪之路啦！

第一章

"数据合规"都管哪些事儿

【场景】白晓萌萌最近遇到了入职以来的第一次大挑战：不知道领导安排的新岗位是做啥的。

公司近期频频因个人信息保护相关事宜被通报整改，受到行政处罚，引发民事纠纷等，业务经常因行政处罚、整改要求等需要紧急调整产品交互、后台设置等，否则将面临应用商店下架、整个业务停滞的风险，影响业务整体的规划实施。然而，公司有些部门有时候甚至连合规要求是什么都不了解，整改无从下手，叫苦不迭。公司领导提出希望由专人来管理数据合规，梳理出明确的合规要求，与整个产品开发流程相结合，提前防控风险。总法律顾问指定白晓萌萌主要负责个人信息保护事宜。

白晓萌萌可谓数据合规领域的"小白"律师，因为第一个问题就难住了她："数据合规"都管哪些事儿呢？

第一节 这些数据很重要：用户数据、个人信息、隐私

白晓萌萌首先需要界定数据合规管的到底是哪类数据。她对相关业务部门进行了访谈，了解到企业内部有各种各样的数据，包括：企业经营数据，如财务报表、现金流水、产品日激活人数和活跃人数；企业决策所需数据，如行业统计报告；产品收集的各类数据，

包括用户的注册信息、行为信息等；企业在收集的各类数据基础上加工开发的数据，如用户画像、推荐算法模型、产品优化方向等。访谈后，白晓萌萌得出结论：数据合规管的是与用户相关的数据，具体边界并不清晰，而且用语都不同，有的人称之为用户数据，有的人称之为个人信息，大多数人称之为隐私。

白晓萌萌检索了相关的法律规定、国家标准后了解到，海外某些国家会使用"personal data"这个名词，翻译成中文即"用户数据"，而我国更多使用的是"个人信息"，这二者的所指是一致的，但是在各国的法律规定下，其边界可能不一致，需要根据各国法律的规定来界定。因本书基于国内法，故统一为"个人信息"。

1. 什么是个人信息

个人信息是以电子或者其他方式记录的与已识别或者可识别的自然人有关的各种信息，不包括匿名化处理后的信息㊀。如姓名、出生日期、身份证件号码、个人生物识别信息、住址、联系方式、通信记录和内容、账号密码、财产信息、征信信息、行踪轨迹、住宿信息、健康生理信息、交易信息等㊁。

根据上述定义，个人信息能够识别出"特定"个人即可，无论是识别出该特定自然人的身份（你是谁），还是只识别出一个自然人的行为活动（做了什么）、终端设备（用的什么）等。因此，只要借由信息本身的特殊性可以将某个特定自然人与其他人区分开来，完成识别（即使不知道该自然人的姓名和社会身份），该信息就构成了"个人信息"。

通过个人信息识别出自然人既可以是直接识别，如通过身份证号、护照号码等身份硬标识符自身直接识别出特定自然人；也可以是与其他信息结合来识别出特定自然人，如通过结合移动设备识别符与网络浏览历史，区分出特定自然人，进而向其提供个性化的新闻列表等。

从现实生活的角度，一般通过身份证号、护照号码或者人脸识别、指纹识别等生物识别方式来识别人，其核心在于与自然人的唯一且密切的关联性。从通信产业的角度，识别人的方式是手机号码。但进入虚拟的网络世界后，标示一个用户的最常见方式则是虚拟账号，如微信号、淘宝账号等。互联网服务商通过账号来识别用户，再通过注册账号的手机号、邮箱等联系方式向用户发送广告等。此时，识别用户不一定要知道用户姓甚名谁，只需要唯一关联到某个人即可，因此，相比现实世界的识别符来说，这种识别

㊀ 《个人信息保护法》第4条第1款。
㊁ 《信息安全技术　个人信息安全规范》（GB/T 35273—2020）第3.1条以及附录A。

方式与自然人的关系没有那么密切。

随着移动互联网的发展，相比账号和手机号码来说，移动设备识别符这一对于普通用户而言更无法感知和理解的信息在识别用户、形成用户画像、提供个性化服务等方面起到了重要的作用。用户在移动互联网时代经常会遇到此类场景：在淘宝上搜索健身器材，到今日头条上就能看到同类的广告，甚至在微信或电话中谈到旅游，在抖音中就看到了同类的广告。是 App 有千里眼和顺风耳吗？当然不是，上述场景实现的关键是依靠移动设备识别符以及用户画像技术。

移动设备识别符是指手机或者其他移动设备上唯一标识该设备的识别符，类似于该移动设备的身份证号码，如 MAC 地址、产品序列号（SN）、Android 系统上的 IMEI、iOS 系统上的 IDFA。移动设备识别符在识别用户方面比账号的作用更大，账号一般来说仅是一个公司或者一个产品内识别同一个用户的媒介，而移动设备识别符是同一个移动设备上所有服务商都认识同一个用户的媒介，广告主可以通过移动设备识别符定位出不同公司账号对应的同一个用户，于是就发生了各 App 之间仿佛认识同一个用户的情况。

因此移动设备识别符也是一种非常重要的个人信息，即使它本身并不能识别出该特定自然人的身份，但可识别出特定自然人使用的终端设备，从而识别出一个自然人的行为轨迹，进而完成精准的画像。

为了便于大家理解，《信息安全技术 个人信息安全规范》（GB/T 35273—2020）中对个人信息进行了举例，如图 1-1 所示。

敏感个人信息是一旦泄露或者非法使用，容易导致自然人的人格尊严受到侵害或者人身、财产安全受到危害的个人信息，包括生物识别、宗教信仰、特定身份、医疗健康、金融账户、行踪轨迹等信息，以及不满十四周岁未成年人的个人信息㊀。值得注意的是，不同国家对于敏感个人信息的范围认定存在差异，而且可能使用类似"特殊类型的个人信息"的概念。

敏感个人信息的滥用或泄露将造成更为严重的风险，因此在合规要求上会更为严格，包括在具有特定的目的和充分的必要性，且采取严格保护措施的情形下㊁，并在额外告知处理敏感个人信息的必要性和对个人权益的影响后经过个人的单独同意等㊂。

㊀ 《个人信息保护法》第 28 条第 1 款。
㊁ 《个人信息保护法》第 28 条第 2 款。
㊂ 《个人信息保护法》第 29 条和第 30 条。

个人基本资料	个人姓名、生日、性别、民族、国籍、家庭关系、住址、个人电话号码、电子邮件地址等
个人身份信息	身份证、军官证、护照、驾驶证、工作证、出入证、社保卡、居住证等
个人生物识别信息	个人基因、指纹、声纹、掌纹、耳廓、虹膜、面部识别特征等
网络身份标识信息	个人信息主体账号、IP地址、个人数字证书等
个人健康生理信息	个人因生病医治等产生的相关记录,如病症、住院志、医嘱单、检验报告、手术及麻醉记录、护理记录、用药记录、药物食物过敏信息、生育信息、以往病史、诊治情况、家族病史、现病史、传染病史等,以及与个人身体健康状况相关的信息,如体重、身高、肺活量等
个人教育工作信息	个人职业、职位、工作单位、学历、学位、教育经历、工作经历、培训记录、成绩单等
个人财产信息	银行账户、鉴别信息(口令)、存款信息(包括资金数量、支付收款记录等)、房产信息、信贷记录、征信信息、交易和消费记录、流水记录等,以及虚拟货币、虚拟交易、游戏类兑换码等虚拟财产信息
个人通信信息	通信记录和内容、短信、彩信、电子邮件,以及描述个人通信的数据(通常称为元数据)等
联系人信息	通讯录、好友列表、群列表、电子邮件地址列表等
个人上网记录	指通过日志储存的个人信息主体操作记录,包括网站浏览记录、软件使用记录、点击记录、收藏列表等
个人常用设备信息	指包括硬件序列号、设备MAC地址、软件列表、唯一设备识别码(如IMEI/Android ID/IDFA/OpenUDID/GUID/SIM卡的IMSI信息等)等在内的描述个人常用设备基本情况的信息
个人位置信息	包括行踪轨迹、精准定位信息、住宿信息、经纬度等
其他信息	婚史、宗教信仰、性取向、未公开的违法犯罪记录等

图1-1 《信息安全技术 个人信息安全规范》附录A中对个人信息的举例

2. 个人信息与隐私辨析

隐私是自然人的私人生活安宁和不愿为他人知晓的私密空间、私密活动、私密信息㊀,权利主体行权的核心目的在于"不愿为人知晓"和"生活安宁",即隐私的核心是"私密性",即信息主体不想让外界知悉这些空间、获得的信息,即使有些信息并不属于他的个人信息,甚至只是一种物理空间(私人活动所覆盖的范围)。由于主体行权的目的多在于防御第三人获知,因此是一种相对偏主观感觉的认知。个人信息如上所述,核心是"可识别性",即该信息可直接或结合识别出特定自然人,主体行权目的多在于想要积极管理已授权第三人处理的个人信息。但是否属于其个人信息,则是相对偏客观事实的认定。因此,针对自然人的隐私或个人信息而言,"私密性"和"可识别性"是两种重要但不同的划分维度,存在一定程度上的重合(即主观上不愿让外界知悉的、客观上可识别

㊀ 《民法典》第1032条。

其个人的信息）。表 1-1 所示为个人信息与隐私的辨析。

表 1-1 个人信息与隐私辨析表

情形	信息的二元属性	举例
1. 既是隐私，又是个人信息	既有私密性，也有可识别性	基因数据、性取向
2. 不是隐私，仅是个人信息	无私密性，但有可识别性	面部特征、手机号码
3. 仅是隐私，非个人信息	有私密性，无可识别性	将游戏人物作为暗恋对象
4. 既非隐私，也非个人信息	无私密性，无可识别性	匿名化的数据

值得注意的是，表 1-1 的前三种情形存在此消彼长、相互角力的有趣情况。特别是，随着大数据时代进行信息收集、追踪、匹配的能力越来越强，个人信息的边界在不断扩展，而可被归入隐私范畴的信息却越来越少，即情形 2 扩张为主流样态，情形 1 和 3 的空间却越来越小○。这才导致人们常常有一种错觉，认为个人没有隐私，甚至将个人信息与隐私混同。

如前所说，作为隐私权和个人信息重叠保护对象的"私密信息"是《中华人民共和国民法典》（以下简称《民法典》）下一个重要的新生术语，也是最难界定的人格权客体之一。只有一项信息同时具备"能够识别自然人"和"主体不愿为他人知晓"两个要件，才是构成私密信息的个人信息。

但在个人信息处理和司法实践中，对某一信息属性的认定难点往往不在于"可识别性"，而在于难以判断"私密性"，即构成个人信息的同时是否还会进一步构成私密信息。然而，是否构成私密信息不仅是一项主观认定，还需要同时兼顾考虑三重视角：信息主体个人的合理隐私期待，即作为信息主体个人的内心感觉、想法、诉求、期待、愿景；普通人的一般合理认知，即作为一个普通人通常会做出的预期判断与根据正常人的社会经历和认知水平会做出的内心反应；实际的信息收集和处理场景，即在特定情况下并结合当时的具体情境会做出的心理判断与暗示。

如果以上任一因素发生变化，对于个人信息的私密性判断都可能出现不同结果。例如，极端来讲，即使性取向系敏感个人信息，公众亦一般认知为隐私，但是否绝对属于隐私，也要看主体自身的性格、认知、理解力与抗压性，主体所在环境的包容性与开放

○ 在"庞先生诉某航空公司"一案中，二审法院明确指出："在当今的大数据时代，信息的收集和匹配成本越来越低，原来单个的、孤立的、可以公示的个人信息一旦被收集、提取和综合，就完全可以与特定的个人相匹配，从而形成某一特定个人的详细而准确的整体信息。这些整体信息一旦被泄露扩散，任何人都将没有自己的私人空间，个人的隐私将遭到巨大威胁，任何他人未经权利人的允许，都不得扩散和不当利用能够指向特定个人的整体信息。"

性，是否有主动意愿公开，是否为实现特定诉求，是否因此会遭受歧视性待遇等。例如，在一些较为传统的社区环境，个人一般不愿意公开同性取向，而在开放程度大的城市，愿意公开同性伴侣关系的人越来越多，甚至一些公众人物公开表明自己的性取向，就更难以构成其隐私了。当发生隐私权与个人信息认定的争议时，法律应当同时考虑以上三点，不可偏废一端，才能保证其公平公正。

在北京互联网法院的"微信读书"案中，判决从用户合理隐私期待的维度将个人信息兼具的隐私属性划分为三个层次：一是符合社会一般合理认知下共识的私密信息；二是不具备私密性的一般信息；三是兼具防御性期待及积极利用期待的个人信息。是否侵权需要结合信息内容、处理场景、处理方式等进行符合社会一般合理认知的判断[1]。另一民事判决从场景化角度来分析，指出社交应用的好友关系在一定范围内已公开，并非不愿为他人知晓的私密信息。当然，这些诉争标的兼具个人信息与隐私权争议的案件还比较零星，尚未形成普遍共识。虽然对于社交软件中的虚拟社交关系、电话通讯录等构成个人信息的分歧不大，但这些信息是否同时仍然具有"私密性"的属性，则在企业和用户之间产生很大分歧。不同社交软件对社交关系的公开模式多有差异，因此用户的合理隐私期待也应该场景化识别，即不应脱离具体软件的适用场景概括出过于抽象的论断。

3. 个人信息与匿名化、去标识化的辨析

此外需要辨析的概念是：部分信息确定是个人信息，但是可能进行一定的加工处理，对其识别性产生了影响，那么处理后的个人信息是否仍然属于个人信息呢？还有一个需要辨析的概念是匿名化，《中华人民共和国个人信息保护法》（以下简称《个人信息保护法》）规定，"匿名化是指个人信息经过处理无法识别特定自然人且不能复原的过程"[2]。如果认定为符合匿名化的要求，则匿名化处理后的信息不再适用个人信息处理的法律要求，因为其已经不再具备可识别性。但是，需要注意的是，对个人信息匿名化的处理要求是比较高的，需要无法从处理后的结果复原、识别特定自然人，而且应持续采取相应的机制来防范随着技术发展或者数据融合而从中重新识别出特定自然人的风险。

随着快递物流、外卖等场景下手机号码被泄露情况的频繁发生，日常生活中出现了以"微笑面单"方式（将用户手机号码中间四位数隐藏为笑脸符号或星号），及外卖平台

---

[1] 北京互联网法院（2019）京0491民初16142号判决书。
[2] 《个人信息保护法》第4条、第73条第（四）项。

或者网约车平台提供"隐私号"等对手机号进行"脱敏"的处理方式。但是这是否意味着隐藏中间四位号码的手机号码或者替换为唯一值等处理后的信息就不属于个人信息了呢？事实上，在绝大部分情况下，这样简单脱敏处理的手机号并没有匿名化，仍然是个人信息。

手机号码经过简单隐藏四位数或者替换为唯一值的隐私号等处理后的信息通常并不能构成上述匿名化要求。对于进行上述处理的企业而言，仍会保留处理前后信息的映射表，以持续识别用户以及提供相应服务。因此，此类简单脱敏处理的手机号不属于无法识别特定自然人且不能复原；对于接收该等手机号的主体而言，通过将不同渠道获取的手机号或其他信息进行"撞库"匹配，也存在再次还原出原始手机号的可能性。

所以，简单隐藏手机号码的几位数或替换为唯一值的隐私号等处理方式，其实仅仅是去标识化而已——去标识化是"个人信息经过处理，使其在不借助额外信息的情况下无法识别特定自然人的过程"㊀。借助隐藏的位数或者数据映射表，还是能够从隐藏四位数的手机号或隐私号识别特定自然人的。这样去标识化的信息并不意味着不再属于个人信息，无须按照个人信息保护相关规则加以处理，而仅是个人信息处理的安全保障措施之一，用以避免在类似快递单、外卖订单等个人信息展示环节泄露个人信息，以及违法人员在接收到个人信息后可以快速、便利地定位到特定的自然人而进行诈骗等。

第二节　要管理的数据处理活动太多了：覆盖数据全生命周期

白晓萌萌在厘清了数据保护覆盖的对象为个人信息后，需要进一步了解数据合规工作的范围。从信息技术的本质而言，个人信息是一个或几个字段，即数据。如"01010202,F,click,2021-04-21 9:26:00"，该行数据根据自定义的数据结构，含义为"ID 是 01010202，性别为女，在 2021 年 4 月 21 日 9 点 26 分发生了一次点击行为"。数据有自己的生命周期，如图 1-2 所示㊁，从逻辑上可以简单分为数据收集、使用、存储、披露至销毁。使用"数据全生命周期"的框架，一方面符合数据的基本规律，另一方面可以帮助数据合规人员全面梳理企业处理个人信息的活动，进而分阶段评估和处置相应的个人信息保护风险。

㊀ 《个人信息保护法》第 73 条第（三）项。
㊁ Travis D. Breaux, *An Introduction to Privacy for Technology Professionals*, 2020。

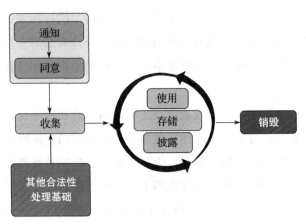

图 1-2 数据全生命周期

1. 数据收集

数据收集是指获得个人信息的控制权的行为,包括由个人信息主体主动提供,通过与个人信息主体交互或记录个人信息主体行为等自动采集,以及通过共享、转让、收集公开信息等间接获取个人信息等行为。如果产品或服务的提供者提供工具供个人信息主体使用,提供者不对个人信息进行访问,则不属于本标准所称的收集。例如,离线导航软件在终端获取个人信息主体位置信息后,如果不回传至软件提供者,则不属于个人信息主体位置信息的收集㊀。需要提示的是,如果产品或服务提供者提供工具,虽然个人信息不会上传到服务器,但是在本地能访问、处理,即享有控制权,则仍然属于收集个人信息。例如,部分 App 读取用户移动设备剪贴板的内容,构成数据收集。

数据收集从来源可以分为自主收集和从第三方间接获取两种。企业自主收集个人信息的,如在服务中要求用户提供账号名和密码用以创建账号,则应满足知情同意、合法、必要、正当等原则。若企业从第三方间接获取,如广告主收到广告发布平台收集的用户浏览点击广告行为,则应进一步了解第三方收集数据的合法性以及用户授权范围等。

数据收集从用户感知程度可以分为积极收集和消极收集两种。积极收集是用户可感知的,如用户自主提交的账号、个人信息档案等。消极收集是指用户相对无感的收集,如产品或服务自动采集的 GPS 位置、人脸信息等。例如,2021 年 3·15 晚会上曝光某些线下门店使用具备人脸识别功能的摄像头,准确掌握用户到店情况、浏览商品情况,以及性别与年龄等,用以精准推销。用户对这种消极收集的感知更弱,数据收集中更应该

㊀ 《信息安全技术 个人信息安全规范》(GB/T 35273—2020)第 3.5 条。

履行充分告知义务。

2. 数据使用

数据使用没有具体的定义，一般概括为除了存储和销毁以外的其他处理活动。这类活动一般都是基于收集时的目的或功能，若超出该目的，则需要另行告知用户且经过用户同意。数据使用的处理活动可能根据其活动的特性有所不同，如数据清洗、数据建模、数据分析等，从个人信息保护角度需要特殊关注的主要是用户画像、个性化展示以及数据汇聚。在数据使用过程中，应采取适当且必要的安全保障技术和组织措施。

3. 数据披露

数据披露并非是严谨的法律概念，而是从技术逻辑角度描述将数据提供给特定和不特定的第三方，可能包括共享、转让和公开披露。

共享是个人信息控制者向其他控制者提供个人信息，且双方分别对个人信息拥有独立控制权的过程[一]。例如，支付服务提供商将订单支付结果提供给电子商务平台，而支付结果在支付服务提供商和电子商务平台有其各自的目的，因此也拥有独立控制权。

转让是将个人信息控制权由一个控制者向另一个控制者转移的过程[二]。例如，A企业独立运营的产品收集了个人信息，后来A企业被B企业并购，该产品的运营方变成B企业，则收集的这些个人信息从A企业转让给了B企业。

公开披露是指向社会或不特定人群发布信息的行为[三]。例如，用户主动在社交媒体上公布其个人相关信息，包括手机号码、家庭住址等。

数据披露环节从风险防控的角度理解，增加了参与数据处理活动的主体，个人信息保护风险可能有所增加。因此要求企业在发生数据披露时应当充分履行告知义务，包括接收个人信息的第三方名称或类型、披露个人信息的类型、披露个人信息的目的等，并经过用户同意。而且企业应当与第三方之间定义相互的义务和因个人信息保护而承担的责任等。

4. 数据存储

数据存储一般是指将个人信息存储到一定的介质上。数据存储环节主要关注的是存储期限。个人信息存储期限应当根据数据收集的目的、法律规定以及用户意愿等确定，该存储期限或存储期限的确定规则应当告知用户。

[一]《信息安全技术 个人信息安全规范》(GB/T 35273—2020) 第3.13条。
[二]《信息安全技术 个人信息安全规范》(GB/T 35273—2020) 第3.12条。
[三]《信息安全技术 个人信息安全规范》(GB/T 35273—2020) 第3.11条。

同时数据存储环节也会关注存储所采用的技术措施，如是否进行了去标识化，是否针对敏感个人信息予以加密等。

5. 数据销毁

法律规定和国家标准中可能会使用"数据删除"，但是"数据销毁"一词相对来说更准确，它明确指向个人信息的彻底删除，而非仅是加密或者简单覆写。因为后两种情况可能会存在数据恢复后造成个人信息泄露的风险。在数据存储期限届满或用户行使注销账号等权利时，应当进行个人信息销毁。

第三节 数据合规工作面面观：政策研究、合规评估、管理体系、技术措施

白晓萌萌在充分理解个人信息的定义以及需要从个人信息的全数据生命周期进行保护的理念后，又犯愁了：数据合规工作到底是干什么的？怎么与相关部门合作推进数据合规工作呢？

1. 数据合规工作的方方面面

根据《个人信息保护法》的规定，企业在个人信息处理上应承担包括但不限于如下义务：

1）根据法律相关规定，对个人信息处理活动事前进行个人信息保护评估并对处理情况进行记录。

2）制定内部管理制度和操作规程，实施个人信息分类管理。

3）采取加密、去标识化等安全技术措施。

4）合理确定个人信息处理权限，并定期对从业人员进行安全教育和培训。

5）合规审计。

6）制定并实施个人信息安全事件应急预案，在发生个人信息安全事件时采取补救措施，通知履行个人信息保护职责的部门和个人。

上述义务充分覆盖了政策研究、合规评估、管理体系和技术措施等方面，它们均应纳入数据合规工作中。

（1）政策研究

个人信息保护法律体系包括多部法律、部门规章等规范性文件，如《刑法》《民法典》《个人信息保护法》《数据安全法》《网络安全法》《移动互联网应用程序个人信息保护管理

暂行规定》《儿童个人信息网络保护规定》；同时也包括相关行业的规范性文件中涉及个人信息保护的条款，如《电子商务法》《网络交易监督管理办法》《征信业管理条例》。

个人信息保护领域在国家标准和行业标准方面也有规范，在个人信息保护法律规定较为概括时，可以作为推荐性实践进行补充。如《信息安全技术　个人信息安全规范》、《信息安全技术　个人信息安全影响评估指南》（GB/T 39335—2020）等。

数据合规工作首先需要进行政策研究，将上述法律规定和标准要求，按照公司所处行业以及相关运作流程，拆解为公司内的合规要求，作为合规评估、审计等的依据。

（2）个人信息保护影响评估

个人信息保护影响评估是数据合规工作中最为重要的一种工具或方法。法律等规范性文件规定了应当进行合规风险评估的数据处理活动，包括[一]：

1）处理敏感个人信息；

2）利用个人信息进行自动化决策；

3）委托处理个人信息、向他人提供个人信息、公开个人信息；

4）向境外提供个人信息；

5）其他对个人有重大影响的个人信息处理活动。

此外，从合规工作来说，个人信息保护影响评估是最佳的了解企业数据处理活动情况以及相应风险程度的方式。

个人信息保护影响评估应按以下步骤进行：首先对待评估对象进行数据映射分析，形成数据清单以及数据流图；然后梳理待评估的个人信息处理活动，作为基础事实；最后根据合规要求，从个人信息的处理目的、处理方式等是否合法、正当、必要，对个人权益的影响及安全风险，所采取的措施是否合法、有效以及与风险程度是否相适应等多个方面，提出相应的改进建议，形成评估报告。

（3）管理体系

法律规定要求企业按照所处理活动的风险等提供相应、适当、必要的组织措施和技术措施。组织措施则需要依靠管理体系来加以运转，如图1-3所示[二]，简单来说包括个人信息保护的机构组织保障、对相关从业人员的培训与考核，以及相应的制度保障（将合规要求落实到公司内不同层级的规范文件中）、安全事件应急响应以及安全审计。

　　㊀ 《个人信息保护法》第55条。

　　㊁ 安永EY：《一图读懂｜数据安全合规性评估要点》，载自微信公众号"安永EY"，2021年5月1日，见 https://mp.weixin.qq.com/s/-TM-1lr6x9M5fJPciof43w。

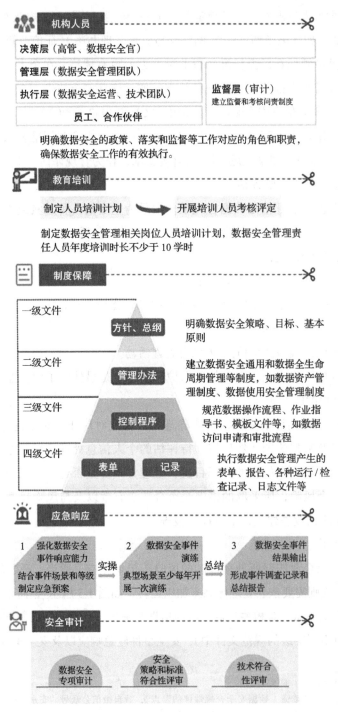

图1-3 个人信息保护管理体系示意图

（4）技术措施

适当必要的措施除了组织措施，还应当包括相应的技术措施。个人信息保护的技术措施范围比较广泛，既包括加密、脱敏等安全技术措施，也包括落实个人信息保护要求的产品设计技术措施。安全技术措施，如图1-4所示[一]，包括数据识别、个人信息保护、接口安全管理、数据防泄露以及操作审计。关于落实个人信息保护要求的产品设计技术措施，根据各产品类型的差异，基于产品本身带来的风险而相应设计的合规控制措施包括差分隐私、联邦计算等。比如，阅读平台建议开启好友关系，可以互相分享读书记录和心得，而该功能对于部分希望读书是私密的用户来说是超出预期的，所以产品合规设计应为默认不开启。

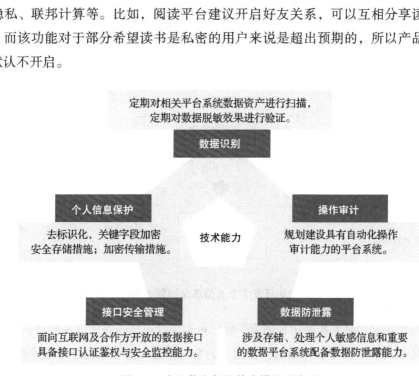

图1-4 个人信息保护技术措施示意图

2. 数据合规工作的利益相关方

如上所述，数据合规工作涉及多个方面，包括政策研究、合规评估、管理体系以及技术措施等，在企业内分工明晰的情况下，这些工作应由各自相关部门承担。本书对利益相关方的部门阐释是基于一般理解，而各个公司的组织架构各有不同，本部分仅作为参考。

[一] 安永EY：《一图读懂丨数据安全合规性评估要点》，载自微信公众号"安永EY"，2021年5月1日，见 https://mp.weixin.qq.com/s/-TM-1lr6x9M5fJPciof43w。

（1）功能开发相关的利益相关方

以软件开发为例来阐释利益相关方，如图1-5所示⊖，涉及数据合规的利益相关方如下。

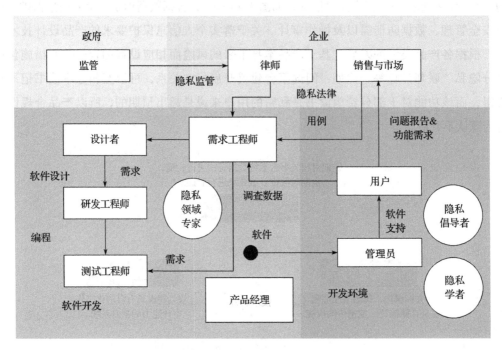

图1-5 软件功能开发中个人信息保护利益相关方示意图

销售与市场部门处在接触用户的第一线，负责创设市场新需求以及推动新功能开发。销售与市场部门应当理解软件如何保护用户的个人信息以及相应的产品技术机制。同时也会将用户和市场关于个人信息保护方面的功能诉求反馈给需求工程师。

需求工程师部门承担将利益相关方的需求汇聚、融合，再呈现给设计部门的重要角色，在多数国内公司，该职责也由产品经理部门承担。需求工程师部门也会将个人信息保护相关的需求以及合规评估后的合规处置需求纳入需求管理中。

产品经理部门负责将需求转化为产品设计。产品经理应当确保与个人信息保护相关的需求，如匿名化、账号注销设置、个人信息保护政策的同意机制等。

研发部门负责将产品设计研发成软件产品，包括设计架构、开发代码等。研发工程

⊖ Travis D. Breaux, *An Introduction to Privacy for Technology Professionals*, 2020。

师应当确保个人信息保护相关的设计都被实现到软件产品中。

测试部门负责测试验证软件产品与设计需求是否一致等。测试工程师应当确保个人信息保护相关研发与设计一致。

在软件开发过程中，数据合规工作需要与需求工程师、产品经理、研发工程师、销售与市场人员以个人信息保护为连接点，大家在各自岗位职责范围内进行沟通，落实个人信息保护。

（2）数据开发的利益相关方

在大数据时代，除了传统的软件开发，涉及更多的是数据利用，包括数据分析、数据挖掘、深度学习、算法推荐、用户画像等。数据开发的利益相关方涉及如下两类。

1）数据科学家部门，包括算法工程师、数据工程师，其主要职责是通过数据实现业务的需求。例如，在网约车服务中构建算法模型匹配用户和司机，完成最高效的派单，减少用户等待时间。完成这样的需求，需要大范围地分析包括个人信息在内的数据，包括用户集中打车地点、时间以及打车习惯等，构建相应的算法模型。数据科学家部门对数据的需求会比软件开发相关部门更强烈，但是因为深度学习等原因，很难解释个人信息和实现目的之间的关系。因此，数据合规人员需要与数据科学家密切合作，在保障个人信息保护的同时促进数据价值的发挥。

2）大数据平台部门，其主要职责是构建大数据平台，包括数据存储架构、元数据、数据分析引擎等基础技术架构。大数据平台可以在数据平台侧实现个人信息保护要求，比如数据发现和数据流图，为个人信息保护提供评估的基础材料，同时观察合规实施效果。

（3）管理体系和技术措施的利益相关方

如前所述，我们需要建立管理体系和安全技术措施来保障个人信息。信息安全管理体系和安全攻防等部门在个人信息保护工作出现前已经很成熟了，通常被称为信息安全部。数据合规工作应当与信息安全部充分合作，在信息安全管理体系上增加个人信息保护，迭代为个人信息安全管理体系，同时持续落实和巩固安全技术措施，包括漏洞管理、数据防泄露等。

小　结

白晓萌萌充分理解了个人信息的定义，厘清了个人信息与其他相关类型信息的边界，同时理解了应当从全数据生命周期的角度去思考如何实现个人信息保护要求的落地。她对数据合规工作有了一定的概念，结合企业在数据处理活动中的个人信息保护义务，将数据合规工作分为政策研究、合规评估、管理体系和技术措施4类不同性质的工作。于是她根据公司内的各个利益相关方，设定了与各部门合作的职责定义、合作方式等，摩拳擦掌准备开展数据合规工作了。

白晓萌萌揭开了数据合规工作的面纱后，也希望能够向前辈们取取经，提前规避数据合规工作中的大坑、小坑。

第二章

数据合规之避坑预警

【场景】白晓萌萌经过刻苦努力的学习,已经初窥数据合规领域门槛,但令她感到困惑的是,所了解的知识过于庞杂,很难在短时间内为其他部门提出有效的合规建议,再想到即将与领导层、产品和技术等部门开内部会议,在会议上需要结合现阶段了解到的数据合规知识进行发言,不由得更加苦恼。部门领导看出了她的担心,告诉她可以先梳理出大方向的"雷区",让同事们提前知悉和及早做准备,至于如何排净"雷区"里的"雷",可以放在后续的工作中慢慢进行。小白深受启发,提前梳理好了"雷区分布图",并在会议上做了如下汇报。

第一节 避坑点之产品端在线协议

业务一直是企业的核心竞争力,法务部门更多的是为产品的发展保驾护航,二者本应该是相互依存、相互扶助的关系,但实践中往往会出现"业务先行"的情况。以数据合规业务为例,在行业内尚未正式重视这个方向之前,许多公司的产品都是在没有个人信息保护政策或者将别处的个人信息保护政策东拼西凑变成自己的,然后上线的。这种情况在以前或许可以蒙混过关,但在相关立法趋于完善、执法趋于严格的今天,这无疑是企业合规的"雷区"之一,而且是最危险的"雷区"。

这并不是危言耸听,自2019年起,中华人民共和国工业和信息化部(以下简称工信部)、国家互联网信息办公室(简称网信办)等执法机关多次对上架的App产品进行筛查检测,对于不符合合规要求的,采取"通报、下架"等处罚措施,更严重的还可能会采取约谈公司负责人、罚款等处罚措施。这无疑会给公司带来非常恶劣的负面影响,特别是收集、处理用户敏感信息的公司(如金融、医疗、保险等行业)。用户可能会对公司保护其个人信息的能力和意愿产生怀疑,选择不使用该公司的产品而选用其他同类产品。

公司不会希望有客源流失、风评降低的情况出现,那么制定全面的、符合公司产品实际情况的在线协议就显得尤为重要。在线协议是外界对公司合规情况最直观的了解渠道,也是用户、第三方公司、监管机关最关注的内容,如果在线协议的描述存在纰漏,那么即使内部合规保护做得再好,也是不被外界认可,因为在线协议在一定程度上代表公司的合规脸面。

说了这么多,在线协议具体包括哪些呢?

首先,用户协议毋庸置疑是企业与用户之间最重要的协议,承担着明确双方权利义务及责任的重要使命,能够有效帮助企业应对纠纷、履行举证义务。用户协议涉及的维度较广,可能涉及合同法、知识产权法、消费者权益保护法等诸多法律领域,制定一份完备的用户协议,可能需要各方向的法务人员协同配合。

其次,便是与数据合规领域密切相关的隐私政策(或称为"个人信息保护政策")。该政策旨在向用户阐释公司如何收集、使用、存储及保护用户个人信息,用户如何行权,企业的响应方式等内容。该协议本质上属于用户协议的一部分,但根据法律法规要求,应独立于用户协议单独成文。个人信息保护政策中还会涉及部分单行文本,如产品内嵌入第三方插件收集、使用个人信息的情况,App内调用设备权限的情况,产品内使用Cookie等追踪技术的情况等。此外,如涉及处理儿童(低于14周岁)用户个人信息的,还应当单独制定"儿童个人信息保护声明"。

最后,产品本身的隐私保护设计虽然不属于在线协议的范畴,但因其对在线协议的"展示—签署—落实"等方面起到的重要串联作用,在此处一并提及,并特别提示负责产品设计开发的同事,在产品开发阶段就应当做好将隐私保护融入产品设计中的计划,避免在后续迭代更新时,因原产品展示形态与法律要求脱节而被迫进行大幅度整改更新,影响用户体验,也不利于企业自身的合规举证。

在上述在线协议中,个人信息保护政策是与数据合规领域密切相关且优先级最高的,我们在起草个人信息保护政策时,应当特别注意如下要点,避免"踩雷"。

1)明确个人信息保护政策适用的产品类型。公司应当根据各业务线产品的实际情况选择个人信息保护政策的制定体系。例如，公司可以选择制定集团性的总个人信息保护政策＋各产品的"总—分"式个人信息保护政策；亦可选择每个产品单独制定一份的"单对单"式个人信息保护政策。"总—分"式个人信息保护政策多适用于集团性企业、适用统一账号体系的企业及各产品间有较大共通之处的公司，当相同部分发生变化时，调整"总"政策，当单线部分发生变化时，调整"分"政策，有效避免"牵一发而动全身"的困境出现；而"单对单"式个人信息保护政策多适用于产品类型单一或产品类型彼此独立的情况，以便在产品更新时及时进行有针对性的调整。

2）明确产品适用对象的年龄。如涉及14周岁以下未成年人的，还应当单独制定儿童个人信息保护指引。涉及14～18周岁未成年人的，应以专章的形式对公司如何保护未成年的个人信息进行说明。

3）充分梳理产品中涉及个人信息处理的功能类型、每类功能对应处理个人信息的字段及目的、与第三方之间信息传输的情况（包括嵌入第三方插件的类型、第三方合作伙伴的身份、处理个人信息的类型及目的等内容）及App调用设备权限的情况等内容。这里往往是"爆雷"最频繁的地区，很多公司不愿意花费时间和精力进行全面且细致的梳理，往往应付了事。但依据"应付"出来的梳理材料写出的"以为真实"的个人信息保护政策，是无法"应付"监管机构的，后续被通报处罚，公司还要重新再梳理一遍进行整改，得不偿失。

4）明确公司的个人信息保护水平，应当符合业内的一般性标准，建议技术部门参考《信息安全技术　个人信息安全规范》（GB/T 35273—2020）附录D的模板内容，结合公司现有的实际情况进行补充。公司若已取得"网络安全等级保护认证""ISO体系认证"等国内国际认可的安全认证证书的，应在个人信息保护政策中写明；尚未取得的，则建议尽早落实《网络安全法》要求的网络安全等级保护义务，并视实际需求准备其他安全认证证书（如ISO 27701）。

5）明确公司对个人信息的存储地域、时限要求以及是否涉及个人信息出境。涉及出境的，应在个人信息保护政策中详细列举出境的个人信息字段、对应目的、接收方身份、用户向境外接收方行使权利的方式和程序等内容（画外音：在以后的工作中，小白会帮助公司建立完善的个人信息出境安全体系）。这里还需要重点注意存储时限的要求，永久存储个人信息既会违反法律法规要求，也会加重公司的合规义务。

6）在个人信息保护政策中，应为个人信息主体提供"访问、更正、删除其个人信息，撤回授权，注销账号"等行权以及联系公司的途径，如符合国家网信部门规定条件的，还应当为个人信息主体提供获取其个人信息副本的行权途径。需要特别提示客服部门注意，如果接到用户关于个人信息方面的咨询或投诉，一定按照既定的话术回答，有解决不了的问题请转给法务部门处理，不要按自己的理解随意答复，你的答复在外界看来就是代表公司的答复。此外，还应切记避免消极响应，对于用户提出的请求，应在15个工作日内完成核查与处理。

7）明确更新机制，应当在个人信息保护政策中写明重大更新的场景及对应的通知方式等内容，与一般性的更新进行区分。

第二节　避坑点之内部管控

当企业将外部协议合规工作完成后，往往会认为合规工作已经完成，"面子工作"已经做完了，公司内部不必要在这方面浪费成本了。这样带来的后果是，对于在线协议中写明的内容，各部门可能会怠于执行或根本不执行，不能达到外部用户、合作伙伴、投资公司以及监管机构的预期，可能会面临用户投诉、融资失败、终止合作甚至监管处罚的后果。当真有这种后果发生时，法务部会被拉上战场充当"灭火队员"，但公司内部一直不重视，又没有相应制度的支撑，导致基本没有有利证据留存，"灭火"失败或者达不到预期，又会担任"背锅侠"的角色。

为了保护企业生态稳定，避免"起火"，我们应该尽早建立合规制度，消灭危险源。几个常见的危险源以及解决措施初步梳理如下，以供参考。

危险源一：各部门间职责义务不清晰，可能出现工作重叠或存在空白区的情况

解决方案：公司组成数据合规专项工作小组，公司管理层、法务部、产品部门、技术部门、公关部门等相关部门均应指派专员参加，以便各部门及时同步相关情况，第一时间进行解决和处理。在制度上，明确小组及小组成员的职责义务，做到有据可依。

危险源二：个人信息处理行为不合规

解决方案：公司可以制定个人信息合规保护指引，作为企业内部合规参考指引，帮助产品、技术、运维等部门了解在前端和后端处理个人信息时应当注意的合规要点。公司还应定期组织合规培训，了解法律法规的要求以及更新情况。

危险源三：未设置访问权限控制措施

近年公司内部员工泄露个人信息的案件屡见不鲜，究其根本，还是公司对数据库访问权限的管理存在纰漏。

解决方案：公司应当设立权限分化机制，按岗位实际义务划分为"有访问权限"和"无访问权限"的员工，对于有访问权限的员工，还应当按需划分对个人信息的操作权限，例如，是否有权限对个人信息进行批量下载、删除等操作。对于无访问或相应操作权限的员工，如需超权限处理的，应严格履行审批手续，并留存记录，便于溯源、举证及追责。

危险源四：未明确与第三方之间的权利义务关系

公司在与第三方进行商务合作时，往往只会重视业务层面是否合适而忽视对数据方面的责任和义务，对于双方之间关于数据来源合法性、数据保护义务、数据删除等方面，没有在合同中明确要求，不利于公司对风险的管控以及溯源。

解决方案：公司应按充当数据处理者和数据控制者的角色分别制定与第三方之间的合作协议模板。公司作为数据处理者时，一般会作为数据的接收方，应当要求委托方承诺其数据来源的合法性，并在合同中明确所有处理行为均基于委托者的委托，在确保自身的数据处理行为合规且安全的情况下，完成数据处理行为，并及时删除数据，降低自身的合规风险。公司作为数据控制者时，一般会作为数据的提供方，在合同中严格限制受托方处理数据的范围，保留对受托方进行审计的权利，并明确在合同履行完毕后，受托方应当按要求删除受托数据。

危险源五：数据安全保护能力不足

根据《网络安全法》要求，网络运营者应当履行网络安全等级保护义务，完成网络安全等级保护认证。虽然公司已经按要求取得了等级保护三级认证，但并没有严格按等保的要求履行，做完的一套等保制度等于一纸空文，静静地放在某个文件夹里无人问津。大家需要明白的是，一份证书是无法挡住攻击者的攻击的。

解决方案：这里肯定很多人会说，解决方案就是把那"一纸空文"写上字盖个章，再落到实处就可以了。其实理解得很正确，但实践起来还是有些难度，因为多数员工并不理解等保系列文件中术语的含义，也不知悉每份文件的具体用途。我们建议企业可以将等保制度结合到已经制定的内部制度中，例如，在个人信息保护指引中将技术要求单独成章，尽量以简洁易懂的语言将比较核心且重要的内容在该章中进行约定（如存储、传输个人信息等高敏数据时必须加密、数据分级分类存储等），以便各部门员工都可以理解及参阅。

危险源六：对关键岗位员工及第三方合作伙伴未进行背景调查

招聘的员工如有受到行政处罚或被采取重大行政监管措施的，其担任关键岗位可能不仅仅是风评影响的问题，还可能会违反法律法规的要求。例如，《证券基金经营机构信息技术管理办法》明确上述人员不得担任公司的首席信息官。除员工外，第三方合作伙伴发生过重大数据泄露事件的，公司自身可能也会面临比较大的合规压力，包括社会风评、发生安全事件的风险预评估等。

解决方案：针对拟担任关键岗位的员工，HR 部门应事先做好背景调研，对于拟录用的员工中有因自身重大过失而导致安全事故发生、受到行政处罚、被采取重大行政监管措施、受到刑事处罚等的人员，应当及时告知法务部门，由法务部按法律法规要求评估判断该员工是否可以录用。针对第三方合作伙伴，公司应当制定第三方合作准入机制，以合规情况问卷或清单的方式要求第三方合作伙伴据实回答，对于发生过重大数据安全事故的，视情况决定是否合作。第三方对问卷及清单的答复应留存记录，便于日后确有与该第三方相关的安全事件发生时，向监管举证，适度降低自身的合规责任。

危险源七：安全事件的应急处理流程不规范

互联网环境并不是百分之百安全的，公司应当时刻做好应对数据安全事件的准备。我们都应该清楚，如果公司做不到防患于未然，当"隐患"真的出现时，仓促且不完备的处理方式将会给企业带来非常恶劣的影响。

解决方案：公司应当围绕"数据安全事件"建立一系列规范制度，包括事前的安全运维、日常培训、定期演练；事中的应急预案、公关话术、及时通知、减损措施；事后的事件复盘、体系制度完善及内部追责等。

事前阶段：法务部门、技术部门、运维部门、客服部门及其他可能涉及安全事件处理及应对的部门应当共同协作，组成网络安全事件应急处理工作组，制定完善的内部制度体系，包括但不限于《网络安全事件应急处理预案》《工作组义务及职责》《应急事件情况与处理报告表》《业务影响分析报告表》等。工作组应定期（至少一年一次）组织安全事件应急处理培训与演练，形成报告或以其他可留档的文件形式，作为公司合规工作的证明，必要时可在一定程度上减免公司的安全责任。

事中阶段：工作组应及时评估事件发生的原因、应对策略及严重性等内容，如符合国家相关法律法规要求需及时上报给监管机关的，应及时上报，按监管机关的指示进行处理。此外，公司内部应尽早按既定的应急预案开展治理工作。安全事件中涉及用户个人信息的，还需及时向用户告知：安全事件的基本情况和可能的影响、公司已采取或将要采取的处置措施、用户可自主防范和降低风险的建议、对用户的补救措施等，如可以逐一通知用户的，建议通过"电话、短信、站内推送等方式"通知用户，如难以逐一告知个人信息主体时，建议公司采取合理、有效的方式发布公告。此时，客服或公关等部门需按既定的话术对外部做出回应，严禁以诸如"个人立场、个人观点"等方式对外肆意发表言论。

事后阶段：在安全警报已经解除的前提下，尽量进行消除影响、减免损失的善后工作。最后，公司内部应对安全事件的发生原因、处理流程等情况进行复盘，识别风险源或在本次应对过程中处理不当的环节，及时完善和优化公司的安全技术体系以及安全制度体系，减少此类相似事件再次发生的可能性。如本次事故是因内部员工的故意或重大过失行为引起的，也应当视情况追究其个人责任，做出相应的处罚处理，以达到警示员工、引起重视的目的。

以上是小白介绍的公司内控层面需要注意的"雷点"，希望大家可以提前完成"扫雷"工作，在后续的工作中，小白还会进一步对"排雷计划"做进一步完善，帮助公司扫清内控层面的"雷区"。

小　结

本次内部沟通会议圆满结束，公司各部门对白晓萌萌的"普法介绍"给出了高度评价，并按会议所述对现存的大方向"雷区"做了清理。但在清理过程中，同事们各自遇到了"不同型号的先进地雷"，还需要白晓萌萌后续做针对性的指导，对症下药。

所谓"磨刀不误砍柴工"，经过本篇两章主题内容的深入学习，白晓萌萌花精力梳理、掌握了数据合规工作的基本功，包括基本范畴、基本数据处理活动、常见岗位职责和最重要的"避坑"大法。现在，她已经练好了武功，带上了装备，即将进入江湖，开始数据合规的一线实战啦！

接下来，就从最为常见的数据处理活动业务场景开始小白的升级打怪成长进阶之路吧！

入门篇

对症下药,小白必知的合规要求

- 第三章　我国数据合规立法体系与监管要求
- 第四章　如何让《个人信息保护法》在业务中落地
- 第五章　欧盟数据保护立法体系与监管要求
- 第六章　美国数据保护立法体系及监管要求

通过上一篇中对数据合规基本工作范围的学习，白晓萌萌对"数据合规"这个岗位有了大致的认知，了解了数据合规要处理哪些事儿，要解决哪些问题。

虽然现在的白晓萌萌还经常被同事们称为"小白"，但小白同学现在要开始背上行囊，离开新手村，开启数据合规法务的升级打怪成长之旅了！

要为公司业务线中涉及的数据处理场景提供法律意见，白晓萌萌升级道路上的第一个大"boss"通关挑战就是需要全面了解个人信息保护和数据安全的立法体系和监管要求，毕竟工欲善其事必先利其器。近年来，全球数据保护法律正在发生前所未有的急剧变化，每年都有多部数据保护法在不同司法辖区内宣布或生效，各国的数据领域立法和监管都在不断推陈出新，竞争式立法。当然，最受白晓萌萌关注的还是我国《个人信息保护法》的颁布与迅速生效，同时还有各种密集发布的各部委和各地方执法文件，以及越来越多的重要司法判决。

本篇就是帮助白晓萌萌这位新手律师对症下药，选取了中国、欧盟、美国这3个在数据保护领域各具特色并具有较大全球影响力的法域，帮助其了解三个法域间立法规范要求的概况、特点和监管执法的重点，便于其在往后开展的数据合规工作中更有效地识别风险。

第三章

我国数据合规立法体系与监管要求

【场景】白晓萌萌自从在上次的会议上得到大家的一致好评及配合后,更加坚定了帮助公司做好数据合规工作的决心。作为一名优秀的法律工作者,白晓萌萌深知熟悉法律法规是深入了解一个新法律方向的必要前提。经过上次的会议后,公司的领导层十分重视数据合规方面的工作,数据合规是一个新兴的法律领域,且与公司前端、后端的部门关联密切。为了能够让产品前后端的人员理解数据合规的概念,将数据保护的思想融入日常的工作中,领导层要求法务部组织公司相关部门的同事进行培训,开展普法活动。白晓萌萌自然又承担了培训师的角色。经过一段时间的学习与摸索,小白已经基本了解了我国数据合规的立法体系与监管要求,为公司内部培训提前做好了准备。

第一节 现行数据合规立法体系

1. 立法概况

数据作为满足企业生产和运营需求的重要生产要素已经成为许多企业关注的核心,自中国共产党中央委员会(简称中共中央)、国务院把"数据"列为五大生产要素之一的口号响起时,数据的时代就已经到来。

（1）我国数据合规立法体系的总体特点

我国网络安全和个人信息保护的总体特点大致有以下 3 点。

1）我国的数据保护具有综合性。我国法律规定，企业不应当仅仅保护数据本身的安全，还应当承担保护网络运营安全的义务。在网络数据安全方面，公司在存储数据以及与第三方进行数据交互时，能够保证整体数据的安全。在网络运营安全方面，公司要保证数据在通过网络进行相应流转过程中（即数据全生命周期）的安全可控。

2）我国的数据保护具有创新性。我国提出的"网络安全等级保护制度""关键性基础设施""重要数据""国家核心数据"等概念，都是我国立法机关结合国情首创的数据保护新思路。网络安全等级保护制度更是已经作为法定义务被各个网络运营者普遍接受，其中，网络安全等级保护三级认证已经成为行业内各企业证明自身合规水平的通用标准。

3）我国的数据保护具有多层级性。我国的数据保护体系是以多层级的法律法规、规范性法律文件、部门规章以及国家标准共同建立的。需要特别注意且比较容易引发误区的是国家标准的效力问题，多数企业会认为国家标准仅是推荐性的标准，并不具备法律的强制执行效力，即使不按该标准执行，也不会受到处罚。其实，这种理解是不准确的，通过综合 2018—2021 年的执法案例可以发现，许多违规情形在国家标准中都已经明确规定了。我国目前在数据保护方面的立法相对缓慢，而现有法律法规多以概况性的表述居多。因此，与国际接轨的标准会先于法律出台，且为了支撑法律法规的表述或者为新法的出台做铺垫，国家标准会在法律法规既定的基调之下细化法规表述、明确具体的违规场景。因此，执法机关在执法时也会将相应的标准作为重要的参考依据，企业应当予以密切关注并熟悉相关的重要标准，并在条件允许的情况下，按标准要求做好内部合规工作。

（2）我国数据合规立法机构概况

按立法机构位阶的不同，我国数据保护立法大致可以分为 4 个层级。

最高层级是由全国人民代表大会及其常务委员会制定的法律，如《网络安全法》《数据安全法》《个人信息保护法》《刑法》《电子商务法》《消费者权益保护法》《民法典》等。

第二层级是国务院制定的行政法规。其中占据核心位置的国家网信办非常特殊，它是由国务院派出协调其他 11 个部委并专门负责网络安全治理的机构。该机构也会颁布一些法规，包括行政法规和部门规章，但大多数时候颁布的是部门规章，它的立法层级介于国务院与各部委中间。目前涉及的行政法规有《征信业管理条例》《关键信息基础设施安全保护条例》《网络数据安全管理条例（征求意见稿）》《网络安全等级保护条例（征求意见稿）》等。

第三层级是各个部委制定的部门规章。这些部委包括公安部市场监管总局、工信部、国家保密局，还有一些司法机构，但这里的司法机构主要是负责制定司法解释。目前涉及的部门规章包括《儿童个人信息网络保护规定》《网络交易监督管理办法》《网络安全审查办法》等。而且随着《数据安全法》《个人信息保护法》的正式出台，作为下位支持性文件的各部委规章和规范性文件也势必会发生非常大的变化。

此外，在技术规范及标准方面也有一些相应的机构，比如大家比较熟悉的全国信息安全标准化技术委员会（又称"TC260"）、国家标准化管理委员会、国家认证认可监督管理委员会，另外中国信息通信研究院也会制定一些行业标准，除此之外还有一些其他的第三方机构等。

我国立法情况从总体看机构层级较多，且现阶段立法较为分散，主要是以下位阶支撑上位阶，但随着近期上位法频频正式出台，数据合规领域立法体系逐渐趋于完善与系统化，许多国家标准的细节规定将以具有强制执行力的法律法规作为支撑，相应处罚也会更重，建议企业早做准备。

2. 立法时间轴与核心法规概况

自 2017 年始，我国逐渐加强对网络运营安全、数据（含个人信息）安全的保护力度，《民法总则》《网络安全法》及相应的配套法规、标准陆续出台，2018—2020 年数据合规领域的立法及监管体系更是发展迅速，以多频次、多维度的立法和专项严格的执法规制了当时社会环境下数据滥收滥用、安全事件频发的乱象。现通过表 3-1～表 3-5 对我国近几年数据合规相关的核心立法情况进行梳理，供读者参考。

表 3-1 2017 年数据保护相关立法情况

法规名称	发布时间	主旨内容	适用对象
《民法总则》	2017.3.15	首次在民事基本法中明确：自然人的个人信息受法律保护	自然人、法人、非法人组织
《个人信息和重要数据出境安全评估办法（征求意见稿）》	2017.4.11	保障个人信息和重要数据安全（个人信息部分的规定已被新法规取代）	网络运营者
《最高人民法院、最高人民检察院关于办理侵犯公民个人信息刑事案件适用法律若干问题的解释》	2017.4.26	明确公民个人信息范围，并细化侵犯公民个人信息罪的定罪量刑标准及相关问题（注：非法获取、提供行踪轨迹信息、通信内容、征信信息、财产信息五十条以上即视为情节严重）	自然人、法人、非法人组织

（续）

法规名称	发布时间	主旨内容	适用对象
《网络安全法》	2017.6.1（生效）	我国现阶段数据合规领域最核心的法律，规范我国境内建设、运营、维护和使用网络的行为以及对网络安全的监督与管理。首次明确了"关键信息基础设施""企业具有网络安全等级保护义务"等内容。其担任串联法律、法规与标准，承接新法与旧法更替的重要角色	网络运营者
《刑法》（2017年修订）	2017.11.4	为企业的运营划定了合规红线：有侵犯公民个人信息，非法侵入计算机信息系统，非法获取计算机信息系统数据，非法控制计算机信息系统，提供侵入、非法控制计算机信息系统程序及工具，破坏计算机信息系统，拒不履行信息网络安全管理义务以及其他利用网络从事犯罪的行为的，将直接承担刑事责任	自然人、法人、非法人组织
《信息安全技术 个人信息安全规范》（GB/T 35273—2017）	2017.12.29	经数次修订后，已于2020年发布更新后的第二版正式版本	涉及个人信息处理活动的各类组织

表3-2　2018年数据保护相关立法情况

法规名称	发布时间	主旨内容	适用对象
《银行业金融机构数据治理指引》	2018.5.21	引导银行业金融机构加强数据治理，并强调涉及个人信息收集与使用的，应遵循国家个人信息保护法律法规要求，符合与个人信息安全相关的国家标准	银行业金融机构
《电子商务法》	2018.8.31	强调平台对于网络安全的保障义务，明确消费者具有行使访问、更正、删除其个人信息以及注销账号的权利	通过互联网等信息网络销售商品或者提供服务的经营活动的组织或个人
《具有舆论属性或社会动员能力的互联网信息服务安全评估规定》	2018.11.15	符合要求的企业（如开办论坛、博客、微博客、聊天室、通信群组、公众账号、短视频、网络直播、信息分享、小程序等信息服务或者附设相应功能，或开办提供公众舆论表达渠道，或具有发动社会公众从事特定活动能力的其他互联网信息服务）在特定条件下，应当按规定开展安全自评估，并及时上报给监管机构	互联网信息服务提供者

表3-3　2019年数据保护相关立法情况

法规名称	发布时间	主旨内容	适用对象
《App违法违规收集使用个人信息自评估指南》	2019.3.1	通过列举具体场景的形式明确App的合规要点，为企业落实App合规治理工作提供了详尽指引	App运营者

(续)

法规名称	发布时间	主旨内容	适用对象
《网络安全审查办法（征求意见稿）》	2019.5.24	针对关键信息基础设施运营者规定的产品安全审查及上报义务	关键信息基础设施运营者
《数据安全管理办法（征求意见稿）》	2019.5.28	对现有法律法规关于个人信息保护即重要数据保护方面规定的总结以及补强，特别强调了对网络运营者不履行安全保护义务制定了对应的处罚措施	网络运营者
《儿童个人信息网络保护规定》	2019.6.1	我国第一部专门规范儿童个人信息网络保护的规定。涉及处理儿童个人信息的企业应当特别注意，并需要单独制定《儿童个人信息保护声明》	涉及处理儿童个人信息的网络运营者
《个人信息出境安全评估办法（征求意见稿）》	2019.6.13	更新了《个人信息与重要数据出境安全评估办法（征求意见稿）》中关于个人信息部分的要求，涉及个人信息出境业务的企业都需要履行自评估义务，并且还应和境外的数据接收方签订合同，并上报给省级网信办评估	网络运营者
《信息安全技术 移动互联网应用（App）收集个人信息基本规范（征求意见稿）》	2019.8.8	按不同行业领域区分了每个行业领域必要收集的个人信息类型。需特别注意的是，该规范中明确禁止收集IMEI和MAC地址。虽然目前监管部门对于企业收集类似IMEI等不可变更的唯一设备标识符还没有任何处罚案例及惩罚措施，但此规范已经提出了不倡导收集的一个信号，行业内各大厂也都开始通过开发自研ID等方法进行治理	App运营者
《密码法》	2019.10.26	明确规定任何组织或者个人不得窃取他人加密保护的信息或者非法侵入他人的密码保障系统，直接强调了数据加密保护的重要性	自然人、法人、非法人组织
《App违法违规收集使用个人信息行为认定方法》	2019.12.30	通过列举违法的实际场景帮助企业知悉哪些属于违规行为，在实际工作中规避	App运营者

表3-4　2020年数据保护相关立法情况

法规名称	发布时间	主旨内容	适用对象
《个人金融信息保护技术规范》	2020.2.13	将个人金融信息按敏感程度、泄露后造成的危害程度，从高到低分为C3、C2、C1三个类别，并对非持牌机构在金融信息收集方面增加了限制，可能会对非持牌机构的业务造成较大影响	金融业机构
《信息安全技术 个人信息安全规范》（GB/T 35273—2017）	2020.3.6	对个人信息控制者在收集、存储、使用、共享、转让、公开披露等信息处理环节中的相关行为做出了规范，是目前为止，我国个人信息保护领域的核心参考文件	各类组织

（续）

法规名称	发布时间	主旨内容	适用对象
《网络安全审查办法》	2020.4.13	用于规制关键信息基础设施运营者合法合规采购网络产品和服务，避免影响国家安全	关键信息基础设施运营者
《信息安全技术 网络安全等级保护定级指南》	2020.4.28	帮助企业了解网络安全等级保护相关的定级对象、流程等，特别强调云上租户与云服务商的等级保护对象应当分开定级。例如，云服务商的平台对外提供 SaaS、PaaS、IaaS 3 种服务模式，那么应当分别为 3 个定级对象定级	网络运营者
《民法典》	2020.5.20	《民法典》的出台弥补了个人信息保护在公法领域上的不足，搭建起个人信息保护的基本制度框架，包括个人信息的界定、处理个人信息的原则要件、信息主体与信息处理者之间的权利义务关系等	自然人、法人、非法人组织
《金融消费者权益保护实施办法》	2020.9.15	加强银行等金融机构对消费者金融信息的保护义务，并明确了存储期限、消费者自主行权等问题，更利于保护消费者的合法权益	银行业金融机构及提供支付服务的非银行支付机构
《常见类型移动互联网应用程序（App）必要个人信息范围（征求意见稿）》	2020.12.1	明确了 38 类常见类型 App 必要的个人信息范围，有效解决关于必要性问题无法准确评估和判断的问题，为企业规范个人信息收集工作提供明确指引	App 运营者
《信息安全技术 个人信息安全影响评估指南》	2020.11.19	深入及详细地介绍个人信息安全影响评估工作的开展流程，并为企业提供了详尽的示例及工具表，利于企业遵照标准内容开展个人信息安全影响评估工作	各类组织
《网络安全标准实践指南－移动互联网应用程序（App）使用软件开发工具包（SDK）安全指引》	2020.11.27	响应监管动向，针对 SDK 安全漏洞、恶意行为、违法违规收集使用个人信息等问题，参考当前 SDK 安全最佳实践，给出了 App 使用 SDK 的安全实践指引，帮助企业规范 SDK 的使用行为	App 及 SDK 提供者

表 3-5 2021 年和 2022 年年初数据保护相关立法情况

法规名称	发布时间	主旨内容	适用对象
《网络交易监督管理办法》	2021.3.15	规制网络交易经营活动行为，对网络交易经营者、网络服务提供者、其他服务提供者应当遵守的权利义务做出明确规定，特别应注意如下亮点： 1)"便民劳务"和"零星小额"两类免于登记 2) 加强网络交易平台报送信息义务 3) 强化网络消费者个人保护要求 4) 细化评价删除的处理规定 5) 严厉惩处平台"二选一"行为	网络交易经营者、网络服务提供者及在交易服务过程中涉及的其他服务提供者

（续）

法规名称	发布时间	主旨内容	适用对象
《常见类型移动互联网应用程序必要个人信息范围规定》	2021.3.22	明确39类行业的基本功能服务及实现相应基本功能所必要的个人信息类型，加强对小程序的监管力度，并重点强调了外界对App的监督机制以及依法响应投诉的执法态度	App运营者
《信息安全技术 移动互联网应用程序（App）SDK安全指南》	2021.5.6	规范了SDK提供者在SDK的开发、运营、个人信息处理、数据安全管理等环节中涉及的各类活动	SDK提供者
《信息安全技术 移动互联网应用程序（App）个人信息安全测评规范（征求意见稿）》	2021.5.6	指导第三方测评机构对App个人信息安全进行测评，也适用于主管监管部门对App个人信息安全进行监督管理，还适用于供App提供者开展个人信息安全自评时参考	App提供者
《移动互联网应用程序个人信息保护管理暂行规定（征求意见稿）》	2021.4.26	针对App开发运营者、App分发平台、App第三方服务提供者、移动智能终端生产企业和网络接入服务提供者这5类App开发运营相关的主体明确了不同的合规义务	App开发运营者、App分发平台、App第三方服务提供者、移动智能终端生产企业与网络接入服务提供者
《数据安全法》	2021.6.10	基于规范数据处理活动，保障数据安全，促进数据开发利用，保护个人、组织的合法权益，维护国家主权、安全和发展利益的目的，该法分别从国家、企业、行业3个角度规定了相应的数据安全保护义务	在中华人民共和国境内开展数据处理活动及其安全监管，适用该法。在中华人民共和国境外开展数据处理活动，损害中华人民共和国国家安全、公共利益或者公民、组织合法权益的，依法追究法律责任
《网络安全审查办法（修订草案征求意见稿）》	2021.7.10	关键信息基础设施运营者采购网络产品和服务或者数据处理者开展数据处理活动，影响或可能影响国家安全的，应当按照该办法进行网络安全审查	关键信息基础设施运营者、数据处理者
《关键信息基础设施安全保护条例》	2021.7.30	明确了认定关键信息基础设施的规则，说明了关键信息基础设施运营者的义务以及相应的违法责任	关键信息基础设施运营者
《个人信息保护法》	2021.8.20	确立了域外管辖原则，在现有法的基础上确立了五大基本原则，明确"同意"将不再作为唯一的合法性基础，划分了个人信息处理活动中各方的责任承担问题，确立了个人信息主体的九大权利以及其他完善个人信息处理活动全流程的要求及规定	在中华人民共和国境内处理自然人个人信息活动的组织和个人。在中华人民共和国境外开展处理中华人民共和国境内自然人个人信息活动的组织和个人，有下列情形之一的，也适用：1）以向境内自然人提供产品或者服务为目的 2）为分析、评估境内自然人的行为 3）法律、行政法规规定的其他情形

(续)

法规名称	发布时间	主旨内容	适用对象
《关于进一步压实网站平台信息内容管理主体责任的意见》	2021.9.15	明确提出了网站平台履行信息内容管理主体责任的工作要求,主要包含十个方面内容。首先从四个维度明确把握主体责任的内涵,其次从完善平台社区规则、加强账号规范管理、健全内容审核机制、提升信息内容质量、规范信息内容传播、加强重点功能管理、坚持依法合规经营、严格未成年人网络保护、加强人员队伍建设等九个方面,对网站平台履行主体责任提出具体要求	网站平台
《征信业务管理办法》	2021.9.27	明确了信用信息的定义及征信管理的边界,规范了征信业务全流程,强调了信用信息安全和依法合规跨境使用,提高了征信业务公开透明度。同时,对信用信息采集、整理、保存、加工、提供和使用等征信业务的各个环节进行了明确规定,主要包括信用信息采集应遵循"最小、必要"原则,不得过度采集;采集个人信用信息应当经信息主体本人同意,并明确告知采集目的;征信机构要对信息来源、信息质量、信息安全、信息主体授权等进行必要的审查;信息使用者使用信用信息时要基于合法、正当的目的,并取得信息主体的明确同意授权,不得滥用等	征信机构
《工业和信息化领域数据安全管理办法(试行)(征求意见稿)》	2021.9.30	主要提出了行业管理职责、数据分类分级与重要数据安全管理、数据全生命周期安全管理、数据安全监测预警与应急管理、数据安全检测评估与认证管理、监督检查等方面的规定。其中,明确提出了工业、电信数据分类分级方法,明确一般数据、重要数据、核心数据的判定条件。在此基础上,构建工信领域"部-地方-企业"三级联动的数据分类分级、重要数据和核心数据识别认定及数据分级防护等工作机制。同时建立工业、电信行业重要数据和核心数据全生命周期备案管理制度	工业和电信数据处理者

（续）

法规名称	发布时间	主旨内容	适用对象
《信息安全技术 汽车采集数据的安全要求（征求意见稿）》	2021.10.19	规定了对汽车采集数据进行传输、存储和出境等处理活动的安全要求。其适用于汽车制造商开展汽车的设计、生产、销售、使用、运维，也适用于主管监管部门、第三方评估机构等对汽车采集数据处理活动进行监督、管理和评估。关于数据出境要求，其指出车外数据、座舱数据、位置轨迹数据不应出境；运行数据如需出境，应当通过国家网信部门组织开展的数据出境安全评估	汽车制造商
《互联网用户账号名称信息管理规定（征求意见稿）》	2021.10.26	明确了互联网用户账号使用者注册账号时，应当与互联网用户账号服务平台签订协议，提供真实身份信息，遵守平台内容生产和账号管理规则、平台公约和服务协议。未成年人注册账号时，应当取得其监护人的同意并提供未成年人本人居民身份证号码用于真实身份信息核验。同时，规定了互联网用户账号使用者注册、使用的账号名称信息，不得有"假冒、仿冒、捏造新闻媒体的名称、标识，或擅自使用新闻、报道、报刊等具有新闻属性的名称信息"等六类情形	互联网用户账号使用者、互联网用户账号服务平台
《互联网诊疗监管细则（征求意见稿）》	2021.10.26	明确规定医师接诊前需进行实名认证，确保由本人接诊。其他人员、人工智能软件等不得冒用、替代医师本人接诊。同时，指出医疗机构应当建立患者安全不良事件报告制度，鼓励医务人员积极报告不良事件	开展互联网诊疗活动的医疗机构
《数据出境安全评估办法（征求意见稿）》	2021.10.29	规定了数据出境的企业自评估与监管机构的安全评估机制	数据处理者向境外提供在中华人民共和国境内运营中收集和产生的重要数据和依法应当进行安全评估的个人信息，应当按照该办法的规定进行安全评估；法律、行政法规另有规定的，依照其规定
《互联网平台分类分级指南（征求意见稿）》	2021.11.1	明确提出应依据平台的连接对象和主要功能，将平台分为网络销售类平台、生活服务类平台等六类。综合考虑用户规模、业务种类以及限制能力等，可以将互联网平台分为超级平台、大型平台和中小平台	互联网平台经营者

（续）

法规名称	发布时间	主旨内容	适用对象
《互联网平台落实主体责任指南（征求意见稿）》	2021.11.1	分别从公平竞争示范、平等治理、开放生态、反垄断等34个方面提出要求。其中，在公平竞争示范方面，要求超大型平台经营者在与平台内经营者开展公平竞争时，无正当理由，不使用平台内经营者及其用户在使用平台服务时产生或提供的非公开数据	互联网平台经营者、平台内经营者
《网络数据安全管理条例（征求意见稿）》	2021.11.15	明确了应按照数据对国家安全、公共利益或者个人、组织合法权益的影响和重要程度，将数据分为一般数据、重要数据、核心数据，不同级别的数据采取不同的保护措施。国家对个人信息和重要数据进行重点保护，对核心数据实行严格保护。同时，明确了数据处理者利用生物特征进行个人身份认证的，应当对必要性、安全性进行风险评估，不得将人脸、步态、指纹、虹膜、声纹等生物特征作为唯一的个人身份认证方式，以强制个人同意收集其个人生物特征信息	数据处理者
《关于加强网络文化市场未成年人保护工作的意见》	2021.11.29	从强化思想政治引领、压实市场主体责任、加大行业监管力度、优化网络内容建设、指导加强行业自律等五个方面做出部署，其中强调了切实强化用户识别，提高识别未实名认证未成年人用户账号能力，对年满十六周岁的未成年人提供注册服务应当依法认证身份信息并征得监护人同意；并明确了严格保护个人信息，建立健全未成年人个人信息保护机制，及时采取必要的措施制止网络欺凌行为	网络文化平台
《互联网宗教信息服务管理办法》	2021.12.3	明确从事互联网宗教信息服务的，应当向所在地省级人民政府宗教事务部门提出申请，并对许可条件、申请材料、使用名称、受理时限等做了规定	互联网宗教信息服务提供者
《网络安全审查办法》	2021.12.28	关键信息基础设施运营者采购网络产品和服务，网络平台运营者开展数据处理活动影响或者可能影响国家安全等情形纳入网络安全审查，应当按照该办法进行网络安全审查	关键信息基础设施运营者、网络平台运营者

（续）

法规名称	发布时间	主旨内容	适用对象
《互联网信息服务算法推荐管理规定》	2021.12.31	明确了算法推荐服务提供者的信息服务规范，提出算法推荐服务提供者应落实算法安全主体责任、保护用户权益等要求。其中，具有舆论属性或者社会动员能力的算法推荐服务提供者应依照规定履行备案手续	算法推荐服务提供者
《移动互联网应用程序信息服务管理规定（征求意见稿）》	2022.1.5	明确规定了应用程序提供者与应用程序分发平台的责任，建立健全信息内容安全管理、信息内容生态治理、网络数据安全、个人信息保护、未成年人保护等管理制度，确保信息内容安全，营造良好网络生态，强化用户权益保护	应用程序提供者、应用程序分发平台
《信息安全技术 重要数据识别指南（征求意见稿）》	2022.1.14	明确了识别重要数据的基本原则、考虑因素以及重要数据描述格式；适用于数据处理者识别其掌握的重要数据，为重要数据安全保护工作提供支撑，也可为各地区、各部门制定本地区、本部门以及相关行业、领域的重要数据具体目录提供参考	重要数据处理者
《互联网信息服务深度合成管理规定（征求意见稿）》	2022.1.28	界定了"深度合成"和主要应用场景，深度合成服务提供者应当落实信息安全主体责任，建立健全算法机制机理审核、数据安全和个人信息保护，对深度合成服务使用者的输入数据和合成结果进行审核；加强训练数据管理，确保数据处理合法、正当，不得非法处理个人信息；提供人脸、人声等生物识别信息的显著编辑功能的，使用者应依法告知并取得被编辑的个人信息主体的单独同意	深度合成服务提供者和深度合成服务使用者

第二节　多重监管要求的对比分析

1. 不同法律法规对个人信息的定义

我国立法对个人信息的定义集中在"识别"及"关联"这两个维度，多部法律都对个人信息的定义做出了阐释，具体如下。

（1）《电信和互联网用户个人信息保护规定》（2013）

个人信息是指电信业务经营者和互联网信息服务提供者在提供服务的过程中收集的用户姓名、出生日期、身份证件号码、住址、电话号码、账号和密码等能够单独或者与其他信息结合识别用户的信息以及用户使用服务的时间、地点等信息。

（2）《网络安全法》（2017）

个人信息是指以电子或者其他方式记录的能够单独或者与其他信息结合识别自然人个人身份的各种信息，包括但不限于自然人的姓名、出生日期、身份证件号码、个人生物识别信息、住址、电话号码等。

（3）《最高人民法院、最高人民检察院关于办理侵犯公民个人信息刑事案件适用法律若干问题的解释》（2017）

个人信息是指以电子或者其他方式记录的能够单独或者与其他信息结合识别特定自然人身份或者反映特定自然人活动情况的各种信息，包括姓名、身份证件号码、通信通讯联系方式、住址、账号密码、财产状况、行踪轨迹等。

（4）《个人信息安全规范》（2020）

个人信息是以电子或者其他方式记录的能够单独或者与其他信息结合识别特定自然人身份或者反映特定自然人活动情况的各种信息。

（5）《民法典》（2020）

个人信息是以电子或者其他方式记录的能够单独或者与其他信息结合识别特定自然人的各种信息，包括自然人的姓名、出生日期、身份证件号码、生物识别信息、住址、电话号码、电子邮箱、健康信息、行踪信息等。

（6）《个人信息保护法》（2021）

个人信息是以电子或者其他方式记录的与已识别或者可识别的自然人有关的各种信息，不包括匿名化处理后的信息。

可以看出，我国对于"个人信息"的界定在民事、行政、刑事法律角度都有涉及，虽有所差异，但随着立法和执法、司法经验的成熟，尤其是大数据技术的发展，对个人信息的认知也在不断拓展和清晰。但是在个人信息的理解上，还是需要注意如下几个常见误区。

误区1：个人信息并不一定会必然识别出"你是谁"

个人信息能够识别出"特定"个人，无论是识别出该特定自然人的身份（你是谁），还是只识别出一个自然人的行为活动（做了啥）、终端设备（用的啥）等。因此，只要借由信息本身的特殊性可以将某个特定自然人与其他人区分出来、完成识别，即使不知道该自然人的姓名和社会身份，该信息也就构成了"个人信息"。

误区 2：个人信息不一定就是隐私

"隐私是自然人的私人生活安宁和不愿为他人知晓的私密空间、私密活动、私密信息"。隐私既是一种客观状态，不以他人是否承认或者如何评价为转移，但同时又具有很强的主观感受性，其核心是"生活安宁"和"不愿为他人知悉"。一条信息能构成"隐私"需要符合信息主体在主观上"不愿为他人知晓"；而构成"个人信息"则需要信息自身"可识别"出特定自然人。因此，哪怕一些信息可以识别出自然人，但并非主观不想让别人知悉，那也只是个人信息，而不是"隐私"。比如，一个人的"性取向信息"是其个人信息，但是否是隐私，在不同群体中会有不一样的认知，对于那些愿意公开与性伴侣关系的人来说就不是隐私；"种族"通常是敏感的个人信息，但很难构成"隐私"；人脸信息也是敏感的个人信息，但并不是隐私。只有当隐私中的"私密信息"同时也能识别出特定自然人的，这样的信息才构成了个人信息。也就是说，只有当一种信息同时具备"主体不愿为他人知晓"（有极强的人格权属性）、"客体能够识别自然人"（有一定的人格权益）两个要件，才能是"构成隐私的个人信息"。例如，不愿为他人知悉的行踪轨迹、浏览记录、消费记录等，且这类信息优先适用"隐私权"路径保护，以"个人信息保护"路径为补充。

误区 3：生活中经常会见到隐藏中间几位号码的手机号，但仍然是个人信息

《网络安全法》和《个人信息保护法》都规定了"经过处理无法识别特定个人且不能复原的"或者"匿名化处理后的信息"不再适用个人信息处理的法律要求。上述法律法规中的"匿名化"，是指个人信息经过处理无法识别特定自然人且不能复原的过程。因此，对个人信息"匿名化"的处理要求是比较高的，需要处理后的结果不具备复原识别特定自然人的能力，而且应持续采取相应的机制来防范随着技术发展或者数据融合而重新识别出特定自然人的风险。但是，采取简单隐藏 4 位数的手机号码或者替换为唯一值的隐私号等处理后的信息通常并不能构成上述的匿名化要求。对于将个人信息处理为隐藏 4 位数或者替换为唯一值的企业而言，仍会保留处理前后信息的映射表，以持续识别用户以及提供相应服务。因此，此类简单脱敏处理的手机号不属于无法识别特定自然人且不能复原；对于接收该等手机号的主体而言，也存在很多可能通过将不同渠道获取的手机号或其他信息进行"撞库"匹配，从而再次还原出原始手机号。因此，被部分掩码的手机号仍属于个人信息。

2. 数据出境方面的法律法规

目前，网信办针对数据出境问题制定的指引文件均处于第一版征求意见稿状态。虽然立法机关尚未对文件的适用性进行界定，但《个人信息出境安全评估办法（征求意见稿）》（后文简称"新办法"）属于后续出台的文件，一般认为其取代《个人信息与重要数据出境评估办法（征求意见稿）》（后文简称"原办法"）成为个人信息出境方面的核心参考标准，而后者主要作为涉及重要数据出境的企业开展合规工作的核心参考标准。

《网络安全法》中仅对关键信息基础设施运营者的境内存储义务做出规定，但关于如何出境，《网络安全法》没有给出明确意见，而是引向了"国家网信部门会同国务院有关部门制定的办法"。原办法先于《网络安全法》的生效时间出台，也是为了支撑法律在数据出境方面的欠缺，但其区别于《网络安全法》之处在于，其将适用主体由"关键信息基础设施运营者"扩大为"网络运营者"，即网络运营者在中华人民共和国境内运营中收集和产生的个人信息和重要数据确因业务需要，确需向境外提供的，应当按规定履行评估义务。同时，其对评估内容、需报请主管部门评估的情形、不得出境的情形等都做出了相对明确的规定。而2017年5月，全国信息安全标准化技术委员会（以下简称信安标委）对外发布了《信息安全技术 数据出境安全评估指南（草案）》，进一步对数据安全出境评估流程、评估要点、评估方法等内容做了具体规定，并在附录中首次以列举的方式发布了《重要数据识别指南》，该指南也一直作为企业识别重要数据的主要参考依据。在草案发布后不久，信安标委再次发布《信息安全技术 数据出境安全评估指南（征求意见稿）》（后文简称"指南"），明确原草案中关于境内运营、数据出境等概念，并对安全评估流程进行了进一步细化。

而2019年网信办发布的《个人信息出境安全评估办法（征求意见稿）》疑似取代及承接了原办法及指南的规定，对个人信息出境业务中的网络运营者应当进行评估的内容、申报流程、传输者的义务要求、接收者的义务要求、合作协议的要求以及法律责任等内容均做出了详细规定，给企业开展个人信息出境合规工作提供了细致的参考意见。但相较于原办法，新办法在个人信息出境方面对网络运营者的义务要求更为严格，将所有个人信息出境活动均纳入了需要向省级网信部门申报安全评估的范围之内，对出境的把控实则更为严格，对于一些中小企业来说，如何平衡监管要求与合规成本以及监管审核的尺度等问题，还有待于后续的立法及相关执法情况进行详细解释。

而在这两年之后，网信办于2021年10月29日发布了《数据出境安全评估办法（征求意见稿)》(后文简称"《2021年办法(征求意见稿)》")。《2021年办法(征求意见稿)》着眼于支撑《数据安全法》规定的数据的出境评估,其中包括了"个人信息"及"重要数据"出境评估,更有利于作为《网络安全法》《数据安全法》及《个人信息保护法》数据安全出境、安全评估相关规定的实施细则,为法律落地做出细化规定。例如,其规定了数据出境的风险自评估与安全评估的义务主体、监管机构、评估重点等,还细化了数据出境评估申报流程、要求和处理时间节点,为数据安全义务方履行合规义务提供了指引。

截至本书稿定稿之日(2022年1月1日),上述法规还没有发布正式稿,且无明确的废止取替等官方声明,对于上述法规彼此间的适用性以及各自的规制范围尚不是十分明确。若上述法规产生冲突,则现普遍认为《2021年办法(征求意见稿)》代替新办法、原办法及指南作为个人信息出境层面的主要参考依据,同时,《2021年办法(征求意见稿)》也代替原办法作为重要数据出境层面的主要参考依据,但此处是否准确还有待于立法机关后续进行阐明。

3. App合规层面的法律法规要求

自2018年年末开始,我国对App方面的合规执法进入白热化阶段,工信部、网信办、市场监督管理局、公安部四部委联合对市场中的App合规情况开展严格的执法行动,中国消费者协会、中国互联网协会、中国网络空间安全协会联合成立App专项治理工作组,也按当前法律法规及国家标准的要求对市场中App的合规情况进行评测。数以百万计的App违规问题被通报,面临整改、下架、约谈、罚款等处罚。为了给企业提供App合规的明确指引,立法机关也不断出台了相应的法律文件,供企业进行合规参考。

在App合规工作开展之初,最为重要的是《App违法违规收集使用个人信息自评估指南》和《App违法违规收集使用个人信息行为认定方法》。这两份文件分别从正面、负面两个方向为App合规工作提供了参考意见,详细列出了App在运营过程中的各项细节问题,表述清晰直接,没有使用过多的法律术语,能够有效地为企业产品、技术部门员工提供指引,在产品设计之初就将隐私保护融入,降低合规风险和成本。2020年,信安标委结合相关法律法规、执法以及行业发展等实际情况,制定了《移动互联网应用程序(App)收集使用个人信息自评估指南》,该文件被视为《App违法违规收集使用个人信息自评估指南》的更新版本,它围绕《App违法违规收集使用个人信息行为认定方法》,将其中的6个评估点细化为71个条款,另通过注释的形式补充了App个人信息保护合规路径及其违法违规典型问题,有助于App运营者透过表象深入理解法律法规、标准规范要求，便于开展 App 合规自查工作。

此外，一些机构又针对 App 内一些分化的小场景出台了合规指引，例如，信安标委发布的用于规范设备权限的《网络安全标准实践指南—移动互联网应用程序（App）系统权限申请使用指南》，以及用于规范 SDK 合规情况的《网络安全标准实践指南—移动互联网应用程序（App）中的第三方软件开发工具包（SDK）安全指引（征求意见稿）》等。

2021 年《常见类型移动互联网应用程序必要个人信息范围规定》正式稿出台，划分 39 类 App 产品的基本业务功能，并对对应的必要个人信息类型做出明确规定，有效解决了运营者及使用者对于"必要性"问题如何界定的难题，为企业提供清晰的合规指引，同时该文件的出台在一定程度上也象征着我国立法趋向精细化的发展方向。

随后，工信部公布了《移动互联网应用程序个人信息保护管理暂行规定（征求意见稿）》，该文件细化了 App 相关开发运营主体的责任义务，分别规定了 App 开发运营者、App 分发平台、App 第三方服务提供者、移动智能终端生产企业与网络接入服务提供者这 5 类主体相应的个人信息保护义务，也是首次同时从 App 开发运营者与 App 第三方服务提供者的角度对使用和提供第三方服务提出了明确要求。这有利于进一步规范每类主体开展 App 个人信息处理活动，促进个人信息的合规利用。

2022 年 1 月 5 日，网信办公布了《移动互联网应用程序信息服务管理规定（征求意见稿）》，其中明确规定了应用程序提供者、应用程序分发平台这两类主体的责任义务，如应履行信息内容管理主体责任，建立健全信息内容安全管理、信息内容生态治理、网络数据安全、个人信息保护、未成年人保护等管理制度，确保信息内容安全，营造良好网络生态，强化用户权益保护等。该规定具体规定了开展应用程序数据处理活动所应履行的数据安全保护义务（如建立健全全流程数据安全管理制度，采取数据安全技术措施等），并强调从事应用程序个人信息处理活动应当遵循合法、正当、必要和诚信原则，不得以任何理由强制要求用户同意非必要的个人信息处理行为，不得因用户不同意提供非必要个人信息，而拒绝用户使用其基本功能服务。这也与此前的规定有所呼应，进一步明确了开展 App 个人信息处理活动的合规义务。

第三节　数据合规违法案例

案例往往是证明一项合规内容存在风险的最有力的依据，代表了监管最重视以及整改优先级最高的合规问题，这里将以风险点为维度，汇总分析部分重点案例，帮助读者清晰地识别风险及违规后果。

1. 个人信息保护政策应当征求用户明示同意

2018年伊始的年度账单事件引发全民关注。案件的基本情况是：在账单首页有一行特别小的文字"我同意《×××服务协议》"，并默认勾选了"同意"。

因为该提示字体很小且不需要用户主动做出任何表示动作，所以用户基本不会注意到该协议，在不知情的情况下"同意"了该协议的内容，也视为"同意"公司收集、使用用户的个人信息。这种默认同意的行为从极大程度上损害了用户的合法权益，也与法律法规规定的立法主旨相背驰。

国家互联网信息办公室网络安全协调局约谈了违规公司的有关负责人，明确指出其收集、使用个人信息的方式不符合发布的《信息安全技术 个人信息安全规范》（GB/T 35273—2020）国家标准的精神，要求其严格按照《网络安全法》的要求，加强对支付平台的全面排查，进行专项整顿，切实采取有效措施，防止类似事件再次发生。违规公司表示将认真听取监管机关的意见，立刻进行整改及开展内部的合规培训等工作。

2. 应当合法合规地进行数据流动和交易

据新华社新媒体2018年7月8日报道，山东破获一起特大侵犯公民个人信息案，涉案的大数据行业知名企业在8个月时间内侵害数百亿条公民个人信息，主要的方式为将其传输至黑市进行非法交易，导致该公司不得不进行停牌整改，并面临承担相应的刑事责任。

这个案件可以解释为间接收集数据合规性的问题。公司主要是通过toB的场景而不是直接的toC场景进行个人信息收集，会从一些合作的运营商或者其他第三方处获得数据，在获得这些数据后，对此类数据进行相应的清洗或者一定加工处理，然后用于倒卖或者广告精准投放等。在这种情况下，公司若没有审查该数据来源的合法性，也没有核实用户授权给公司处理信息的范围，自行把这类信息提供给第三方，则可能会违反《刑法》中关于侵犯公民个人信息罪的规定。

此案例给出的启示是，在获取任何数据前，都应履行尽职调查职责，确保所获取的数据合法合规，主要的措施有：审查个人信息提供方的主体资质及个人信息来源；内部评估该提供方的业务场景是否可能获得所共享的数据；要求第三方提供用户授权凭证（个人信息保护政策、隐私条款、授权文件）等，并予以记录。企业内部应当制定严格的内部制度及权限控制流程用于规制数据"入口"及"出口"的合法合规性，规避法律红线。

3. 在经过用户授权同意的情况下，收集合理必要的信息

根据江苏省消费者权益保护委员会（简称消保委）的消息，某公司的手机 App 在消费者安装前，未告知其所获取的各种权限及目的，在未取得用户同意的情况下，获取诸如"电话权限、定位、读取短信、读取联系人、修改系统设置"等权限。而该 App 作为搜索及浏览器类的应用，上述权限并非提供正常服务所必需，已超出合理的范围。因此，消保委对该公司展开约谈，但该公司并没有积极应对进行全面的整改，最终消保委为维护广大消费者的合法权益，根据《消保法》等法律法规的规定，向法院正式提起诉讼。

可以看出，仅满足征求用户同意并不是企业收集、使用个人信息的绝对避风港，还应当遵循正当、合理、必要的原则，这也是《网络安全法》早已明确提出的法定要求。同时，也体现出我国目前关于个人信息合规性问题多头执法、加强社会监督的趋势，特别是数据保护领域立法体系正逐渐趋于完善，如果企业存在被监管通知整改的情况，则建议尽早响应并完成整改。根据目前法律法规关于违规处罚方面的规定以及执法判例，监管机关对于企业一般的违规行为都会给予一定时间的整改期，但若企业仍旧拒不履行，则将面临除高额罚款外，吊销营业执照等严重处罚。

4. 企业应当做好内部合规培训工作，加强员工的合规意识培训，做好权限控制措施

某房产中介公司收集了客户的个人信息，公司的内部员工将该客户的个人信息用于办理员工本人的居住证，并且其使用行为没有经过个人信息主体的同意。客户知悉后，将该公司及涉事员工一并起诉至法庭。公司辩称员工自用的行为并未经过公司授权，公司对其个人的使用行为也并不知情。

最终法院认为，该公司作为房地产经纪服务机构，员工基于其履行职务的行为，成为客户相应个人信息的合法信息使用者、处理者。因此，公司及其经纪人应当保证其对客户个人信息的使用仅系履行《房屋出售委托协议》合同目的的需要。法院通过庭审查明，公司要求员工必须将客户的身份证、房产证及合同信息拍照后上传至公司内网。公司应可以预见，这样的处理方式会加大客户个人信息发生安全问题的可能性，但公司对此没有任何实际有效的操作规程等防范措施予以风险防控，公司员工可以轻易将业主个人信息泄露并用于非法目的。

公司作为员工的管理者，未建立信息安全管理制度和操作规程，包括没有对客户信息安全风险进行提示、没有对客户敏感信息加密处理等，缺少严谨细致的管理制度来保

障客户的信息安全，无法确保员工谨慎依约合法使用公民个人信息。

因此，法院认为本案侵权事实的发生与公司内部对客户、员工个人信息的保护漏洞直接相关。公司的管理行为存在过错，应承担客户个人信息被侵害的侵权责任。

这个案例有效证明了完善企业内部合规制度的重要性。大多数企业会认为，现在的监管重点依旧集中在对企业外部政策、与用户具有交互行为的场景上，企业即使不具备完备的内部制度，也不会受到什么处罚和影响。这个案例以及某公司发生的员工将源代码公开导致公司商业秘密被窃取的案件都可以证明公司内部合规文化建设的重要性。公司除了建立完备的内部指引外，还应当落实针对员工合规意识的培训，对可能大量接触用户个人信息的关键岗位员工签署单独的数据保护承诺书，并从技术层面对员工访问数据库、处理用户个人信息的行为进行管控、检测，一旦发现违规行为，应当立即采取技术措施，确保损失最小。

5. 企业应当做好内部留证工作

某航空公司与庞先生的案件大家应该比较熟悉了，庞先生请他的同事小孙买该航空公司的机票，而小孙所有购票行为都是通过某网站进行的，在整个环节当中，庞先生是没有直接处理的，所有的操作都是他的助理小孙在进行，在各个平台上留的联系人信息都是小孙的。有一天庞先生收到了一条短信，说他将乘坐的飞机因故障停飞了，庞先生觉得很奇怪，因为他本人从来没有向平台提供过个人信息，平台为什么会给他发通知，而且停飞这条短信是假的，是诈骗信息，所以庞先生去法院起诉。

法院一审要求庞先生提供个人信息被泄露的证据，庞先生提供不出来，所以一审败诉。但是庞先生又继续上诉。二审法院审理后认为，要求用户个人提供一家企业的违规证据，如企业有没有违反法律要求、有没有泄露其个人信息，用户确实难以具备这个能力，所以法院将举证责任进行倒置，要求被上诉人提供证据，以证明被上诉人采取了防范措施而没有泄露用户的个人信息。但被上诉人无法举证，所以二审改判庞先生胜诉。

这个案件给我们的启示是，如果公司没有做好合规，或者说没有留存证据来证明公司数据处理行为合规，从而合理排除泄露用户个人信息的可能，则法院会根据举证责任倒置的原则，要求公司承担损害赔偿等侵权责任。这也证明了公司内部留证的必要性，而留存证据的前提是：公司员工有这方面的法律意识，那就需要公司定期开展法律合规培训工作；公司有相应的内部制度文件对留证行为进行支撑，这也需要公司做好内部的协调及规划工作，从本质上重视合规工作。

6. 合法合规、谨慎小心地应用爬虫技术

数据爬取技术一向是数据公司获取数据的高效途径之一，但严格意义上爬取行为本身并不是完全合法合规的，按我国目前的法律法规及司法判例，爬虫技术可能会触犯以下几个维度的法律要求（仅列出相对重点的法律维度）。

（1）反不正当竞争法维度

在未征得被爬取方授权的情况下，爬取数据的行为可能会违反 Robots 协议。Robots 协议是技术界为了解决爬取方和被爬取方之间通过计算机程序完成关于爬取的意愿沟通而产生的一种机制。2012 年 11 月 1 日，十二家企业共同发起了《互联网搜索引擎服务自律公约》，公约要求各签约方遵守 Robots 协议。在司法实践中，即使爬取方不属于上述 12 家公司的范围内，Robots 协议也已经被认定为互联网行业搜索领域内公认的商业道德：北京市第一中级人民法院在某互联网安全公司不正当竞争案件中，将行业内公认的 Robots 协议认定为互联网行业搜索领域公认的商业道德。法院在判决中指出"在被告推出搜索引擎伊始，其网站亦刊载了 Robots 协议的内容和设置方法，说明包括被告在内的整个互联网行业对于 Robots 协议都是认可和遵守的。其应当被认定为行业内的通行规则，应当被认定为搜索引擎行业内公认的、应当被遵守的商业道德"。因此，爬取方违反 Robots 协议的行为可能会被认定为违反《反不正当竞争法》第 2 条，即违反诚实信用原则以及商业道德。

虽然网络上公开的信息较难构成商业秘密，但由于网络上的某些信息可以通过采取技术措施使得仅有特定的用户可以接触，因此网络上的信息仍有可能具备商业秘密要求的秘密性和保密性，构成商业秘密的可能。如果爬虫控制者在抓取信息的过程中有意地规避了网站经营者设置的保护措施，接触、保存甚至披露了一般用户原本无法访问的信息，而该等信息又构成商业秘密，则爬虫控制者的该等行为存在侵犯他人商业秘密的可能，进而可能会违反《反不正当竞争法》第 9 条。

同时，因为爬虫会对被爬取方的网络系统等造成妨碍，所以此类行为可能会违反《反不正当竞争法》第 12 条。

（2）著作权维度

无论是网络上的文章、图片、用户评论，还是网站自身的数据库，都有可能在具备独创性的情况下构成著作权法保护的作品。对于该等信息的抓取和使用有可能会构成对著作权的侵犯，特别是复制权和网络信息传播权。因为抓取数据的行为本质上是对数据的复制，因此该等行为有可能侵犯著作权人的复制权。同时就数据提取和使用行为而言，如果爬虫控制者抓取信息后,在自己的网站上公开传播抓取到的信息,则还有可能进一步侵犯信息网络传播权。

例如,马某某等诉某网络科技公司著作权侵权纠纷案。

案情事实:被告某网络科技公司利用类似搜索引擎的计算机爬虫技术进行法语词条的收集与翻译释文的搜索,未支付相应报酬而大量使用原告享有著作权的《当代法汉科技词典》中的内容,马某某将该网络科技公司以侵犯著作权为由诉至法院。

判决结果:根据法律规定,除合理使用外,使用他人作品应当经著作权人同意,并支付相应报酬。被告称其通过爬虫技术收集了词汇词条及中文释义,该技术是被告收集并形成其网络词典词库的一种手段,而非在使用《法语助手》时,通过搜索链接直接指向其他目标网站,被告应该对其收集并使用的词汇及中文释义合法性负有较高的审核注意义务。因此,被告制作的法语翻译软件内容,部分抄袭原告《当代法汉科技词典》的释义内容,侵犯了原告等人的著作权,应依法承担停止侵害、赔礼道歉、赔偿损失的民事责任。

(3)《刑法》及《网络安全法》维度

从技术角度分析,爬虫可能会导致目标网站负荷过大,进而引起网站无法访问甚至瘫痪等不良后果,爬取方可能会违反《网络安全法》中关于网络运行安全方面的规定。但如果你还涉及侵入的情况,就可能会触犯《刑法》第285、286条的规定。例如在某案例中,王某利用远程登录的方法,通过一个攻击指令侵入目标公司的计算机信息系统,将系统中公司员工的邮箱、通讯录导出来,再修改相应的密码,从而可以随意进入员工的邮箱,最后被判处非法获取计算机信息系统数据罪。

从爬取的内容角度分析,如果爬取的内容是个人信息,那么可能违反《网络安全法》关于收集个人信息合规性的要求,甚至可能触犯《刑法》中的侵犯公民个人信息罪。

综上,数据爬取行为不但容易引起监管部门的重点关注,也易受到来自竞争对手的诉讼,建议企业在进行数据爬取行为时注意以下要点内容。

1)尽量避免爬取构成直接竞争关系的企业的平台数据,避免竞争对手依据《反不正当竞争法》提起诉讼的风险。

2)尽量爬取明确公开的数据,遵守 Robots 协议等网站明确公开的协议,避免爬取平台禁止爬取的数据。

3)根据《数据安全管理办法(征求意见稿)》第16条的要求,数据爬取收集流量不得超过网站日均流量的三分之一,避免造成目标网站崩溃、无法正常运营等情况。

4）对于目标网站已经明确采取技术手段阻止爬虫访问的，公司不应侵入、破坏其防护措施。

5）如目标网站明确发出停止数据爬取的相关通知说明，则应暂停数据爬取行为，及时采取对策。

7. 遵守三重授权原则

在2016年12月30日公布的A公司诉B公司案终审判决中（（2016）京73民终588号），法院明确指出："商业化利用个人信息必须告知用户并取得用户的同意，对用户个人信息的采集和利用必须以取得用户的同意为前提，这是互联网企业在利用用户信息时应当遵守的一般商业道德。"

这也就要求A公司可以通过合同约定把用户个人信息共享给B公司，但同时也需要用户授权A公司可以把数据共享给B公司。在A公司的个人信息保护政策中，如果没有写明会把相应数据授权共享给B公司，则B公司直接抓取未经授权的数据已经违反了相关法律法规的要求，侵害了用户的公民个人信息。

所以法官提出了在Open API开发合作模式中，数据提供方向第三方开放数据的前提是数据提供方取得用户同意，同时，第三方平台在使用用户信息时还应当明确告知用户其使用的目的、方式和范围，再次取得用户的同意的"三重授权原则"。

第一重授权是用户将其个人信息授权给数据提供方收集和使用。第二重授权是如果数据提供方要把个人信息共享给第三方（接收方），数据提供方与接收方之间需要签订合同就个人信息共享进行约定。第三重授权是第三方即数据接收方就其自身处理个人信息获得用户的同意。如果后续接收方超越授权去获取、使用个人信息，那么接收方要额外承担相应的责任。

小　结

白晓萌萌通过本章的学习，深入系统地了解了我国数据合规立法体系的整体特点，以及立法机关与执法、监管机构的设立概况、职能划分和核心立法规定，由此初步建立起了开展数据合规工作所需的法律图谱与理论框架。除此之外，白晓萌萌还通过本章数据合规治理领域真实案例的学习，进一步加深了对我国数据合规法律监管要求的理解，为自己下一步开展企业数据合规治理工作夯实基础。

第四章 *Chapter 4*

如何让《个人信息保护法》在业务中落地

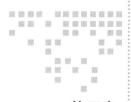

【场景】2021年8月20日原本是个普通的周五,但因为这天颁布了我国第一部专门针对个人信息保护的法律《中华人民共和国个人信息保护法》(简称《个人信息保护法》),所以这一天对于从事数据合规工作的人士和很多媒体而言,是一个激动人心的周五。

《个人信息保护法》已于2021年11月1日生效,并构建出了如图4-1所示的一套完整个人信息保护法律架构。

虽然此前已经有了快一年的预热,但白晓萌萌还是对《个人信息保护法》的生效怀有一丝激动和忐忑。每次来回看这部法典,都有新体悟和新收获。她知道,自己作为负责数据合规工作的法务,接下来的职业生涯都会以这部法律为核心展开,而最高频面对、最有挑战的问题也会是《个人信息保护法》如何在业务活动中落地。

落实《个人信息保护法》说难也难,说容易倒也容易。说难,是因为处理个人信息的目的、方式、范围等场景纷繁复杂,不同数据处理场景意味着不同的解决方案,没有完全相同的数据处理活动就没有放之四海而皆准的合规做法;说容易,是因为《个人信息保护法》的落地其实有相对容易的方法和步骤。

白晓萌萌结合此前的学习和实践基础,开始梳理业务场景,启动了《个人信息保护法》的合规专项工作分步走。

第一步:识别业务活动中处理的数据是不是属于《个人信息保护法》下的"个人信息"。

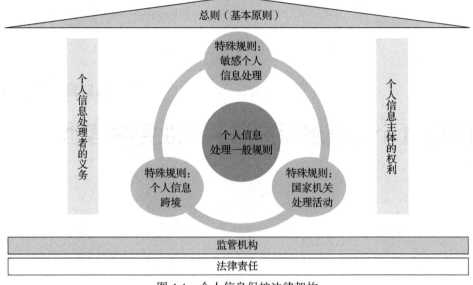

图 4-1 个人信息保护法律架构

第二步：识别企业属于《个人信息保护法》中的哪一类主体，因为主体身份不同，对应的义务和责任也不同。

第三步：确保企业处理个人信息的行为符合《个人信息保护法》的基本原则和一般规则，即是否遵守无场景差异的、普适性要求。

第四步：确保企业遵守《个人信息保护法》对于一般义务的规定。这里所说的一般义务也是无场景差异的义务要求。

第五步：如果企业属于特殊的"守门人"处理者，则在遵守一般处理者的通用义务与规则之外，还需要满足与其自身地位相称的特殊义务。

第六步：排查企业的数据处理活动是否是《个人信息保护法》下的某些特定场景或者高风险场景，如是，则还需要履行增强性义务。

第七步：确保企业能够实现个人对其个人信息处理活动所主张的权利。

第八步：识别出企业可能承担的违法后果和举证责任。

第一节 摸排场景：识别个人信息和主体身份

1. 识别业务活动中处理的个人信息

识别业务活动中处理的信息是否属于个人信息是判断是否适用《个人信息保护法》

的前提要件。

根据《个人信息保护法》第 4 条，个人信息是指是以电子或者其他方式记录的与已识别或者可识别的自然人有关的各种信息，不包括"匿名化处理后的信息"。该定义与《信息安全技术　个人信息安全规范》《民法典》中对"个人信息"的定义大体相近。总体而言，《个人信息保护法》下的"个人信息"是非常宽泛的，既能够从"个人"指向"信息"，也包括从"信息"直接识别或结合识别到"个人"。

进一步地，敏感个人信息是个人信息中需要重点保护的一类。企业还需要了解有关于敏感个人信息的规定以及进一步识别所处理的数据是否属于敏感个人信息。《个人信息保护法》第 28 条规定，敏感个人信息是指一旦泄露或者非法使用，容易导致自然人的人格尊严受到侵害或者人身、财产安全受到危害的个人信息，包括生物识别、宗教信仰、特定身份、医疗健康、金融账户、行踪轨迹等信息，以及不满十四周岁未成年人的个人信息。只有在具有特定的目的和充分的必要性，并采取严格保护措施的情形下，个人信息处理者方可处理敏感个人信息。《儿童个人信息网络保护规定》将不满十四周岁的未成年人定义为儿童，因此，处理儿童的个人信息既要满足有关敏感个人信息的规定，也要满足有关儿童个人信息保护的特殊规定。

进一步而言，企业还须判断所处理的个人信息属于敏感个人信息下的哪个具体类别，如是否涉及人脸数据等。《个人信息保护法》第 26 条对人脸信息也进行了专门规定，即在公共场所安装采集人脸图像或用以识别个人身份的设备，只能用于维护公共安全的目的，不得用于其他目的，除非取得个人的单独同意。《最高人民法院关于审理使用人脸识别技术处理个人信息相关民事案件适用法律若干问题的规定》（以下简称《人脸识别司法解释》）在第 2 条第 1 款中规定，在宾馆、商场、银行、车站、机场、体育场馆、娱乐场所等经营场所、公共场所违反法律、行政法规的规定使用人脸识别技术进行人脸验证、辨识或者分析的，属于侵害自然人人格权益的行为。对此，企业在宾馆、商场、车站等出于维护公共安全以外的目的使用人脸识别技术收集人脸信息时，应当以显著方式告知收集、使用人脸信息的目的、方式、范围。例如，在摄像头安装显著处张贴告知，提示"此处摄像头用于人脸识别，以便实现某某目的，我们承诺会保护您的人脸等信息安全，详情可咨询前台或扫描二维码"。

同时也需要了解"处理"的概念。个人信息的处理包括个人信息的收集、存储、使用、加工、传输、提供、公开、删除等。由此可见，数据的处理已经包含了整个数据生命周期，因此要避免出现"数据的收集及处理"等错误表达。与《数据安全法》（以下简称《数安法》)比较,《个人信息保护法》的规定更加详细,并把数据的删除也涵盖在数据处理活动的外延中。

个人信息处理活动中经常会采取"去标识化"的方式,就是指个人信息经过处理,使个人信息在不借助额外信息的情况下,例如跨库与其他字段进行匹配,无法识别特定自然人。但"去标识化"后的个人信息还是个人信息,如果要让个人信息脱离《个人信息保护法》的适用范围,则必须把该类信息匿名化——经过处理无法识别特定自然人且不能复原。但在实践中,"匿名化"并非是绝对、静态的状态,随着数据处理技术提升、数据处理活动复杂、数据融合的可能性增加,匿名化数据也可能再反向转为"去标识化"状态。

当然,《个人信息保护法》也对个人信息的保护做了一定的豁免:第72条规定,自然人因个人或者家庭事务处理个人信息不适用本法[一],以及法律对各级人民政府及其有关部门组织实施的统计、档案管理活动中的个人信息处理有规定的,适用其规定。

总而言之,《个人信息保护法》落地合规的第一步是做好数据地图,全面摸排不同业务线、前台/中台/后台处理的不同数据类型,找出其中处理个人信息的重点场景,如用户注册与登录环节提交的个人信息、应用端主动收集的用户设备信息和行为信息、与第三方共享的敏感个人信息。此外,如果员工较多或涉及跨境传输的,则 HR 系统也是摸排数据流的重点。

2. 识别企业的处理者身份

《个人信息保护法》对于"个人信息处理者"进行了界定,即在个人信息处理活动中自主决定处理目的、处理方式的组织、个人。该个人信息处理者的概念可以与欧盟《通用数据保护条例》(简称 GDPR)中对个人数据进行处理的"控制者"的概念相对应。

《个人信息保护法》项下大致分为三类处理者:一般处理者、"守门人"处理者以及受托处理者。

1)《个人信息保护法》下的第一类处理者即为一般处理者,是"在个人信息处理活动中自主决定处理目的、处理方式的组织、个人"[二]。

"一般处理者"的适用情况可分为境内和境外两个场景。"境内场景"是指在中华人民共和国境内处理自然人个人信息的活动。《个人信息保护法》和 GDPR 对境内一般处理

[一] 这一点与美国《加州消费者隐私法案》(California Consumer Privacy Act, CCPA)的规定有非常大的区别,因为在 CCPA 的语境下,个人信息还包括与个人相关的设备信息和家庭信息。
[二] 《个人信息保护法》第 73 条第 1 项。

者的规制思路有很大的区别。在境内部分，GDPR 遵循"属人原则"，即无论欧盟的实体处理的是欧盟境内还是境外的个人信息，都要遵守 GDPR 的规定。《个人信息保护法》遵循"属地原则"，数据处理者是否是按照中国法律设立的企业不重要，更多关注的还是处理是否发生在中国境内。例如，有一家设立在瑞典斯德哥尔摩的公司，虽然其数据处理的行为发生在新加坡，但该公司还是要受到 GDPR 的规制。如果按照"属地逻辑"，则因为数据处理行为发生在中国境外，所以该行为不受《个人信息保护法》的约束。鉴于此，《个人信息保护法》第 3 条第 1 款中的"自然人"既可以包括中华人民共和国境内的自然人，也可以包括其他国家的自然人。

与之对应的"境外场景"是指在中华人民共和国境外处理境内自然人个人信息的活动，包括以向境内自然人提供产品或者服务为目的，分析、评估境内自然人的行为以及法律、行政法规规定的其他情形。《个人信息保护法》对于境外数据处理行为的规定与 GDPR 下"Target 标准"的规制思路相似。其中，"以向境内自然人提供产品或服务为目的"中的"自然人"不是仅指向中国公民，而是指在中国境内的任何自然人。同时，"以向境内自然人提供产品或服务为目的"应指在主观意愿上为境内的自然人提供服务。例如，某公司开发了一款 App，其仅支持用户通过支付宝和微信进行支付，则可以合理推定该业务是以向中国境内自然人提供服务或产品为目的。对于境外情景的第二类"为分析、评估境内自然人的行为"，比 GDPR 第 3.2 条（b）款关于"监控"的模糊规定更点到了问题的实质[⊖]，而这也与 GDPR 相关配套指南中的解释一致，即处理活动是否属于对自然人的监控和追踪并非最重要的，其核心是进而发生了评估与分析行为与否。

一般处理者还有一种较为特殊的情况，即"共同处理者"。《个人信息保护法》第 20 条规定，两个以上的个人信息处理者共同决定个人信息的处理目的和处理方式的，应当约定各自的权利和义务。但是，该约定不影响个人向其中任何一个个人信息处理者要求行使本法规定的权利。共同处理者对于侵害个人信息权益造成损害的需要依法承担连带责任。类似 GDPR 第 26 条关于 Joint controller 的规定，"共同处理者"的设定是为了保护个人能够在多方处理其个人信息的情况下，也可以便利地主张权利和获得救济。当然，构成"共同处理者"需要参与处理个人信息的各方有"共同决定了处理目的和方式"的合意行为（如通过合同约定），而不是仅仅存在数据交互或者使用了相同的数据，但却为了各自的目的或自行决定处理方式。

⊖ GDPR 第 3.2 条（b）款：…the monitoring of their behaviour as far as their behaviour takes place within the Union。

2）《个人信息保护法》下的第二类处理者是指"守门人"处理者，也就是大型互联网平台。被认定为大型互联网平台需要满足3个条件：提供重要的互联网平台服务、用户数量巨大以及业务类型复杂。

3）《个人信息保护法》下的第三类处理者是指接受委托处理个人信息的受托人。此类受托处理者不能自行决定处理个人信息的目的和方式，而是必须遵照处理者的要求，以处理者的名义来处理个人信息。受托处理者不仅需要采取必要措施保障所处理的个人信息的安全，同时也有义务协助个人信息处理者履行法定义务。

第二节 遵循个人信息处理的基本规则和通用义务

1. 遵循个人信息处理的基本原则和一般规则

（1）《个人信息保护法》的原则体系

与《网络安全法》《数据安全法》《民法典》相比，《个人信息保护法》设立了更为全面的处理个人信息的"原则"体系。

首先是"合法、正当、必要、诚信"原则堪称处理个人信息的"帝王条款"。根据《个人信息保护法》第5条的规定，处理个人信息应当遵循合法、正当、必要和诚信原则，不得通过误导、欺诈、胁迫等方式处理个人信息。法典中关于个人信息处理的合法性基础（legal basis）的规定、个人信息处理者的义务和个人权利的规定、处理的必要性和目的限定原则等都在呼应和落实"合法、正当、必要和诚信"原则。另外，该规定相比于《网络安全法》多规定了一个关于不诚信行为的负面清单，即"不得通过误导、欺诈、胁迫等方式处理个人信息"，这其实是当前执法中遇到众多此类"不诚信"处理活动的执法经验体现。

第6条专门细化规定了"最小必要"原则，即处理个人信息应当具有明确、合理的目的，并应当与处理目的直接相关，还需要采取对个人权益影响最小的方式。收集个人信息应当限于实现处理目的的最小范围，不得过度收集个人信息。对于App运营者而言，还可以参考2021年5月生效的《常见类型移动互联网应用程序必要个人信息范围规定》（以下简称《必要个人信息范围规定》）。企业在运营App过程中，应当根据上述规定，明确提供基本功能服务所必须收集的个人信息范围，并与业务部门及时沟通调整实际收集个人信息的范围，以确保符合《个人信息保护法》的要求。针对不在《必要个人信息范围规定》中39类范围内的其他App以及其他形态的产品（如网站、PC端等），在收集个人信息时，可以参照这一规定并进行严格评估，避免超出必要范围收集使用个人信息。这里需要特别注意的是，"必要性"与"合法、正当"是《个人信息保护法》下同等序列的价值，因此，即使是获得了用户"同意"而处理个人信息，也不可以忽略"必要性"考量⊖。

第7条规定了"公开透明"原则，即处理个人信息应当遵循公开、透明的原则，公开个人信息处理规则，明示处理的目的、方式和范围。这一原则对产品端的个人信息保护政策和各种告知文案的存在方式和内容提出了原则性要求。

第8条规定了"信息准确"原则，即处理个人信息应当保证个人信息的质量，避免因个人信息不准确、不完整对个人权益造成不利影响。

第9条规定了"主体责任"原则，即个人信息处理者应当对其个人信息处理活动负责，并采取必要措施保障所处理的个人信息的安全。这一原则与后续不同场景下的责任主体识别、举证责任等一脉相承。

值得注意的是，《个人信息保护法》的基本原则不仅仅为"宣誓性"条款，还提纲挈领规定和体现了下位立法、执法和司法的价值导向，在具体规则条款难以准确映射和适用的场景，还可能会得到执法和司法机关的不断适用，以便有效弥补法律在面对纷繁复杂的个人信息处理活动中出现的滞后性、规范的不完全性等问题。

（2）个人信息处理的一般规则

除了"基本原则"外，《个人信息保护法》还规定了大量的个人信息处理一般规则，对于所有处理活动场景都普遍适用。一般规则中最为核心的处理规则是"具备合法性基础"。

相比《网络安全法》和《民法典》，《个人信息保护法》提供了更为丰富的处理个人信息的合法性基础，见第七章第三节内容。

但无论是基于何种合法性基础，个人信息处理者都要履行"告知"义务，以符合"透明性"原则。就"告知"规则而言，此前法律层面的告知规则较为宽泛虚化，导致只能大量依赖下位规范性文件和分散的执法要求来落实"告知"要求。《个人信息保护法》则对"告知"规则做了大幅度的立法强化、条文严密细致。个人信息处理者需要以显著并且清晰易懂的方式将详细信息告知信息主体，在不同场景下还有各种具体的告知义务。具体

⊖ 例如，即使用户在 App 首次运行时就给出了全部权限的授权，但 App 申请获取这些权限和处理相应的个人信息并没有对应具体的功能和目的，则该类个人信息的处理仍然不符合《个人信息保护法》的要求。

可参见第七章第二节。

就最为重要的合法性基础"同意",《个人信息保护法》在两个层面极大丰富了"同意"规则:从外延上,扩充了无需"同意"的其他合法性基础,减少"同意"的适用范围,从而弱化此前立法中对"同意"规则设定的刚性和唯一性;从内涵上,明确了同意规则的一系列要件,并特别规定了"单独同意"情形,从而破解"同意负担""形式同意""捆绑同意"等实践中高频出现的"无效同意"问题,让"同意"回归个人主体自决的本意。这两者结合起来才使得《个人信息保护法》下的"同意"规则更有实质内容,更有落地意义。其中"单独同意"是丰富"同意"落地方式的重要方式和破解"概括同意"的核心抓手(但并非上升为与"同意"并列的合法性基础)。具体可参见第七章第三节。

2. 识别并遵守个人信息处理的一般义务

《个人信息保护法》为个人信息处理者设定了全套义务体系,覆盖了企业处理个人信息的全生命周期和管理个人信息的流转过程。

(1) 设立个人信息处理的内部制度、技术和流程措施

- ❏ 制定内部关于个人信息保护的管理制度和操作规程。
- ❏ 对个人信息实行分类管理。这里的"数据分类"措施需要与《数据安全法》和相关行业规定、地方标准和业务场景密切结合。
- ❏ 对于所处理的个人信息采取相应的加密、去标识化等安全技术措施。
- ❏ 合理确定个人信息处理的操作权限。这一合规措施需要细密设计、嵌入个人信息处理的终端,与各个层级的业务工作流密切结合,遵守"获取操作权限的人数最少、获取权限的人享有的操作范围最小、操作权限应该需求触发、操作权限处理和审批留痕"。
- ❏ 定期对从业人员进行安全教育和培训。在实践中,这里的"定期"至少应是一年一次,且对教育培训的活动应该保留完整记录,甚至配备相应的考试测评或签字承诺,以证明企业确实落实了这一合规要求,并在员工个人自行发生违规处理个人信息的行为时,能够为企业进行部分或全部免责。

企业应当根据个人信息的处理目的和处理方式、个人信息的种类以及对个人权益的影响、可能存在的安全风险等,综合采取上述措施确保个人信息处理活动合规,尤其是要防止未经授权的访问以及个人信息泄露、篡改、丢失。当然,在实践中,关于个人信息的内部流程制度也需要配合相应的员工手册和奖惩措施一起才能长效落地、规范执行。

此外,在个人信息处理活动涉及与第三方的交互或共享时,除了要根据与第三方合

作的关系签署不同类型的数据处理协议或合同条款外,还要注意对于数据的到岸和离岸环节(如 SDK 接入、API 接口)等采取技术检测和监控措施。在采购网络安全产品和服务时,企业不仅要满足《个人信息保护法》的要求,也要考虑到兼顾《网络安全审查办法》以及《数据安全法》的相关规定。

(2)设立个人信息保护负责人和境内代表的组织措施

从个人信息保护的组织措施而言,当处理的个人信息达到国家网信部门规定的数量时,企业需要指定个人信息保护负责人,还需要公开该个人信息保护负责人的联系方式,并报送监管部门(《个人信息保护法》第 52 条)。需要注意的是,个人信息保护负责人的职责是对个人信息处理活动以及采取的保护措施等进行"监督",因此基于回避利冲和保持独立性之考虑,个人信息保护负责人不应是实际从事个人信息处理活动的直接责任人员或者直接负责的主管人员,否则就变成"监督者和被监督者主体混同",设立"个人信息负责人"岗位的意义也不复存在。

如果企业同时需要具备《个人信息保护法》下的"个人信息保护负责人"、《数据安全法》下的"数据安全负责人"以及《网络安全法》下的"网络安全负责人",则能否任命为同一个人,对此法律上并没有禁止性规定。但即使是集成在同一个个体也要明确 3 个岗位承担不同的数据保护职能、各有侧重,即使有共通或重合的职责。至于企业设立了个人信息保护负责人之外,是否还可以或需要设立个人信息保护委员会或者专门的部门来支持、统筹和加强个人信息保护相关事宜,也需要根据企业的实际情况予以考虑。

同时,对于在境外的个人信息处理者则有义务在境内设立专门的机构或指定代表,负责处理个人信息保护相关事务,并将该等机构的名称或者代表的姓名、联系方式等报送相关监管部门(《个人信息保护法》第 53 条)。这条规定与 GDPR 第 27 条第 1 款项下的"当地代表"制度比较类似,但显然 GDPR 还进一步对"当地代表"的职责和免责做了规定[⊖]。

个人信息处理者应当定期对其处理个人信息遵守法律、行政法规的情况进行合规审计。在实践中,这种合规审计可以由企业自身的个人信息保护负责人或相关部门进行,也

⊖ GDPR, Article27:

1. Where Article 3(2) applies, the controller or the processor shall designate in writing a representative in the Union.

4. The representative shall be mandated by the controller or processor to be addressed in addition to or instead of the controller or the processor by, in particular, supervisory authorities and data subjects, on all issues related to processing, for the purposes of ensuring compliance with this Regulation.

5. The designation of a representative by the controller or processor shall be without prejudice to legal actions which could be initiated against the controller or the processor themselves.

可以委托一定的外部专业机构代为完成,频率也以至少一年一次为宜并保留相应的审计。

（3）个人信息泄露事件报告义务

按照《个人信息保护法》第57条，如果企业发生或者认为"可能发生"个人信息泄露、篡改、丢失（"个人信息泄露事件"）的，个人信息处理者应当"立即"采取补救措施，从而限制和控制危害后果的继续发生或扩大。但同时最为复杂的还是通知义务。

通知的对象是：履行个人信息保护职责的部门；个人信息泄露事件所涉及或可能涉及的个人，除非企业确保采取的措施能够有效避免信息泄露、篡改、丢失造成危害，但如果监管机构认为可能造成危害的，还是有权要求企业通知个人。

通知的内容包括：发生或者可能发生个人信息泄露、篡改、丢失的信息种类、原因和可能造成的危害；个人信息处理者采取的补救措施和个人可以采取的减轻危害的措施；个人信息处理者的联系方式。

《个人信息保护法》没有对个人信息泄露事件的通知义务给出明确的时间限定（如类似GDPR项下的72小时），通常认为"立即"的时间要求既要覆盖"补救措施"义务，也要覆盖"通知义务"，即一旦发现个人信息泄露事件，就即时触发了通知义务。但在不同的法律法规和规范性文件中对数据安全时间的报告时间规定有很大差异，例如，《计算机信息系统安全保护条例》（2011）规定对于计算机信息系统中发生的案件需要在24小时内报告当地县级以上人民政府公安机关；《非银行支付机构重大事项报告管理办法》中规定一类事项2小时①、二类事项24小时内通过电话、传真或电子邮件等形式报告，且一类事项2个工作日、二类事项5个工作日内以书面形式报告；《上海市网络安全事件应急预案》则规定网络安全事件应当在半小时内口头、1小时内书面报告给市网信办等。这些规定也是企业在进行安全事件预案和演习流程需要提前知悉的。

第三节　遵循个人信息处理的特殊义务

1. 识别并遵守"守门人"的特殊义务

（1）守门人的认定条件

《个人信息保护法》第58条对提供基础性互联网平台服务、用户数量巨大以及业务

---

① 一类事项如发生客户个人信息泄露等信息安全事件一次性涉及客户信息数据超过5 000条或者客户超过500户；二类事项如发生客户个人信息泄露等信息安全事件一次性涉及客户信息数据不超过5 000条，且涉及客户不超过500户的。

类型复杂的个人信息处理者规定了特殊的义务。但是对于上述3个条件的具体指引，还需要等待有关部门的进一步规定。

从同等利益诉求出发的反垄断角度的规定《国务院反垄断委员会关于平台经济领域的反垄断指南》提出的"平台"是指互联网平台，即通过网络信息技术，使相互依赖的双边或者多边主体在特定载体提供的规则下交互，以此共同创造价值的商业组织形态。此类规定对于认定守门人条件具有一定借鉴意义。

从比较法的角度来看，欧盟没有在2018年公布的GDPR中对守门人处理者进行相关规定，而是另行制定《数字市场法（草案）》，从市场竞争的角度对超大型平台关于垄断和竞争秩序的问题提出一系列要求，从而进一步保护个人信息。首先，欧盟对守门人的概念进行了相对明确的界定，即公司有一个核心平台，且在欧盟多个国家拥有持久性、庞大的用户基础。同时，欧盟也给出了3个推定标准[⊖]，除非能证明不具备守门人的这3个门槛性条件，否则将被推定为守门人。

我国未来要把这条有关"守门人"特殊义务的规定落地到实处，后续仍然需要推出一系列可量化的指标，确认什么样的机构应该被纳入守门人的范围。

（2）守门人的特殊义务

针对个人信息处理者中的这类掌握着大量用户数据的特殊主体，其合规与否关系到社会公共利益，因此《个人信息保护法》对其提出了4项新的义务要求，具体如下。

❏ 建立合规制度体系，成立由外部成员组成的独立机构进行监督。

首先，建立健全个人信息保护合规制度体系，企业需要建构一个层层细化的规定，完善从合规义务的提出到具体义务落地的完整链路。凡涉及上述处理个人信息环节的部门及员工，均应严格遵守企业内部有关个人信息保护方面的制度流程，提高企业的内部合规水平，同时注意留存记录，以便未来从容应对监管。

其次，成立由外部成员组成的独立机构，监督个人信息处理活动。考虑这类主体一般规模庞大，占据了非常大的市场份额，由外部机构（类似于独立董事或者独立审计、律

⊖ 守门人推定标准：守门人可基于客户数量、累积活动能力、市场估值等综合标准进行推定，具体应考量如下3个累积条件。第一，影响内部市场的规模，企业在过去3个财政年度在欧洲经济区（EEA）实现的年营业额等于或超过65亿欧元，或者在上一财政年度，其平均市值或等值公平市价至少达650亿欧元，并在至少3个成员国提供核心平台服务。第二，控制着企业用户通向终端用户的重要门户，如果公司运营的核心服务平台在上一财政年度在欧盟建立或位于欧盟的月活跃终端用户超过4 500万，并且在欧盟建立的年活跃商业用户超过1万。第三，享有或在不久的将来预期享有稳固而持久的地位，企业在过去3个财政年度中的每个年度都符合其他两个标准。如果上述3个条件均得到满足，则推定该企业为守门人，除非企业提出确凿论据来证明相反的情况。

师事务所）来监督个人信息的处理活动，可以更好地督促平台履行合规义务。与此同时，在处理复杂的业务时，大型的互联网平台也需要外部专家的支持和帮助。考虑到这一点，《个人信息保护法》要求"守门人"平台成立由外部成员组成独立的监督机构。

GDPR 要求设定的数据保护官（Data Protection Officer，DPO）既可以由公司内部员工担任，也可以委任公司外部人员担任，其核心还是在于 DPO 需要具有相对独立性，比如不能有利益冲突、不能因实施 DPO 的职责而降薪，但就实践而言，目前仍有不少裁决和判例显示 DPO 不具有相对的独立性。这也许就是为何《个人信息保护法》需要在超大平台的规则上，即使内部已经设立了个人信息保护负责人，也还要求有一个由外部成员组成的独立机构进行监督的缘由了。

❑ 遵循公开、公平、公正的原则，制定平台规则，明确个人保护义务。

遵循公开、公平、公正原则，制定平台规则，如平台服务协议、交易规则等，明确平台内产品或服务提供者处理个人信息的规范和保护个人信息的义务。例如，网络交易平台内的经营者应当对收集的个人信息严格保密，除依法配合监管执法活动外，未经被收集者授权同意，不得向包括关联方在内的任何第三方提供。

❑ 对严重违反法律、行政法规处理个人信息的平台内提供者，停止提供服务。

因平台对平台内产品或服务提供者具有合同约束能力以及"事实"影响力，在合规推动上向平台施加发现严重违法行为时停止服务的义务，有助于推动整个平台生态内个人信息的保护。因此，对于守门人而言，需要分析如何履行该义务，其核心难点在于如何判断严重违反法律和行政法规处理个人信息的行为，目前部分行业内有相关的通报流程，如主管部门会公布违法名单以及处置方式。

❑ 定期发布个人信息保护社会责任报告，接受社会监督。

由于"守门人"平台承载了许多对内和对外的义务，因此其应当定期发布个人信息保护社会责任报告，接受社会监督。责任报告增加了企业的透明度，也增加了个人对企业的信任感。

2. 识别并遵守特定场景的个人信息处理增强义务

《个人信息保护法》还对一些高风险、处理活动复杂、涉及重大权益处理活动的特定场景规定了增强义务。

（1）必须获取"单独同意"的 5 种场景

当且仅当处理数据的合法性事由是基于同意的时候，有 5 个场景是需要获得"单独同意"的。这 5 个场景都是《个人信息保护法》下的重点场景。具体可参见第七章第三节。

（2）处理敏感个人信息

《个人信息保护法》对处理敏感个人信息的特殊要求总结起来有 3 点，即目的限定更严、告知事项更多、同意机制强化（适用"同意"事由时）。

《个人信息保护法》规定，只有在具有特定的目的和充分的必要性，并采取严格保护措施的情形下，个人信息处理者方可处理敏感个人信息。《个人信息保护法》第 30 条规定，处理敏感个人信息的，除必须告知的一般事项外，还应当向个人增强告知：处理敏感个人信息的必要性以及对个人权益的影响，除非依法可以不向个人告知。《个人信息保护法》第 29 条规定处理敏感个人信息应当取得个人的单独同意；法律、行政法规规定处理敏感个人信息应当取得书面同意的，从其规定。

（3）应当事先进行个人信息影响保护评估的场景

《个人信息保护法》第 55 条和第 56 条把以往的个人信息安全评估的表述改成了个人信息保护影响评估，这比原先使用安全评估的范围更加完整和饱满。因为对于个人信息的保护不仅是安全侧的义务，也需要结合对个人信息主体权利行使的保护。

应当事前进行个人信息保护影响评估的场景包括：1）处理敏感个人信息；2）利用个人信息进行自动化决策；3）委托处理个人信息、向其他个人信息处理者提供个人信息、公开个人信息；4）向境外提供个人信息；5）其他对个人权益有重大影响的个人信息处理活动。

在确定需要适用的场景范围之后，我们需了解评估的内容。首先，要评估处理目的、处理方式是否属于数据处理的一般原则，即合法、正当、必要原则。其次，要评估数据处理活动对个人权益的影响及风险程度。这应根据不同的处理行为进行风险分级。再次，要评估所采取的安全保护措施是否合法、有效并与风险程度相适应。

最后，即使经过相关决定和平衡后，风险已经被限制在对个人主体影响很小的范围内，企业还需要对整个风险评估的过程进行报告和记录，并且该记录至少保存 3 年，这与企业违反法律规定时涉及的举证义务相关。

整体而言，个人信息保护影响评估强调的是评估过程，属于程序性要求，而非要求达到一个固定标准的实体性要求。就企业而言，它给企业提供了一种合规路径和实现方式，通过个人信息保护影响评估排查某项数据处理行为是否合规，来确定产品或业务是否符合个人信息保护的要求，也是给予企业证明自身合规性的方法。

（4）自动化决策的场景

首先，《个人信息保护法》规定自动化决策应当保证"决策的透明度和结果公正、公平"与"不得对个人在交易价格等交易条件上实行不合理的差别待遇",自动化决策的过程要符合对外公示的要求,企业要告知数据主体对其个人信息进行了处理,并保证所处理的结果公平公正,不会对信息主体造成歧视。《国务院反垄断委员会关于平台经济领域的反垄断指南》的相关规定中,也提到了"大数据杀熟"问题。部分互联网企业利用大数据分析对不同群体进行差别定价,实行"价格歧视",对其他数据处理者的商业活动产生影响,从而导致不公平竞争的乱象出现,扰乱了市场秩序。而《个人信息保护法》遏制商家对大数据的滥用,主要是为建立健全大数据安全规范使用,提倡算法透明、公平,保护消费者的个人权益。

其次,《个人信息保护法》还规定,利用个人信息进行自动化决策而进行信息推送、商业营销的,应同时提供不针对个人特征的选项,或者提供拒绝的方式。但是,仅为通知性的推送不属于该条规定的范围内。《电子商务法》以及《网络交易监督管理规定》中也对"提供不针对个人特征的选项"进行了规定。相比较而言,《个人信息保护法》对此并没有提出很多额外的特殊要求。

关于自动化决策,具体到实践中有多个重要的话题,如用户画像、算法,具体请参见第十一章。

（5）数据跨境传输场景

《个人信息保护法》对数据跨境场景的相关规定需要结合其他法条一起理解,如《关键信息基础设施安全保护条例》《网络安全审查办法》等。

企业需要了解其本身所属的性质以及拟出境的数据是否涉及数据本地化要求。《个人信息保护法》第40条规定关键信息基础设施运营者和处理个人信息达到国家网信部门规定数量的个人信息处理者,应当在境内存储其处理的数据。对于"规定数量"的具体规定,还有待相关法规给出具体的细化规定。企业还要判断拟出境的个人信息是否构成重要数据。如果构成重要数据,则即使是一般的网络运营者,也需要遵守重要数据境内存储,业务特需单独审批的要求。

只有在不涉及数据本地化要求的情况下,企业才会进一步考虑个人信息向境外提供需要满足如下具体条件。

1）《个人信息保护法》第39条规定,向境外提供个人信息的,应当向个人告知并取得个人的单独同意。提前告知并获取同意的义务可以被视为数据出境行为的前置条件。

2）《个人信息保护法》第38条对确实需要向境外提供个人信息的情况规定了相应的条件:企业通过国家网信部门组织的安全评估;或者接受专业机构进行的个人信息保护

认证；或者与境外接收方签订根据国家网信部门制定的标准合同，约定双方的权利义务；以及提供了符合法律规定的兜底条件以待日后补充。根据国家网信办关于《数据出境安全评估办法（征求意见稿）》，符合以下情形之一的，应当通过所在地省级网信部门向国家网信部门申报数据出境安全评估：① 关键信息基础设施的运营者收集和产生的个人信息和重要数据；② 出境数据中包含重要数据；③ 处理个人信息达到 100 万人的个人信息处理者向境外提供个人信息；④ 累计向境外提供超过 10 万人以上的个人信息或者 1 万人以上的敏感个人信息；⑤ 国家网信部门规定的其他需要申报数据出境安全评估的情形。符合如上条件的企业，只能以通过国家网信部门组织的安全评估作为跨境传输的合规条件。

3）个人信息处理者应当采取必要措施，保障境外接收方处理个人信息的活动达到本法规定的个人信息保护标准。

4）在某些特殊情况下，企业可能被考虑列入个人信息一定程度自由流通的范畴。例如，《个人信息保护法》第 38 条新增了"中华人民共和国缔结或者参加的国际条约、协定对向中华人民共和国境外提供个人信息的条件等有规定的，可以按照其规定执行。个人信息处理者应当采取必要措施，保障境外接收方处理个人信息的活动达到本法规定的个人信息保护标准"。例如，2020 年 11 月 15 日，东盟十国、中国、日本、韩国、澳大利亚、新西兰等 15 个国家的经贸部长正式签署《区域全面经济伙伴关系协定》（RCEP）。RCEP 主要是在电子商务的框架下规定了数据跨境流动的内容，主要的要求是明确各成员方不能将设施本地化作为在其领土内开展业务的条件，也不能阻止为实现业务需要而开展的数据跨境流动活动。

5）接收方处理中华人民共和国公民个人信息，不得危害国家安全、公共利益。如果接收方确有上述危害国家安全、公共利益的行为，则国家网信部门可将其列入限制、禁止提供清单或者采取反制裁的范围。

向境外提供个人信息是数据合规领域非常重要的一个合规义务，具体参见第十四章第三节。

第四节 个人信息主体的权利及其他

1. 确保实现个人信息主体权利

（1）个人信息主体权利类型概览

个人信息主体拥有的权利从一定程度上也对应了企业应当履行的义务。《个人信息保护法》第 44 条规定，个人拥有知情权、决定权、限制或拒绝他人对其个人信息进行处理等权利，这对应了企业的告知义务等。同时，第 48 条规定了有权要求个人信息处理者解释说明个人信息处理规则，以及第 16 条还规定了个人享有撤回同意权。

第 45 条规定了个人有权查阅、复制个人信息，同时提出了类似 GDPR 项下的"可携带权"，即个人请求将个人信息转移至其指定的个人信息处理者，符合国家网信部门规定条件的，应当提供转移的途径。

第 46 条规定了个人享有更正权，即核实后更正和补充的权利。

第 47 条还规定了企业应及时删除个人信息的 5 种情形，实则为个人信息主体的删除权：1）处理目的已实现、无法实现或者为实现处理目的不再必要；2）个人信息处理者停止提供产品或者服务，或者保存期限已届满；3）个人撤回同意；4）个人信息处理者违反法律、行政法规或者违反约定处理个人信息；5）法律、行政法规规定的其他情形。法律、行政法规规定的保存期限未届满，或者删除个人信息从技术上难以实现的，个人信息处理者应当停止除存储和采取必要的安全保护措施之外的处理。

《个人信息保护法》第 49 条还对近亲属的相关权利做了相关规定，即自然人死亡的，近亲属为了自身的合法、正当利益，可对死者的相关个人信息行使查阅、复制、更正、删除等权利（除非死者另有安排）。例如，近亲属可以查阅死者生前的银行账户等。《民法典》第 994 条也规定了死者的隐私受到侵犯时，其配偶、子女、父母或近亲属有权依法请求行为人承担民事责任。此外，《人脸识别司法解释》第 15 条亦规定"自然人死亡后，信息处理者违反法律、行政法规的规定或者双方的约定处理人脸信息，死者的近亲属依据《民法典》第 994 条请求信息处理者承担民事责任的，适用本规定"，也为死者近亲属如何保护其自身权益提供了配套规定。即使有上述规定，个人信息保护法也特别提到"死者生前另有安排的除外"，所以生前设立遗嘱时，也要考虑将对个人信息的安排，像对房产、车辆、存款、股票、知识产权的处理一样，可列入遗嘱中进行特殊要求。

《个人信息保护法》还完善了个人信息保护投诉举报机制，第 59 条要求个人信息处理者应当建立"便捷的"行权申请和处理机制，同时，个人信息处理者拒绝个人行使权利的，个人可以依法向人民法院提起诉讼。根据第 61 条，履行个人信息保护职责的部门负责接受、处理与个人信息保护有关的投诉、举报。此外，第 64 条规定，履行个人信息保护职责的部门在履行职责中，发现违法处理个人信息涉嫌犯罪的，应当及时移送公安机关依法处理。这些措施形成了对个人信息保护的强有力闭环。

（2）数据可携权

《个人信息保护法》规定中的"可携带权"是大家非常关注的条款。可携带权最早规定于 GDPR 中，而其他国家在引入该权利时也有诸多讨论。因为可携带权既有实际实施的难度，又因其同时肩负保障公平竞争、限制垄断的价值诉求的争议。

对比《个人信息保护法》对数据可携带权的规定与 GDPR 项下对数据可携带权的规定，笔者认为该权利在《个人信息保护法》的规定下应为"有限的数据可携带权"。首先，从结构上来讲，《个人信息保护法》对携带权的规定只是比复制和查阅权利多加了一款，而非单独一条。其次，从实施条件上来讲，《个人信息保护法》规定只有在符合网信部门的规定下才予以实施数据可携带权，提供转移至指定的个人信息处理者的途径。这样的尝试可能是考虑到 GDPR 本身对于数据可携带权的规定从 2018 年生效到现在的实施困境。

从具体权利要求上来说，《个人信息保护法》与 GDPR 的规定也不同。从权利的客体角度来说，《个人信息保护法》未做限制。GDPR 对权利的客体做了很明确的范围限定，首先针对数据主体自己提供的数据以及在自动化采集过程中的数据，信息主体不可以要求企业把经过其智力创造和衍生加工之后的模型数据作为用户行使可携带权的内容。同时，因为 GDPR 仅要求对电子形式的数据提供可携带权，所以主体不可以要求企业把如纸质方式收集和存储的数据转化为电子版提供可携带权的实现。

从权利实现方式来说，《个人信息保护法》未做明确的要求，仅说明提供转移的途径。GDPR 中规定了要求提供"结构化、普遍使用和机器可读"的格式，这产生的问题是什么叫作"普遍使用的"。EDPB 解释："'普遍使用'不是要求企业将数据转化成某一种格式使用，而是强调须具有'通用性'。"但是现在对此没有明确的标准，即使在诉讼过程中，法院也只是强调了"通用性"和"互操作性"，没有具体解释应该怎么做。由此产生的实施困难是，除了少数大型互联网企业如谷歌、微软和苹果，可以给用户提供一个平台以结构化的方式提供数据外，小平台根本没有办法实现该要求。

"数据可携权"一直到终审稿才进入《个人信息保护法》，一经颁布就成为明星条款。虽然该条款是用户"权利"树条款中最需要进一步细化的一个，但《个人信息保护法》下的"个人主体权利"体系却因此更为完善，在这一方面也得以使其在全球个人信息保护立法中保持了领先地位。

《个人信息保护法》下复杂全面的"个人权利"条款大大弥补了此前我国个人信息保护领域各层级规范性文件和执法中的薄弱环节，体现了《个人信息保护法》从既往的重视监管"数据处理者"走向兼顾"赋权个人",立法角度更为全面,这也意味着企业的数据合规工作会有更多来自个人信息主体层面的推动力。

2. 识别违法后果和承担举证责任

与 GDPR 的最高处以上一年度营业额 4% 罚款的规定比较,《个人信息保护法》将罚款力度增加到上一年度营业额的 5%。《个人信息保护法》对违法后果的规定看似十分严格,但是《个人信息保护法》的处罚规则并不是"一揽子"条款。实际上,对违法行为以及对应的违法后果做了阶梯性的规定。

与《网络安全法》类似,《个人信息保护法》对违法后果的规定采用了"双罚制"的结构。第一,针对违法处理个人信息的数据处理者,除了罚款,还能责令其暂停或终止提供服务。第二,对于情节严重的违法行为,除了罚款,还可以一并责令其暂停相关业务、停业整顿、通报有关主管部门吊销相关业务许可或者营业执照。针对直接负责的主管人员和其他直接负责人员,除了罚款以外,还可禁止其在一定期限内担任相关企业的董事、监事、高级管理人员和个人信息保护负责人。值得注意的是,《个人信息保护法》并没有严格界定什么情况属于"情节严重",但结合 GDPR 相关处罚案例来说,数据泄露、受影响的信息主体数量可能成为较大的考虑因素。同时,该条还使用了"拒不改正"这样的表达,因此笔者认为无论在何种情况下,展现出积极的改正态度始终是优解。

《个人信息保护法》第 67 条规定违法行为依照规定记入信用档案。

对于侵害个人信息权益的处理活动,其应当承担损害赔偿等侵权责任。赔偿额度根据个人受到的损失或者侵害人获取的利益决定,法院也可能会对此进行调整。

值得注意的是,《最高人民法院关于适用〈中华人民共和国民事诉讼法〉的解释》第 284 条规定,环境保护法、消费者权益保护法等法律规定的机关和有关组织对污染环境、侵害众多消费者合法权益等损害社会公共利益的行为,根据《民事诉讼法》第 55 条的规定提起公益诉讼。《个人信息保护法》第 70 条规定,对于受到侵害的对象是多人的情况,人民检察院、法律规定的消费者组织与国家网信部门确定的组织可以依法向人民法院提起诉讼。"国家网信部门确定的组织"具体包括哪些组织,还需要法规进一步解释说明。

《个人信息保护法》第 71 条还规定,违反本法规定,构成违反治安管理行为的,依法给予治安管理处罚;构成犯罪的,依法追究刑事责任。

由此能看出,《个人信息保护法》对违法后果的规定体现了"多维"以及"阶梯形"的特点。

小　结

《个人信息保护法》在高度关注下诞生,构建中国个人信息保护相关法律规定的顶层设计,完成了里程碑的一步。《个人信息保护法》在众多条款中吸收了之前国内个人信息保护的相关实践,给出了相应细致的解决路径,同时针对大数据杀熟、超级平台等给出了现实的回应,《个人信息保护法》值得数据合规领域人士细细研读。

正如 GDPR 生效后,EDPB 制定了大量的指南解释法律规定以及为企业提供实践指引,我们相信《个人信息保护法》之后也会有大量的配套规范性文件,为落地实践提供明确的方案以及解决多个前瞻性条款的具体适用。例如,《关于 GDPR 项下"同意"的指南》[一]《关于 GDPR 第 25 条规定隐私设计和隐私默认保护的指南》[二]。

《个人信息保护法》的诞生不是数据合规行业的成熟定型,更应该说将引起新的繁荣发展,证明数据合规行业进入了稳步前进的阶段。

[一] EDPB, Guidelines 05/2020 on consent under Regulation 2016/679, https://edpb.europa.eu/sites/default/files/files/file1/edpb_guidelines_202005_consent_en.pdf。

[二] EDPB, Guidelines 4/2019 on Article 25 Data Protection by Design and by Default, https://edpb.europa.eu/our-work-tools/our-documents/guidelines/guidelines-42019-article-25-data-protection-design-and_en。

第五章

欧盟数据保护立法体系与监管要求

【场景】在研究中国法的立法体系以及监管情况的过程中,白晓萌萌发现,在多篇研究文章以及专家们公开的讲座中,都提到了欧盟的数据立法及监管是相对完善的,具有可借鉴意义,在之前的学习和了解过程中,她也充分认识到,正如数据本身具有强大的流通性一样,数据合规领域更是一个全球化、多维度的合规领域,要做好数据合规工作,不仅需要了解国内的法律知识,还需要与国际接轨。因此,白晓萌萌开始了对欧盟数据保护立法体系的探索与学习。

第一节 欧盟数据保护立法概况

1. 法律体系

2018年5月25日,欧盟的数据保护法《通用数据保护条例》(General Data Protection Regulation,GDPR)正式生效。GDPR生效后,取代了欧盟的《数据保护指令》以及所有成员国的数据保护法,对欧盟所有成员国发生直接、统一、首要的效力。但是,在很多场合(如履行法律义务、执行公共事务、处理员工数据等),GDPR允许或要求成员国就数据保护事宜进行立法。目前,除了希腊、斯洛文尼亚,其余26个国家均通过不同形式将GDPR纳入既有法律体系之中,同时规定了本国数据保护机构的职权,包括但不限于发出违规警告、开展审查、限期纠正、命令删除数据、暂停向第三国传输数据、罚款。

除 GDPR 之外，其他法规对欧盟制度下的企业也很重要。例如，适用于电子通信行业中个人数据处理的《电子隐私条例》（e-Privacy Regulation），又如适用于刑事执法机关出于执法目的而处理个人数据的《数据保护执法指令》(Law Enforcement Directive)。

2. 监管机构

根据 GDPR 第 68 条的规定，欧盟各成员国本地数据保护机构（Data Protection Authority，DPA）的各自代表与欧盟数据保护专员（European Data Protection Supervisor，EDPS）的首长一同组成欧盟数据保护委员会（European Data Protection Board，EDPB）。

欧盟数据保护委员会（EDPB）是一个独立的欧盟机构，负责发布指南并就与 GDPR 相关的事项提供建议。为保证欧盟整体数据保护规则的统一适用，促进各成员国 DPA 之间的合作，EDPB 批准了 WP29 工作组发布的 16 份指南，通过了 5 份指南，内容涉及 GDPR 适用地域、第 42 和第 43 条下的认证及其标准、行为准则及其监督、履行合同所必需的数据处理以及数据跨境的例外情形等。此外，EDPB 已经或正在就进行数据保护影响评估的国家名单、数据控制者与处理者间标准合同、有约束力的公司准则、通过与处理活动有关的行为守则草案、批准认证机构的认证标准等发布"一致性意见"（Consistency Opinions）。EDPB 同样需要确保其数据保护成员机构之间的一致性，必须就数据保护机构进行的特定活动发表意见，并在机构间发生争议时，扮演解决争议的角色。所有欧盟成员国的 DPA 均参与到 EDPB 工作的各方各面，但欧洲经济区（EEA）中，除欧盟成员国之外的国家（挪威、冰岛和列支敦士登）的 DPA 参与程度比较有限。

每个欧盟成员国的 DPA 负责执行数据保护法，其在 GDPR 中被称为监管机构。各 DPA 对如何理解与适用 GDPR 规定出具相应指南。比如，法国国家信息与自由委员会（CNIL）于 2020 年 6 月 11 日发布了《通用数据保护条例（GDPR）开发者指南》，指明了 Web 和应用程序开发人员在设计应用程序时应如何确保尊重用户的隐私。又如，爱尔兰数据保护委员会（DPC）曾于 2019 年 8 月 14 日发布《个人数据泄露指南》，旨在帮助数据控制者更好地理解 GDPR 中的数据泄露通知要求，此后又于 2019 年 10 月 22 日发布了《通用数据保护条例（GDPR）下的数据泄露通知实用指南》，通过大量案例的统计分析为数据控制者提供有关如何处理数据泄露的实用性建议。这些指引性规范也在一定程度上完善了欧盟的数据保护规则体系。

欧盟数据保护专员（EDPS）为 EDPB 常设秘书处，主要包括一名主管和助理主管，并由经验丰富的律师、IT 专家和管理人员组成的办公室为其提供支持。EDPS 负责监督欧盟机构中数据保护规则的适用，并就处理个人信息的所有事宜向欧盟机构等提供建议。

欧盟立法者往往会就可能影响隐私立法和新政策发展的提案征询 EDPS 的意见。

总体而言，DPA 是 GDPR 下最直接的执法实施机构，它们发布的指南更具地域性且更加精细化，EDPB 主要是通过发布指导方针、建议和最佳操作等来协调不同 DPA 之间对于 GDPR 的一致性适用，而 EDPS 重点在于监督落实各欧盟机构内部对数据保护规则的适用并担任各欧盟机构的专家指导和特别顾问。EDPS 与 EDPB 相比，前者提供建议的对象主要为欧盟机构，如欧洲法院、欧盟委员会等，而后者提供建议的对象主要为各成员国数据保护机构和欧盟内涉及数据保护的相关企业。

3. 实体和地域适用范围

（1）实体范围

GDPR 适用于：1）全部或部分通过自动化手段进行的个人数据处理；2）通过自动化手段以外的其他方式进行的、构成或旨在构成归档系统的数据处理。但以下情况除外：

❑ 超出欧盟法律范围之外（如有关国家安全的活动）。

❑ 与欧盟共同的外交和安全政策有关。

❑ 有权机关出于执行刑罚的目的而执行的（另有指令适用该种情形）。

❑ 由欧盟机构执行的（另有条例适用该种情形）。

❑ 自然人实施的作为"纯粹个人或家庭活动"进行的个人数据处理。（GDPR 第 2 条）[一]

（2）地域范围

GDPR 可以通过两种方式适用于组织。

1）营业地标准（Establishment Criterion）。

根据 GDPR 第 3 条第 1 款，凡是在欧盟内部设有经营场所的组织，不论其实际数据处理行为是否在欧盟内进行，其对个人数据的处理均受 GDPR 约束。此外，在欧盟境内设有分支机构、代表处或分公司的情形也被视为设有营业地，具体可体现为开设本地银行账户、有本地信箱和办公室以及在公司业务相关的法律诉讼中有代表公司的居住于当地的个人等。

2）针对性标准（Targeting Criterion）或监控标准（Monitoring Criterion）。

根据 GDPR 第 3 条第 2 款，即使组织在欧盟没有设立经营场所，但它在处理以下相关活动中的个人数据时将仍受 GDPR 约束：

a. 为欧盟内的数据主体"提供商品或服务"（无论是否需要支付对价）。

[一] GDPR, Article 2: This Regulation does not apply to the processing of personal data:(c) by a natural person in the course of a purely personal or household activity.

b. 对发生在欧洲范围内数据主体的活动进行"监控"。

欧盟数据保护委员会明确指出：① 组织机构向欧盟内用户"提供商品或服务"的意图应该显而易见（例如，在其网站上使用欧洲经济区语言或欧洲经济区货币）；②"监控"意味着数据控制者通过这样做以达到其目的（例如，行为广告和内容的地理定位，通过Cookies进行在线跟踪和设备指纹识别）。不论组织是否有意图监控欧洲范围内的某个个体，监控标准均适用。

4. 数据处理原则

GDPR规定了7项数据处理原则，分别如下。

1）合法性、合理性和透明性（Lawfulness，Fairness，Transparency）：要求在对个人数据的处理过程中，无论是收集、传输还是使用，均需符合法律规定，符合合理及透明性的要求。

2）目的限制（Purpose Limitation）：数据处理需出于特定、明确、合法的目的，进一步的处理也不得有悖于前述目的，但符合公共利益、科学研究等正当目的的后续数据处理不视为违反初始目的。

3）数据最小化（Data Minimization）：对于个人数据的处理数量以满足该业务需要的最小数量为限，不得收集任何非必需的个人数据。

4）准确性（Accuracy）：在对个人数据的使用过程中，必须保持数据的真实准确，在个人数据更新时，必须及时同步更新或者及时删除以确保可靠。

5）限期存储（Storage Limitation）：要求在个人数据处理完毕，不再为业务所需时，必须及时采取删除措施，清除该个人数据的存在痕迹，但在为实现公共利益、进行科学或者历史研究、为保障数据主体的权利和自由这些情形下，GDPR明确可以超期储存，但必须采用该条例规定的合理技术与组织措施才可进行。

6）数据的完整性与保密性（Integrity and Confidentiality）：明确个人数据处理过程中，采取合理的技术手段、组织措施，避免数据未经授权即被处理或遭到非法处理，避免数据发生意外毁损或灭失。

7）可问责性（Accountability）：数据控制者有责任且能够证明自身合规，包括在必要时将隐私保护政策文件、实施的技术与组织措施、处理个人数据的记录、任命数据保护官（Data Protection Officer，DPO）、隐私保护设计（Privacy by Design）、隐私影响评估报告（Privacy Impact Assessment，PIA）、通过隐私保护认证、遵守已批准的行为准则等提供给监管机构。

欧盟《通用数据保护条例》与《个人信息保护法》的数据处理原则对比如表 5-1 所示。

表 5-1　欧盟 GDPR 与我国《个人信息保护法》的数据处理原则对比

GDPR 原则	内容	《个人信息保护法》原则	内容
第 5 条第 1 款第 1 项：合法性、公平性和透明性原则	以合法、公正、透明的方式处理与数据主体有关的个人数据	第 5 条：合法、正当、诚信原则	处理个人信息应当遵循合法、正当、必要和诚信原则，不得通过误导、欺诈、胁迫等方式处理个人信息
		第 7 条：公开透明原则	处理个人信息应当遵循公开、透明原则，公开个人信息处理规则，明示处理目的、方式和范围
第 5 条第 1 款第 2 项：目的限制原则	为特定、明确、合法的目的收集，并且不符合以上目的不得以一定的方式进行进一步的处理；为公共利益、科学、历史研究、统计目的而进一步处理，不应视为不符合初始目的	第 6 条：第 1 款：必要原则	处理个人信息应当具有明确、合理的目的，并应当与处理目的直接相关，采取对个人权益影响最小的方式
第 5 条第 1 款第 3 项：数据最小化原则	充分、相关以及以该个人数据处理目的之必要为限度进行处理	第 6 条：第 2 款：最小化原则	收集个人信息应当限于实现处理目的的最小范围，不得过度收集个人信息
第 5 条第 1 款第 5 项：限期存储原则	在不超过个人数据处理目的之必要的情形下，允许以数据主体可识别的形式保存；为了保护数据主体的权利和自由，依据第 89 条（1）予以实施本法要求的适度的技术和组织措施，只要个人数据仅以为达到公共利益、科学或历史研究或统计的目的而处理，个人数据就能被长时间存储		
第 5 条第 1 款第 6 项：数据的完整性和保密性原则	以确保个人数据适度安全的方式处理，包括使用适当的技术或组织措施来对抗未经授权、非法的处理，意外遗失、灭失或损毁的保护措施	第 8 条：信息准确原则	处理个人信息应当保证个人信息的质量，避免因个人信息不准确、不完整对个人权益造成不利影响
第 5 条第 1 款第 4 项：准确性原则	准确、必要、及时：必须采取一切合理措施，确保在考虑到处理目的的情况下，及时删除或更正不准确的个人数据		
第 5 条第 2 款：可问责性原则	控制者应该负责，并能够证明符合第 1 款	第 9 条：主体责任原则	个人信息处理者应对其个人信息处理活动负责，并采取必要措施保障所处理的个人信息的安全

5. 数据处理的合法依据

为了符合 GDPR 有关处理个人数据的规定，数据控制者必须确保数据处理行为具有合法依据。

1）数据主体同意。同意必须是明确的、知情的、可区分的、可撤销的和细化的，以及其他自愿同意。换言之，不论数据主体是否同意或撤回其同意，都不会产生任何不利后果。

2）出于履行与数据主体之间的合同或采取措施筹备该合同的必要。数据处理必须出于与数据主体签订或履行合同之必要。

3）出于遵守成员国或欧盟法律项下法定义务之必要。法律义务不一定是成文的，但应在可预见的适用范围内清晰而精确。

4）出于维护数据主体或其他人的重大利益，但数据主体无法给予同意时之必要，如紧急处理、灾难应对。

5）出于公共利益或在行使被授予控制者的官方权限时，执行任务之必要。

6）出于合法利益目的之必要。对于数据控制者而言，这可能是最灵活的法律依据，例如，为直接营销目的或防止欺诈进行数据处理。数据控制者必须确定他们所追求的是什么"利益"；确保这是合法的；并确保与处理过程对个人的影响相平衡。此合法利益评估应记录在案。

6. 重要定义

（1）个人数据和特殊类别个人数据

"个人数据"被定义为"任何与已识别或可识别的自然人相关的信息"；一个人可通过多种方式被识别，诸如姓名、身份编号、地址数据、网上标识等。

"特殊类别个人数据"包括种族或族裔出身、政治观点、宗教或哲学信仰、工会成员身份、关于健康或性生活和性取向的数据、遗传数据，以及用于唯一识别身份的生物特征数据。此外，处理与刑事诉讼和定罪有关的个人数据也受到类似特殊类别个人数据的限制。GDPR仅允许在某些特定列出的例外情况下，对特殊类别个人数据进行处理，如基于明确同意，基于欧盟或成员国法律下的就业、社会安全以及社会保护等。

（2）数据控制者和数据处理者

数据控制者指的是"决定——不论是单独决定还是共同决定——个人数据处理目的与方式的自然人或法人、公共机构、代理机构或其他实体"。

数据处理者指的是"代表数据控制者处理个人数据的实体"。雇员不是数据处理者。

有关数据控制者和数据处理者之间关系的更多讨论，请参见第十二章内容。

7. 数据主体权利

GDPR 极大地扩展了数据主体对相关个人数据的权利，具体如下。

1）知情权（Right to Be Informed）。

2）访问权（Right to Access）：如获取副本。

3）更正权（Right to Rectification）：更正错误个人数据的权利。

4）擦除权或被遗忘权（Right to Erasure, or Right to Be Forgotten）：擦除不符合 GDPR 要求的个人数据的权利，如不再需要处理、个人撤回同意、非法处理等。

5）数据可携带权（Right to Data Portability）：即数据主体有权获得其提供给控制者的相关个人数据，其接收的个人数据应当是经整理的、普遍使用的和机器可读的，并且当数据处理是通过自动化方式进行的，或基于同意或履行合同，数据主体有权无障碍地将此类数据从其提供给的控制者那里传输给另一个控制者（在技术可行的情况下）。

6）限制处理权（Right to Restriction of Processing）：当处理过程存在问题时（例如，对个人数据的准确性有争议或个人已反对处理等），限制数据处理的权利。

7）反对权（Right to Object）：反对特定类型处理的权利，包括直接营销（绝对权利）、基于合法利益或公共任务以及研究或统计目的的处理。

8）不受制于自动化决策权（Right Not to Be Subject to Automated Decision-making）：如果涉及对数据主体具有法律效力或类似重大影响的完全自动化的决策（包括用户画像），则数据主体具有不受该决定约束的其他权利。

控制者必须遵守"不应无故拖延"以及"最迟应在一个月内提供信息"，不过该期限有一定的可能性可以延长，并且在某些情况下，数据主体行使权利的请求可能受到限制（例如，访问权不应对其他权利产生不利影响，包括知识产权保护和商业秘密等；为了行使表达自由和信息自由的权利或遵守法律义务，擦除权则不适用等）。此外，控制者在响应数据主体的请求时不可收取费用。

欧盟 GDPR、《个人信息保护法》和《信息安全技术 个人信息安全规范》（GB/T 35273—2020）的数据主体权利对比如表 5-2 所示。

表 5-2 数据主体权利对比

	GDPR	《个人信息保护法》	《信息安全技术 个人信息安全规范》
知情权	第 12 条	第 44 条	5.4
反对权	第 21 条		—
拒绝权	—		8.4
限制处理权	第 23 条		—

（续）

	GDPR	《个人信息保护法》	《信息安全技术 个人信息安全规范》
删除权	第 17 条	第 47 条	8.3
更正权	第 16 条	第 46 条	8.2
查询权	第 15 条	第 45 条	8.1
数据可携带权	第 20 条	第 45 条	8.6
自动化决策	第 22 条	第 24 条	8.4
撤回同意	第 7 条	第 16 条	8.4
死者近亲属权	—	第 49 条	—

8. 隐私声明

隐私声明（通常也称为隐私政策）是一项应给予数据主体的信息通知，以实现其知情权并确保处理的透明性。GDPR 要求对于向数据主体提供的广泛信息，控制者应当"以一种简洁、透明、易懂和容易获取的形式，以清晰和平白的语言来提供；对于针对儿童的任何信息，尤其应当如此"，包括：

1）控制者的身份与详细联系方式。

2）处理的目的，以及处理的合法基础。

3）处理特殊类别数据时，应明确合法依据。

4）个人数据的接收者或者接收者的类型。

5）在欧盟以外进行数据传输的详情。

6）数据存储期限（如无法提供，则需要提供设定该期限的标准）。

7）数据主体权利。

8）提供个人数据是一项法定的还是合同的要求，以及没有提供此类数据可能会造成的后果。

9）是否存在任何自动化决策，以及在存在的情形下，披露涉及的逻辑、此类处理对于数据主体的重要性和预期后果的信息。

10）如果收集的是间接数据，则还需要提供信息类别和信息来源。

9. 直接营销

（1）合法依据

同意和合法利益是 GDPR 中最有可能用来判断直接营销合法性的法律依据。对于通过电子邮件进行的直接营销而言，欧盟《电子隐私条例》要求几乎所有类型的电子营销都必须有获取数据主体的"选择同意"（opt-in）。与此同时，即便用户在同意接收电子营销信息的情况下，其也拥有可以在任意时间，以方便的低成本方式撤回同意的权利。如果该直接营销基于 Cookie，或包含在公共电子通信服务使用的设备上进行存储或检索信息的其他技术，则也需要对此获取同意。因此，在线行为广告需要获得同意。

（2）反对权

根据 GDPR，数据主体有绝对权利反对为了直接营销而处理相关个人数据，或反对与此类直接营销相关的用户画像，该权利必须"让数据主体明确知晓，且应当与其他信息区分开来，清晰地告知数据主体"。

10. 数据共享与处理

GDPR 对控制者在委托数据处理者进行数据处理行为的过程中施加了高度的谨慎义务。处理者的处理应受书面合同约束，该合同应载明一系列信息（如所处理的数据和处理的时间）和义务（例如，发生个人数据泄露时的协助义务，采取适当技术和组织措施以及审计协助义务）。这也适用于处理者进一步委托分包的情况。控制者还必须核查处理者履行其义务的能力。例如，雇主 A 雇用云存储公司 H 在 H 的服务器上存储加密数据。公司 H 除了将数据存储在自己的服务器上，不以任何其他方式处理数据，因此公司 H 是处理者。雇主 A 必须向公司 H 提供必要的指示，如需要采取哪些技术和组织安全措施，并且必须根据 GDPR 第 28 条签订数据处理协议。而公司 H 则必须协助雇主 A 确保采取必要的安全措施，并在发生任何个人数据泄露事件时通知雇主 A。

GDPR 也对共同控制关系提出了要求，即两个或更多控制者共同确定处理的目的与方法。为符合 GDPR 的规定，共同控制者必须在内部之间安排各自的职责，尤其是涉及行使数据主体权利和向个人提供透明性信息。该安排必须阐明各方在数据主体方面的职责和责任，且数据主体应当可以了解有关该安排的基本信息。例如，旅行社将旅客的个人资料发送给航空公司和连锁酒店，以便预订旅行套餐，而航空公司和酒店通过旅客的个人资料确认所需座位和房间的可用性，最后旅行社再为顾客发放旅行文件和代金券。每个参与者都使用了自己的方式处理数据，以便实现其希望达到的目的。在这种情况下，旅行社、航空公司和酒店是 3 个不同的数据控制者，它们为各自的目的处理数据，不存在共同控制权。但随后，若旅行社、连锁酒店和航空公司决定共同参与建立一个共同互联网平台，以提供一揽子旅行交易服务。此时，若三方就处理旅客数据的目的与方式达成一致，例如，将存储哪些数据、如何分配和确认预订、谁可以访问存储的信息以及如何开展营销活动。在这种情况下，旅行社、航空公司和连锁酒店将共同决定如何处理旅客的个人数据,因此将成为预订平台相关处理操作和共同营销行动的共同控制者。然而,它们中的每一个仍将对平台以外的其他处理活动保留唯一控制权。

11. 儿童隐私保护

GDPR 做出了许多针对儿童的规定。例如,如果一个组织直接向儿童提供信息社会服务(广义而言,在线服务),并且如果是基于同意这一合法依据而处理儿童数据,那么该组织必须获得其父母的同意。这种情况下的儿童指的是未满 16 周岁的人(但成员国可依法规定年龄低至 13 周岁);给儿童的信息通知必须采取儿童友好的方式;处理儿童数据可能会需要进行数据保护影响评估等。在后述的情形下,儿童是指任何未满 18 周岁的人。

12. 可问责性

(1)设计数据保护和默认数据保护

控制者应当采取适当的技术和组织措施(如假名化)遵循数据保护原则,并采取保障数据主体权利的保障措施("通过设计的隐私保护")。并确保在默认情况下,仅处理为特定目的所需的个人数据("默认情况下的隐私保护")。

(2)数据保护影响评估(DPIA)

DPIA 是一种评估,组织机构可以通过该评估确定并减少因数据处理活动而给个人带来的风险。GDPR 要求组织机构在开始任何"高风险"处理活动之前,要进行数据保护影响评估,如涉及系统性和广泛性的处理活动(如用户画像)、自动化决策,以及通过闭路电视监控系统 CCTV 对公共区域进行系统性监控。各成员国的数据保护监管机构已发布其所规定的须进行数据保护影响评估的活动清单。如果经评估认为该风险为较高风险的,则控制者应在处理前向监管机构咨询。

(3)数据处理活动记录

控制者应保留处理活动的记录,该记录需包括法定提供的信息,如数据处理的类型、目的等。数据处理者也应当保留其所代表数据控制者进行的各类处理活动的记录。尽管 GDPR 规定该项要求不适用于雇员少于 250 人的组织机构,但是此项例外不适用于处理刑事犯罪或特殊类别个人数据。

(4)数据保护官和 GDPR 代表

如果控制者或处理者的核心活动包含对某种特殊类型个人数据的大规模处理和对定罪和违法相关的个人数据的处理,以及对数据主体进行大规模的常规和系统监控,则

GDPR 要求组织机构委任一名数据保护官（DPO）。数据保护官必须具有充分的专业素质，具有独立性，得到充足的支持和资源。如果数据保护官履行其他任务，则她或他必须对此没有相关的利益冲突。数据保护官的委任必须在总体上向数据保护机构公开。数据保护官的作用是提供信息/咨询，监督合规性并充当数据保护机构的单一联系人①。

此外，位于欧洲经济区以外但根据针对性/监控标准受 GDPR 约束的组织，必须任命一个位于欧洲经济区的"GDPR 代表"。GDPR 代表充当欧洲经济区的联络点，处理来自数据主体和数据保护机构的请求，并帮助维护数据处理的记录②。

13. 数据跨境传输

根据 GDPR，除非符合以下条件，否则不允许将欧洲经济区中的个人数据传输到欧洲经济区以外的第三国。

1）欧盟委员会的充分性决定：已获得欧盟委员会批准的国家和地区包括安道尔、阿根廷、加拿大（限定于受加拿大《个人信息保护及电子文档法案》（PIPEDA）约束的商业主体）、法罗群岛、格恩西岛、马恩岛、日本、泽西岛、乌拉圭、新西兰、瑞士、韩国和英国。

2）充分保护措施，如标准合同条款（SCCs）：由欧盟委员会通过或由监管机构通过并由欧盟委员会批准的标准合同条款③；如由主管数据保护机构批准的具有约束力的公司规则（BCR）。

3）克减（如明确同意、合同必要性、公共利益、法律主张等）或特定豁免。

14. 安全和数据泄露通知

GDPR 将个人数据泄露定义为"由于违反安全保障措施而导致传输、存储或其他处理中的个人数据被意外或非法损毁、丢失、更改或未经授权而被公开或访问"。如果发生个人数据泄露，除非个人数据泄露对于数据主体"不太可能"会带来风险，否则控制者应在知悉该信息后的 72 小时内通知主管监管机构（DPA）；如果泄露可能给数据主体的权利和自由带来高风险，则控制者必须立即通知数据主体，处理者在知悉个人数据泄露后必须立即向控制者报告。具体的数据泄露通知流程可参考图 5-1④。

---

① GDPR 第 37、38、39 条。
② GDPR 第 27、30 条。
③ 在 Schrems II 案后，EDPB 发布了《关于为了确保遵守欧盟个人数据保护水平而采用的对数据跨境转移工具补充措施的建议》，若企业采用标准合同条款作为跨境传输的合规机制，则需要注意是否需要采取补充措施。
④ 欧盟数据保护委员会（EDPB）《个人数据泄露通知示例指南》。

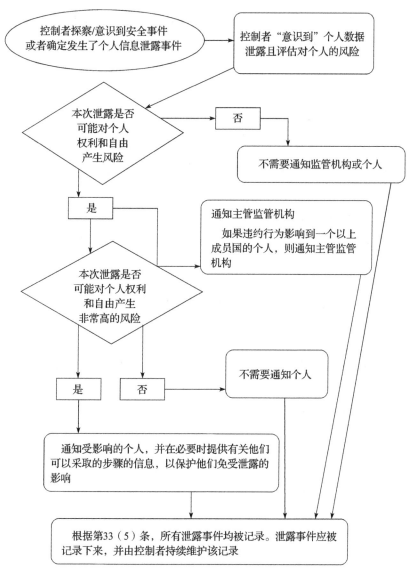

图 5-1 GDPR 项下的数据泄露通知流程

如果公司仅在某一国家运营，或围绕被泄露数据的所有收集、处理活动都在本地完成，则公司只需要向当地 DPA 报告。如果存在数据出境情况，则应向该数据处理活动所在国家的 DPA 报告。大多数 DPA 在其官方网站上都有数据泄露通知的模板，一般包括：数据泄露何时发生；何时以及怎样发现的数据泄露；哪类个人数据遭泄露；泄露了多少条记录，影响了多少人；泄露对数据主体有哪些可能的影响；公司向用户提供服务能力受到多大影响；恢复时间；受影响的欧盟公民是否收到通知；公司正在采取或将要采取的缓解及预防此类事件的措施有哪些等。此外，GDPR还要求数据控制者必须留存内部违规记录。

15. 执法

GDPR建立了两级行政罚款制度。对于某些违规行为，主管监管机构可以对组织处以最高1000万欧元或其全球年营业额2%的罚款（以较高者为准）；对于GDPR中最严重的侵权行为，监管机构可处以最高2 000万欧元或组织机构全球年度营业额4%的罚款（以较高者为准）。在某些成员国，违反数据保护法规也可能导致刑事制裁。

此外，个人有权向主管监管机构提出投诉，有权寻求有效的司法救济，并有权就违反GDPR造成的物质或非物质损害向相关控制者或处理者要求获得补偿。

第二节　欧盟数据保护监管案例

1. 执法概况

根据DLA Piper发布的统计调查报告，自2018年GDPR生效以来至2021年1月，欧盟数据保护机构以违反GDPR为由已执行的罚款金额超过2亿欧元，其中意大利、德国为累计罚款数额最高的两个地区，如图5-2所示。

图5-2　GDPR生效后被罚累计金额的国家排行

而对应的GDPR高频执法依据条款具体如表5-3所示。

表5-3　GDPR生效后的高频执法依据条款

高频执法依据条款	核心内容
GDPR第5条	违反数据处理基本原则
GDPR第6条	缺乏数据处理合法性基础
GDPR第12、13、14条	未履行充分性告知义务

（续）

高频执法依据条款	核心内容
GDPR 第 15、16、17 条	未满足数据主体权利的实现
GDPR 第 28 条	未签署数据处理协议
GDPR 第 32 条	缺乏保障信息安全的技术和组织措施
GDPR 第 33、34 条	违反数据泄露响应义务
GDPR 第 37 条	违反 DPO 任命义务

2. 重要案例解析

（1）WhatsApp 被罚 2.25 亿欧元案件事实及处罚原因

2021 年 9 月 2 日，爱尔兰数据保护当局颁布 WhatsApp 一案最终决定：对 WhatsApp 违反《一般数据保护条例》（以下称 GDPR）第 5、12、13、14 条的多项行为，合计罚款 2.25 亿欧元。

爱尔兰数据保护局的最终决定包含 4 类违法行为，具体如下。

1）针对 WhatsApp 非注册用户的场景下是否满足透明性要求。

该行为主要针对的是通讯录匹配功能，如果 WhatsApp 注册用户同意开启通讯录匹配功能，则 WhatsApp 会收集并使用联系人的电话号码。经过匹配发现未注册用户，将未注册用户的电话号码进行有损哈希（Lossy Hash），删除原始的电话号码。WhatsApp 抗辩有损哈希构成匿名化，因此不需要履行 GDPR 项下相应的义务。

爱尔兰数据保护局认定：在有损哈希前，非注册用户的手机号构成用户数据，因为该电话号码可以间接识别用户身份。在有损哈希后仍然构成用户数据。WhatsApp 处理非注册用户的数据时可以认定为控制者，但未履行 GDPR 提供信息义务。

2）针对 WhatsApp 注册用户的场景下是否满足透明性要求。

爱尔兰数据保护局认定：因 WhatsApp 提供的信息质量无法让人识别具体的处理行为与其相应的合法性基础，以及追求合法利益下相应的数据类型等详细信息，而且从提供信息的方式来看，合法性基础一节链接到了"我们如何使用数据"，但是链接到"我们如何使用数据"并未获得更多新的或更详细的信息，因此不符合 GDPR 第 13 条第 1 款第（c）项要求提供"处理个人数据的目的及其合法性基础"，以及（d）项"如果基于追求合法利益的目的来处理数据的，则要求提供数据控制者或第三方所追求的合法利益"。

关于数据分享部分，从 WhatsApp 提供的信息质量来说，不符合透明性原则指南，未能使用户理解什么类型的用户数据将被传输给哪些第三方、基于什么目的要传输，以及对数据主体的结果。同时从信息提供方式来说，需要用户在不同的链接之间跳转，似乎内容散落在隐私政策、服务协议、合法性基础通知以及相关的文档和常见问题等上。因此 WhatsApp 违反了 GDPR 第 13 条第 1 款第（e）项要求提供"个人数据的接收者或接收者的类别"。

关于跨境传输部分，WhatsApp 未明确说明是否依赖充分性认定来进行跨境传输，仅用了其"it may rely on, if applicable"模糊的用语。而且 WhatsApp 没有给数据主体提供有意义的方式去了解充分性认定或者其他跨境传输机制，简单来说，仅仅链接到欧盟委员会的官方页面是不够的，因此违反了 GDPR 第 13 条第 1 款第（f）项"应提供数据控制者向第三国或国际组织传输数据的事实，以及欧盟委员会是否做出充分性认定的情况或者 GDPR 第 46 条、第 47 条、第 49 条第 1 款第 2 项规定的转移情形下获取相应副本和相应的安全保障措施的信息"。

关于数据存储部分，WhatsApp 在隐私政策中说明数据保留到用户删除账号或满足处理目的，以先发生的为准。对于用户未删除部分，WhatsApp 简单地说明保存期限基于 case by case 的方式判断，参考因素如数据类型、收集使用的原因以及相关法律要求保存期限。但是另外在常见问题中又说明了即使删除账号后，有部分数据仍然保存，如 log records，而常见问题未被链接到隐私政策。爱尔兰数据保护局认定，WhatsApp 未提供有意义的信息用以判断当用户注销账号后是否会删除以及多久会删除，关于删除后仍然保留的数据以及说明 log records 虽然会保留但是不会关联到用户的说明，未纳入隐私政策中，因此不符合 GDPR 第 13 条第 2 款（a）项要求提供"用户数据的存储期限，若不可能，则应提供决定存储期限的标准"。

关于撤回同意部分，WhatsApp 在隐私政策中的"如何行使你的权利"部分未说明撤回同意方式，而是写入了合法性基础的"你的同意"部分，而且未清楚说明撤回同意的后果，即不影响撤回前已经合法处理的数据。因此不符合 GDPR 第 13 条第 2 款（c）项要求提供"数据主体有权随时撤回其同意，该撤销不具有溯及力"。

关于说明个人数据是基于何种合法性基础以及数据主体是否必须提供、不能提供的后果部分，WhatsApp 在隐私政策中说明了所收集的数据是基于使用何种服务，以及采用了 must、may 不同的用语表示是否为强制，同时在合法性基础通知的合同履行的必要部分，另在服务条款里通过关于我们的服务，说明注册等服务。上述内容散见在各个文件，且并未明确指出必须提供的数据类型以及不提供的后果。因此违反了 GDPR 第 13 条第 2

款第（e）项。

3）针对 WhatsApp 和 Facebook[⊖]之间分享数据的场景下是否符合透明性要求。

WhatsApp 对告知规定的违反，体现在至少 4 个方面。首先，WhatsApp 的隐私政策未能详尽地告知数据事宜。尽管 Facebook 网站上确有一比较完整地告知共享的页面（FAQ），WhatsApp 的隐私政策只在"我们如何与其他 Facebook 公司合作"一节链接了一次 FAQ，而没有在用户更有可能去寻找数据共享内容的"你和我们共享的信息"一节链接到 FAQ。因此，仅仅按照各节目录浏览政策的用户，将错过"关于数据共享"的最完整的信息。其次，有关何为"Facebook 公司"，列举"Facebook 公司""Facebook 产品""Facebook 商业工具"的若干页面彼此不一致，导致难以确定这一范围内究竟包含哪些实体。例如，难以确定 Oculus 是否属于 Facebook 公司。再次，告知并未明确 WhatsApp 与 Facebook 间究竟是"控制者—处理者"关系还是"控制者—控制者"关系。最后，假使二者关系确属后者，仅告知"为了安全（而共享）"，而不告知为了安全所需的具体处理行为，不能满足对信息质量的要求。

WhatsApp 实质上未基于安全原因与 Facebook 进行数据分享，所以陈述内容存在误导，其他关于分享的陈述过于概括，并不具有实质意义。而且关于数据分享的内容散见于四五个文档，有些文件存在 Facebook 网站的常见问题中，而不在 WhatsApp 的网站上。

因此，爱尔兰数据保护局认定 WhatsApp 对于如何与 Facebook 公司分享数据部分的内容不符合透明性要求，违反 GDPR 第 13 条第 1 款（c）和（e）项以及第 12 条第 1 款。而且进一步指示，除非 WhatsApp 有具体的计划包括具体的开始时间，基于安全原因实现控制者对控制者的数据分享，否则应当删除在合法性基础通知和 Facebook 常见问题中的误导性陈述。

4）WhatsApp 是否遵守公开透明原则。

在上述违反第 13 条和第 12 条规定的基础上，EDPB 通过有约束力的决定要求爱尔兰数据保护局修改决定草案，认定违反了 GDPR 第 5 条第 1 款（a）项的透明性原则。具体请见本章第一节。

（2）案例启示

1）须谨慎采用匿名化规避合规义务。

本案的核心争议点之一在于有损哈希是否足以实现匿名化，使得哈希值不构成个人

⊖ 2021 年 10 月，Facebook 正式宣布战略转型，并更名为 Meta。

数据。由于 WhatsApp 坚持认为有损哈希值不构成个人数据，因此，WhatsApp 并未履行假定哈希值属于个人数据时应当履行的一系列义务。爱尔兰数据保护局的调查同样聚焦于哈希值是否属于个人数据。就有损哈希而言，这一技术最重要的特性有二：首先，哈希是不可逆的加密方式，从有损哈希反求手机号码的原始值，"在计算（能力）上属于不可能"；其次，有损哈希和手机号码（或者说，位数给定的数字）之间并非"一对一"的关系，而是"一对十六"的关系——每一有损哈希值对应于 16 个可能的电话号码。WhatsApp 据此辩称，哈希值无法合理地关联到个体，从而不构成个人数据。爱尔兰数据保护局也在初稿中赞同了这一观点。如果哈希值不属于个人数据，则 WhatsApp 也就不再需要履行 GDPR 下告知等一系列义务。

然而，EDPB 基于至少 4 个方面的论证，最终决定推翻爱尔兰当局的初稿观点，认为有损哈希值仍然属于个人数据。首先，EDPB 指出，在认定个人数据时，不能"孤立地考虑有损哈希这一技术步骤"，而是需要考虑"所有的客观场景因素"，以判断识别或再识别的概率。其次，尽管每一有损哈希值理论上可以对应 16 个号码，但在实践中，由于号码格式和号段使用率等原因，对应的数量可能远少于 16 个，"甚至只有一个"。再次，WhatsApp 声称有损哈希可以实现匿名化，但有损哈希值又可以实现，也实际用于识别特定用户，这是"自相矛盾的"。最后，在识别或重识别特定用户时，WhatsApp 不仅使用了哈希值，还使用了基于号码存储而建立的社交关系数据，二者联合，可以构造出具备识别能力的"关系签名"。综上，考虑"客观场景因素"，有损哈希值应当认定为个人数据。

"匿名化"是一个法律概念，不能仅仅通过技术上的判断得到认定。因此，不能因为采用了在理论上可以抵抗重识别攻击的技术措施，就认为无须遵从个人数据/信息保护的相应规定。

2）透明性原则的履行应当从以用户为中心出发。

本案以信息展示为例，WhatsApp 在不同场景中至少有 5 个方面的不足。第一，即使 WhatsApp 告知了信息质量层面所要求的许多内容，这些内容分散在隐私政策页面和其中散布的多个链接中，"缺乏一个整合的文本或分层的示意图"，来让数据主体理解针对特定数据的相应处理行为和合法性基础。第二，WhatsApp 在不同的文本（散布在前述链接中）中用相似的表述告知实则不同的内容，容易导致数据主体的困惑、难以发现其间的差异之处。第三，WhatsApp 将"并不复杂的、有关向 Facebook 共享数据的"内容分散在隐私政策、服务协议、合法性基础告知和外部帮助、答问文档（FAQ）中，而非"整合信息……并以清楚、简洁的形式展示"。第四，WhatsApp 没有在隐私政策中包含一个有助于理解个人数据共享的链接。第五，隐私政策和其他页面间存在不一致的内容。因此，履行透明性原则应当考虑用户"会不会困惑""能不能理解'应当告知'"，以及尤其重要的，考虑用户"能不能顺利地行使自己的权利"。

小　结

经过一番认真的学习和研究，白晓萌萌对于欧盟数据合规立法体系以及监管趋势有了深入了解。在欧盟数据合规体系内，应当准确厘定个人数据范围，在数据保护原则基础上实施，充分注意履行数据控制者或数据处理者的义务，行使数据主体的权利。

Chapter 6 第六章

美国数据保护立法体系及监管要求

【场景】某天,白晓萌萌在工作过程中突然收到业务人员发来的咨询问题,业务人员打算将公司的产品向美国市场扩展,希望白晓萌萌能够协助了解美国法律法规对数据合规保护方面的规制要求,以及该法域的基本情况,从而评估公司需要多大的合规成本做好产品出海的合规工作。在收到业务部门的需求后,白晓萌萌马上开始了对美国法域的研究调研工作。有了之前对中国、欧盟法域的学习研究经验,此次的研究轻车熟路,白晓萌萌很快就梳理好了美国法域的核心法规及监管案例,并给业务同事做了详细的介绍和分析。

第一节 美国数据保护立法概况

1. 概述

(1) 法律体系

从联邦层面上,美国没有一部综合且全面的数据隐私保护法,而是以各部门的部门法调整不同领域的数据保护问题。例如,《格雷姆-里奇-比利雷法案》(GLBA) 通过对金融机构义务的规制来保护"消费者非公开个人信息",《健康保险携带和责任法案》(HIPAA) 适用于提供医疗服务的实体,保护"受保护的健康信息",《公平信用报告法》(FCRA) 要求消费者相关的金融机构采取合理的措施以维护信用信息的机密性、准确性和相关性。美国1986年的《电子通信隐私法》（ECPA）旨在保护通信产生、传输以及存储于计算机过程中的电报、口头以及电子的通信内容。ECPA适用于电子邮件、电话沟通、电子存储的数据，同时也对触犯规定造成的刑事以及民事责任做出了规定。需要特别提示的是，美国极其重视儿童个人信息的保护，并制定了《儿童在线隐私保护法》（COPPA），从联邦层面确立了儿童个人信息保护的基本原则与要求，为各州立法提供了明确的导向与基础。

从横向层面上，美国各州订立综合隐私立法的势头愈发强劲。当前，美国大部分州均提出了隐私相关的立法法案，但是大部分还没有通过，整体的立法进度如图6-1所示。

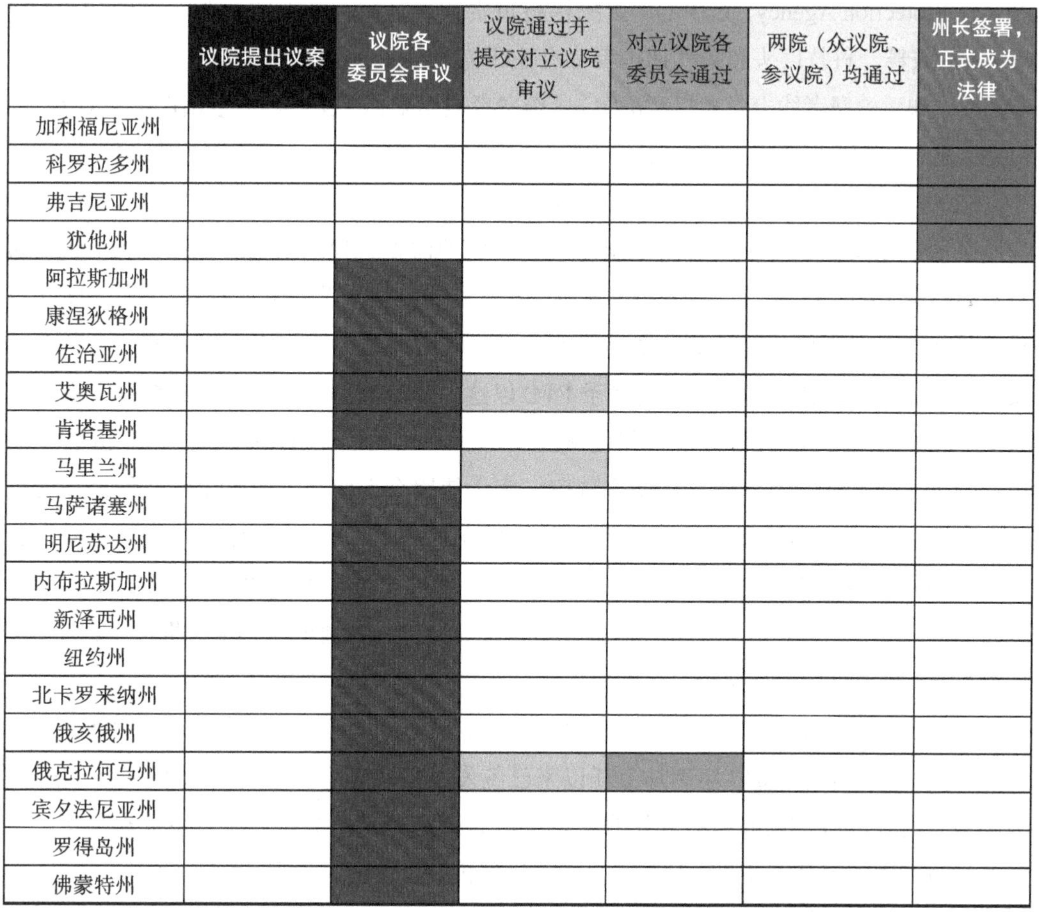

	议院提出议案	议院各委员会审议	议院通过并提交对立议院审议	对立议院各委员会通过	两院（众议院、参议院）均通过	州长签署，正式成为法律
加利福尼亚州						■
科罗拉多州						■
弗吉尼亚州						■
犹他州						■
阿拉斯加州		■				
康涅狄格州		■				
佐治亚州		■				
艾奥瓦州		■	■			
肯塔基州		■				
马里兰州		■	■			
马萨诸塞州		■				
明尼苏达州		■				
内布拉斯加州		■				
新泽西州		■				
纽约州		■				
北卡罗来纳州		■				
俄亥俄州		■				
俄克拉何马州		■	■	■		
宾夕法尼亚州		■				
罗得岛州		■				
佛蒙特州		■				

更新日期：2022年3月29日

图6-1 美国各州隐私立法进度

截至 2022 年 3 月，仅加利福尼亚、弗吉尼亚以及科罗拉多、犹他州四个州正式通过了法案。其中，具有标志性意义的《加州消费者隐私法案》（CCPA）于 2020 年 1 月 1 日正式生效，它被普遍认为是美国目前最为综合的数据隐私保护立法。为了确保符合 CCPA 的规定，加州行政法官办公室已经批准了司法部发布的《加州消费者隐私法案条例》（CCPAR）并立即生效。该规定确定了合规流程以及行使权利的流程，同时也明确了针对法律规范的商业公司的重要透明度和可问责性机制。违反 CCPAR 即为违反 CCPA 并且适用 CCPA 中的救济手段。此外，2020 年 11 月 3 日，加州通过了《加州隐私权与执法法案》(CPRA)，对 CCPA 进行了修正。CPRA 旨在通过对收集和共享敏感个人信息的公司制定新要求来加强加州的隐私法规。其中，根据该法还成立了一个新的机构——加州隐私保护机构（California Privacy Protection Agency, CPPA），该机构将负责调查违反 CPRA 的行为。受到 CCPA 和 CPRA 的鼓舞，科技巨头和隐私拥护者一直呼吁美国通过一部联邦隐私法。国会中已有许多提案，如《消费者线上隐私权利法案》《消费者数据隐私法案》和《数据保护法案》。它们提出建立美国联邦隐私监管机构，行使执行全国数据规范的职能以保护美国民众的隐私。

（2）监管机构

美国国家层面目前还没有一个统一的数据保护监管机构。消费者保护机构（如联邦贸易委员会（FTC））有权制裁侵犯消费者隐私的行为并要求公司采取补救措施。《联邦贸易委员会法》第 5 部分禁止市场中出现不公平、欺骗或欺诈行为，公司不遵循隐私政策或相关立法的行为构成欺骗，因此赋予 FTC 以这一领域内的执法权力。FTC 是一系列联邦隐私法的主要执法机构，包括但不限于 GLBA、FCRA 和 COPPA 等。FTC 执法手段包括罚款、强制执行完善隐私和安全制度、禁止使用个人信息、要求企业赔偿消费者损失、删除非法获取的消费者信息。根据 FTC 发布的报告，FTC 于 2019 年提起 130 余起垃圾邮件和间谍软件及 80 余起一般隐私违法行为案件。最受关注的无疑是 Facebook 案，Facebook 与 FTC 达成 50 亿美元罚款的和解协议。此外，其他消费者保护机构（如联邦通信委员会）也有针对数据保护执法的权力。

对于如 CCPA 的州层面立法而言，各州的总检察长可能为其执法代表。例如，加利福尼亚州总检察长自 2017 年 1 月上任以来已签发了多种禁令，包括不当披露个人信息、数据泄露时未能通知监管机构和用户、未采取合理措施保障数据安全、不能充分保护或者非法披露敏感信息以及非法预装了会损害计算机安全性的软件等。

（3）实体和地域范围

如外国公司的行为影响美国公民的隐私和数据权利，则其也可能受到美国法律的规制。

比如，2018年3月通过的《澄清海外合法使用数据法》（简称《云法案》）允许联邦执法机构通过许可或传票的方式，强制位于美国的技术公司提供服务器存储所要求提供的数据，不论这些数据是存储在美国境内还是境外。美国司法部在《云法案》白皮书中称，位于外国的外国公司如在美国提供服务，与美国构成足够的联系，则依联系的本质、质量和数量可能受到美国的管辖。

由于美国没有一部统一的数据保护法，所以这部分将主要介绍CCPA的适用范围。

CCPA适用于满足以下条件之一的企业：

❏ 年总收入超过250美元。

❏ 购买、接收、出售5万加州消费者、家庭或设备的个人信息。

❏ 年收入50%或以上来自出售消费者个人信息。

适用CCPA的企业应当：

❏ 通知消费者其被收集的个人信息类别以及相应的使用目的。

❏ 根据消费者的要求删除其个人信息。

❏ 向消费者披露关于该企业已收集的个人信息的特定信息。

❏ 向消费者披露其个人信息是否已经被售卖或以其他方式分享给了其他主体。

❏ 遵循消费者的不向第三方售卖其个人信息的请求。

❏ 在售卖年龄小于16周岁的消费者的个人信息之前，征得确认授权。

❏ 不因消费者行使其CCPA下的权利而歧视该消费者。

（4）数据处理原则

虽然美国隐私法案几乎没有明确提出数据保护原则，但FTC颁布的《在瞬息万变的时代中保护消费者隐私：对企业和立法者的建议》（以下简称"FTC指南"）认可了某些普适的原则。

数据安全：企业应对消费者数据提供合理程度的安全保护。

收集限制：公司应将数据收集限制在特定交易或消费者与企业关系的背景下，在法律允许或授权的限度内进行。

存储限制：公司应对数据存储施加合理限制，并在收集的合法目的达成后妥善处理数据。存储期限可以是灵活的，可根据数据类型与使用之间的关系确定。

数据准确性：公司应维持消费者数据的合理准确性，但是提升准确性的方法可以是灵活的，可根据数据的使用及敏感度确定。

透明度：公司应提高数据实践的透明度。

- 隐私政策应明确、简短、标准化，以帮助消费者更好地理解并判断公司实践是否遵循隐私政策。
- 公司应对其掌握的数据进行合理的访问控制，访问限度应与数据敏感性及其使用的性质成比例。
- 所有利益相关者均应努力向消费者普及商业数据企业实践。

（5）数据处理的合法依据

数据处理的合法依据并没有直接在美国目前的立法中体现。普遍认为在企业收集前应通知消费者（数据主体），且基于消费者要求应披露有关个人数据收集、使用、保存、出售的信息。在特殊情形下（如收集敏感数据或个人信息的使用与此前声称的内容有实质改变时），相关组织应获得信息主体肯定的明示同意。

2. 重要定义

消费者：CCPA将消费者定义为"根据加州法规，属于加州居民的自然人"。CCPA适用于所有加州居民，不论其是否为适用企业的消费者。因此，企业的员工或者供应商也可以成为消费者。

个人信息：个人信息的定义在各州及各个立法之间不是统一的。考虑到CCPA是目前生效的最完善的隐私法律，这一部分将援引CCPA。

CCPA中的"个人信息"是指能够直接或间接地识别、描述与特定的消费者或家庭相关或合理相关的信息。该法案对个人信息采取了枚举的方式，对于属于个人信息范围的字段以及不属于个人信息范围的字段都进行了举例说明。

家庭：CCPAR将"家庭"定义为如下一个或一群人。
- 居住在相同地址的人。
- 共用由企业提供的共同设备或者相同服务的人。
- 为企业识别为共用同一群体账户或单独识别符的人。

敏感个人信息：目前美国许多隐私相关法律中都没有"敏感个人信息"的概念，其范围在不同的部门和州之间也存在较大的区别。加州一直处在美国隐私立法的领先地位，在CPRA中介绍了"敏感个人信息"的定义。

CPRA中的"敏感个人信息"是指，消费者的社会保障号码、驾照、州身份证、护照号；登录账号、金融账户、借记卡或信用卡号及使用卡片所需的安全或访问码、密码；访问账号的资格；精确地理位置；披露种族或民族出身的信息、商会会员；私人联系方式（企业为联系人的除外）；生物识别信息；健康、性取向相关信息；以及为识别此类信息的目的所收集或分析的其他数据。

值得注意的是，CPRA 中的一些信息也同样包括在 CCPA 所提及的 14 种数据类型中。倘若企业因未遵守合理的安全义务而致使这些数据（结合了消费者的姓名）遭到了泄露，将允许消费者提起诉讼。

FTC 认为，界定敏感个人信息的范围是很困难的，且与个案的情况紧密相关。然而，FTC 认可 CPRA 内容和儿童信息均属于敏感数据明确的范例。

数据控制者：CCPA 并未使用此术语。然而，《华盛顿州隐私法案》认可"控制者"这一角色，并将其定义为独自或与他人一起决定个人数据处理目的和方式的自然人或法人。

数据处理者：CCPA 并未使用此术语。然而，《华盛顿州隐私法案》认可"处理者"这一角色，并将其定义为代表控制者处理个人数据的自然人或法人。

第三方：CCPAR 将"第三方类别"定义为与企业分享个人信息的第三方类型或分类，并提供了足够的特性描述，以给消费者提供有价值的关于第三方类型的理解。第三方可能包括广告网络、网络服务提供商、数据分析提供商、政府机构、运营系统和平台、社交网络以及数据经纪人。

3. 数据主体权利

数据主体权利存在于特定的法案语境下，这部分将主要讨论 CCPA 赋予消费者的权利。根据 CCPA，消费者应有权要求收集消费者个人信息的企业向该消费者披露其已经收集的个人信息的种类和特定字段。CCPA 已经针对此权利下的信息范围和类型进行了定义。当收到经过验证的消费者请求后，企业应当立即采取手段免费向消费者披露和提供其要求的信息。

知情权：消费者有权知道企业收集哪些个人信息，是否将个人信息出售或披露，以及个人信息接收者的身份。企业可以随时向消费者提供个人信息，但消费者不应在 12 个月内向企业要求提供两次以上的个人信息。CCPA 针对提供此类信息的方法和格式做了进一步的规范。

选择退出的权利：消费者有权拒绝出售自己的个人信息。

访问权：消费者有权要求企业披露和提供其已经收集的个人信息种类以及特定类型的个人信息。

免受歧视的权利：即使行使隐私权利，消费者仍有权以平等的价格享受平等的服务。

删除权：消费者有权要求企业删除已经收集的个人信息。收到经过验证的消费者要求删除其个人信息请求的企业应当从记录中删除该消费者的个人信息，并要求服务提供方从他们的记录中删除该消费者的个人信息，CCPAR 第 3 条规定了关于遵循删除请求的更多细节（包括提交此类请求的方式）。

数据携带权：消费者有权以一种便携及技术允许范围内方便使用的形式接收信息。

校验权：CCPAR 提供了企业可以用于验证提交数据访问和删除请求的个人身份的两种方法。首先，如果企业运营了受密码保护的账户，则"可通过企业现有的验证消费者账户的身份方法来验证消费者的身份"，前提是符合 CCPA 的其他要求。其次，如果个人没有受密码保护的账户，则身份验证会较为复杂，并且受制于不同的标准，具体取决于请求的性质和待解决请求所涉及的个人信息类型。

CCPAR 还详细说明了如何响应此类请求以及确认和响应此类请求时需要遵守的时间要求。在响应知情权的请求时，CCPAR 规定了当企业不需要查找个人信息时必须满足的特定条件。CCPAR 还明确了发出此类请求时不得披露的信息类型，如财务账号、任何健康保险或医疗识别号、账号密码、安全问题和答案或唯一生物性识别数据。

4. 隐私声明

鉴于美国目前还没有一部正式生效的联邦数据保护法，下面主要介绍加州的要求。

《加州消费者隐私法案》（CCPA）要求通过互联网收集加利福尼亚州居民的个人可识别信息（PII）的商业网站或者在线服务运营商（即所有者）在其网站或服务上显著公布隐私政策。据此，隐私政策必须：

- 识别通过网站或在线服务收集的 PII 的类别以及共享 PII 的第三方的类别。
- 描述消费者可以查看并请求对其 PII 进行改变的方法（如有）。
- 描述运营商在隐私政策发生重大变更时通知消费者的方式。
- 清楚说明政策生效的时间。
- 披露当运营者跨第三方网站或者在线服务收集 PII 时，运营者如何响应 Web 浏览器"Do Not Track（DNT）"信号或者类似的机制。
- 披露当消费者使用运营者的网站或在线服务时，第三方是否可以收集个人可识别信息。

关于显著地披露隐私政策的要求，相关法规提出了在网站上使用图标、文字链接、超链接、封面以及在手机 App 内访问的政策要求㊀。

为了遵守 CCPA，企业还必须在其在线的隐私政策中披露以下信息，并至少每 12 个月更新一次该信息：

- 关于 CCPA 项下消费者权利的说明。
- 过去 12 个月中收集的有关消费者的个人信息类别清单。
- 链接至"请勿出售我的个人信息"的单独链接。

《加州消费者隐私法案条例》(CCPAR) 还就隐私政策做出了进一步的指导。例如：

- 如何设计和放置隐私政策，使之通俗易懂、易于阅读。
- 如何确保政策可以被残疾的消费者合理访问。
- 隐私政策中必须提供的信息。
- 行使请求删除个人信息权的说明。
- 行使退出出售个人信息权的说明。
- 行使消费者隐私权利反歧视权的说明。

5. 直接营销

美国对直接营销行为进行了广泛的规制。

电子邮件：《2003 年关于对来自未经请求的商业及色情行为的攻击进行控制的法律》（反垃圾信息法）对商业电子邮件信息进行规制。企业必须明确、清晰地解释接收方如何能够退出接收此类信息并及时响应退出请求。

短信：《电话消费者保护法案》要求发送自动化的营销或推销信息前应获得接收者的明确书面同意。

电话推销：从国家层面上，《电话营销和消费者免受欺诈滥用法案》禁止营销者通过未经要求且合理消费者认为侵犯隐私的方式拨打推销电话。不同的法案施加了各种限制，如通话时间限制、禁止拨打名录、选择退出要求、强制披露、限制自动拨号机和预录制信息的使用等。

6. 数据分享、数据处理和数据经纪

CCPA 中没有数据分享的专门条款，但是消费者有权要求企业披露个人信息分享中接收第三方的类别。

CCPA 将数据经纪人定义为"有意收集与第三方没有直接关系的消费者的个人信息并

㊀ 参见 Cal. Bus. & Prof. Code 22577(b)。

将其出售给第三方的企业"。加利福尼亚州关于数据经纪人的法律要求受到规制的数据经纪人需要向总检察长注册并提供有关其行为的某些信息。消费者可以选择不出售其个人信息。但是，CCPA中"个人信息"的定义不包括可从政府记录中合法获得的信息。

7. 儿童隐私保护

美国国会于1998年10月通过《儿童在线隐私保护法》（COPPA），FTC后续颁布了其实施规则。COPPA及其实施规则适用于提供线上服务（包括网站、广告和手机应用程序）时收集13岁以下儿童个人信息的行为。COPPA的主旨是使家长掌控线上收集了哪些儿童的个人信息。总之，受规制的运营者要直接对家长履行告知义务、获取可证实的家长同意、允许家长审核收集的儿童个人信息、赋予家长撤回同意及要求删除儿童信息的权利。

除了COPPA的要求外，CCPAR第5条针对16岁以下的消费者制定了特别规则，包括建立、记录以及遵从合理措施，确定明确授权出售孩子个人信息的的确是孩子的家长或者监护人。CCPAR同样提供了确保同意是由孩子的父母或者监护人做出的方法。对于年龄在13～15岁之间的消费者，其个人信息的出售须采取允许消费者主动选择进入的方式并提供允许消费者日后选择退出的选项和程序。

8. 可问责性

（1）设计数据保护和默认数据保护

FTC指南提出了设计数据保护的原则，明确企业应在开发产品和服务的各个阶段融入消费者隐私保护的思想。

FTC还呼吁公司采取最佳实践，在商业数据实践中将保护隐私设为"默认设置"。

（2）数据保护影响评估

FTC指南提出，公司内部应建立完整的数据管理体系，并贯穿产品和服务的全生命周期。其中一项管理措施就是进行隐私风险评估，以提高权责一致性，并帮助定位和解决隐私问题。

另外，《华盛顿州隐私法案》第9部分规定，在某些情形下（如为定向广告的目的处理个人数据、出售个人数据、处理敏感个人数据），公司必须开展并记录数据保护评估。

（3）数据处理活动记录

总体而言，美国没有对数据处理行为进行记录的法定要求。然而如前所述，华盛顿州要求企业在特定情形中记录数据保护评估过程。

（4）数据保护官和 GDPR 当地代表

美国法律基本不要求企业任命 DPO。但是存在一些例外，如 HIPAA 和马萨诸塞州法律要求企业任命个人或团体负责隐私和数据安全合规事宜。

9. 安全和数据泄露通知

FTC 指南明确指出，数据安全是设计隐私保护的基础原则之一，企业必须为消费者数据提供合理安全保护。联邦和州法律如 GLBA 和《纽约州隐私法案》要求相关组织保障个人信息的机密性和安全性或合理保护个人信息免遭未授权的攻击。另外，FTC 还根据过去的执法案例为企业发布了一份针对数据安全的指引文件。

联邦法律和各州有各自的数据安全事件通知规则，如《HIPAA 安全事件通知规则》和《加利福尼亚州信息实践法案》。总体而言，相关机构应在合理期限内通知受影响的个人和监管机构。

加州规则进一步明确，数据安全事件通知应以书面形式和简洁易懂的语言做出，包含"发生了什么事件""涉及哪些信息""企业正在采取的措施""消费者可以采取的措施""更多信息"等内容。

10. 跨境数据传输

美国法律对于跨境数据传输鲜少有明确的限制，但是某些州对于政府合同和境外外包合同涉及美国境外的数据访问、保存和处理行为有一定规制。

值得关注的是，2020 年 7 月 16 日，欧洲法院判决欧盟－美国隐私盾机制未对数据主体提供欧盟法律要求的充分保护，因此无效。企业在开展美国和欧盟之间的数据传输时，不能再依赖这一机制，具体参考第十四章的内容。

11. 执法

自 2017 年 1 月上任以来，加利福尼亚州总检察长已签发了禁令，包括不当披露个人信息、数据泄露时未能通知监管机构和用户、不能保障合理的数据安全、不能充分保护或者非法披露敏感信息，以及非法预装了会损害计算机安全性的软件。自执法开始，没有专门针对具体的产业或者部门开展执法。

两起被加利福尼亚州总检察长起诉的案件涉及个人信息和用药信息违反《不正当竞争法》和《商业与职业守则》。因此，企业应当意识到基本数据安全的不足，包括对访问包含敏感信息的计算机的控制，防止账户和密码被未经授权使用，更新安全工具，以及充分记录和监控网络活动以检测恶意活动。企业还应当注意，不要错误描述提供给消费者的安全类型和级别。

FTC 执法手段包括罚款、强制执行完善隐私和安全制度、禁止使用个人信息、要求企业赔偿消费者损失、删除非法获取的消费者信息等。

第二节　美国数据保护监管案例

1. 执法概况

根据 FTC 发布的报告，FTC 于 2019 年提起 130 余起垃圾邮件和间谍软件、80 余起一般隐私违法行为案件。其中最受关注的无疑是 Facebook 和剑桥分析案，Facebook 与 FTC 达成 50 亿美元罚款的和解协议。

2. 重要案例解析

（1）Facebook – 剑桥分析公司数据丑闻

❑ 案件事实

2015 年 9 月，英国咨询公司剑桥分析公司在未经 Facebook 用户同意的情况下获取数百万 Facebook 用户的个人数据，而这些数据的主要用途是政治广告，这一事件史称 Facebook – 剑桥分析数据丑闻。

Facebook 的用户数据是被一款名为"这是你的数字生活"（This Is Your Digital Life）的应用收集，该应用由数据科学家亚历山大·科根及其公司 Global Science Research 于 2013 年开发。该应用通过提问来收集用户的回答，并能通过 Facebook 的 Open Graph 平台收集用户的 Facebook 好友的个人数据。该应用获取了多达 8 700 万份 Facebook 个人用户资料。剑桥分析公司获得这些数据后，对此展开分析并根据分析的结果为 2016 年泰德·克鲁兹和特朗普的总统竞选活动提供帮助。2018 年 5 月，剑桥分析公司申请破产。

剑桥分析丑闻事件爆发后，2018 年 10 月 25 日，英国信息专员办公室（ICO）对 Facebook 处以 50 万英镑罚款。2019 年 10 月 30 日，Facebook 接受了英国数据保护监管机构 ICO 的 50 万英镑的处罚决定，结束了二者之间历时一年的诉讼。

FTC 随后调查 Facebook 这一过失是否违反 2012 年 Facebook 与该机构签署的涉及用户隐私的同意令。2019 年 7 月，联邦贸易委员会宣布 Facebook 因违反隐私规定，必须缴纳 50 亿美元的罚款。Facebook 将支付创纪录的 50 亿美元罚款，并接受 FTC 提出的新的限制和公司结构要求，以保证公司能够真正地负责其关于用户隐私的各项决策。

❑ 处罚原因

Facebook 超过 8 700 万用户资料在未获得用户授权的情况下，遭第三方数据分析公司 Cambridge Analytica（剑桥分析）非法收集并用于大数据分析，从而精准对用户推送广告甚至假新闻。这一事件表明 Facebook 违反了 2012 年 Facebook 与 FTC 签署的涉及用户隐私的同意令，FTC 对其启动调查。但 FTC 的调查范围很快扩大，超出了剑桥分析公司滥用数据事件，开始覆盖大量 Facebook 的其他侵犯隐私和安全行为，包括在未通知用户或未获得用户许可的情况下，允许流行网站、智能手机和其他设备制造商获得用户的社交数据。

联邦贸易委员会称，Facebook 在与第三方应用程序开发者分享用户 Facebook 好友的数据时，通过欺骗用户，违反了 2012 年的规定，即使这些朋友设置了更严格的隐私设置。只要用户的 Facebook "好友" 下载并使用了第三方应用程序，Facebook 就将与第三方应用共享用户个人信息。FTC 认为，多数用户不知道 Facebook 正在共享这些信息，因此没有采取必要的步骤选择退出分享。

此外，联邦贸易委员会认为，Facebook 在处理违反其平台政策的第三方应用程序采取的措施不足。

Facebook 在 2012 年年底推出了 "隐私快捷方式" 和 2014 年推出了 "隐私检查" 等各种服务，这些服务声称可以帮助用户更好地管理其隐私设置。然而，这些服务据称未能披露，即使用户选择了最严格的共享设置，Facebook 仍然可以与用户的 Facebook 好友的应用程序共享用户信息，除非他们也进入 "应用程序设置页面" 并选择退出此类共享。联邦贸易委员会认为，该公司没有在隐私设置页面或个人资料页面的 "关于" 部分披露 Facebook 仍可以与 Facebook 平台的第三方开发者分享有关应用程序用户 Facebook 好友的信息。

2014 年 4 月，Facebook 宣布将停止允许第三方开发者收集关于应用程序用户朋友的数据（受影响的朋友数据）。尽管如此，该公司还是分别告诉开发者，如果平台上已有应用程序，则他们可以在 2015 年 4 月之前收集这些数据。联邦贸易委员会称，Facebook 至少等到 2018 年 6 月才停止与 Facebook 好友使用的第三方应用程序共享用户信息。

该投诉还指控 Facebook 对其平台上的应用程序开发人员实施了不当的监管。联邦贸易委员会声称，作为一种普遍的做法，Facebook 在允许开发者访问大量用户数据之前，没有对他们的应用程序或开发人员进行筛选。相反，据称 Facebook 只要求开发者在 Facebook 平台上注册应用程序时同意 Facebook 的政策和条款。该公司声称，在开发人员已经收到 Facebook 用户的数据后，Facebook 并没有始终如一地执行事后惩戒的政策，其往往是基于是否能从与开发者的合作中获益来决定其政策的执行。FTC 认为这种做法违反了 2012 年的和解令要求，即建立并维护合理的隐私保护计划。

联邦贸易委员会还认为，Facebook 歪曲了用户控制其账户使用面部识别技术的能力。据投诉称，Facebook 的数据政策于 2018 年 4 月更新，这对数千万拥有 Facebook 面部识别设置"标签建议"的用户具有欺骗性，因为该设置是默认启用的，更新后的数据政策建议用户可以选择是否为他们的账户启用面部识别。

除了上述违反 2012 年和解令的行为外，联邦贸易委员会还指控 Facebook 违反了《联邦贸易委员会法》禁止欺诈行为的规定。因为 Facebook 告诉用户，它将收集他们的电话号码以启用安全功能，但没有透露它也将这些号码用于广告的目的。

❑ 整改建议

1）公司必须加强对第三方应用程序的监督，如果发现存在违规行为，则应当及时终止合作。

2）公司必须在用户使用面部识别技术时提供清晰和明显的告知，在该使用严重超出其事先向用户披露的内容时，在任何使用前需要获得肯定的用户明示同意。

3）公司必须建立、实施和维护全面的数据安全计划。

4）公司必须加密用户密码，并定期扫描以检测是否有任何密码以明文形式存储；以及当消费者注册其服务时，公司被禁止向其他服务商索要电子邮件密码。

（2）Equifax 个人数据泄露事件

❑ 案件事实

2019 年 7 月，位列美国三大征信机构之一的 Equifax 公司因 2017 年一起由黑客攻击造成的大规模数据泄露事件，导致 1.47 亿位消费者的社保号码、信用卡号等个人信息被泄露，Equifax 未能采取合理措施确保其网络安全，导致了该信息泄露事件。2019 年 7 月 22 日，FTC 公布的信息表明，Equifax 已同意支付至少 5.75 亿美元（实际可能高达 7 亿美元）以作为与 FTC、消费者金融保护局（CFPB）以及美国 50 个州和地区的一揽子和解的一部分，其中 3 亿美元将用于向受到影响的消费者提供信用监控服务，并用于向消费者支付购买该公司信用或身份监控服务的费用及其他支出，并且其将自 2020 年 1 月起为所有美国消费者提供为期 7 年的免费年度信用报告；其中 1.75 亿美元将支付给 48 个州、波多黎各和哥伦比亚地区，另外 1 亿美元将支付给 CFPB。

❑ 处罚原因

2017 年，FTC 诉称，由于该公司对明显的软件漏洞未进行修补，也没有控制其数据库服务器，且社保号码是以未加密的纯文本形式存储的，引发了一次规模较大的黑客入侵事件，影响超过 1.47 亿人，泄露了数以百万计的姓名、出生日期、社保号码、身份地址，以及其他可能导致身份盗窃和欺诈的个人信息。

具体来说，Equifax 未能修补已知的严重漏洞，使其系统面临 145 天的安全风险。公司未能实现基本的安全协议，包括文件完整性监控、网络分隔，使得攻击者访问和获取了大量数据。在攻击者获取数据的过程中，安全设备的证书过期 19 个月，又使得可以提前发现的攻击行为被掩盖。

❑ 整改建议

GLBA 要求征信机构（Consumer Reporting Agency，CRA）开发、实施和维护一个全面的信息安全程序，以确保客户信息的安全和保密，每个 CRA 都必须做到以下几点。

1）指定一名或多名员工协调其信息安全工作。

2）识别和评估客户信息在公司运营的每个领域的风险，并评估目前控制这些风险的保障措施的有效性。

3）设计和实施安全保障方案，并定期进行监控和测试。

4）选择有安全保障措施的服务提供商或供应商，确保合同里要求他们维护安全措施，并监督他们对客户信息的处理。

5）根据公司业务运营的变化，或安全测试和安全监测的结果等相关情况，及时评估和调整整个安全工作。

另一方面，当发生数据泄露事件时，虽然没有全面的联邦数据泄露通知法，但所有 50 个州都颁布了立法，要求将影响到个人的泄露事件进行通报或通知。通常州的泄露通知法里都包括以下几部分。

1）哪些实体比如企业必须遵守法律？

2）哪些个人信息受到保护，以及如何定义数据泄露？

3）什么水平的损害程度才可以触发通知？

4）通知必须以何种方式和何时送达？

5）是否有例外的情况或安全港协议？

6）其他州法律的优先权，以及与其他联邦法律的关联关系。

7）执法当局和对受伤害者的补救措施。

小　结

美国数据合规立法体系具有鲜明特色，联盟层面尚无统一和完整的隐私立法，对于州法层面，在不断地立法过程中，FTC起到了监管机构的作用。因此，白晓萌萌理解了美国数据合规在未来一段时间需要观察和学习，可能会有新增的合规义务，同时应当更侧重从消费者权益保护的立法基础上对个人信息予以保护。

进阶篇

不得不知，小白最常遇到的普通场景

- 第七章 "告知同意"就是用户"点击同意隐私政策"吗
- 第八章 隐私政策不能抄！那该怎么办
- 第九章 账号注销，落实起来不容易
- 第十章 员工个人信息保护，这事儿不能忘白晓萌萌已经初窥数据合规治理门径，随着她能够越来越熟练地解决公司日常运营中的数据合规问题，白晓萌萌已经晋升为"法务经理"了。研发、推广、市场、运维、HR等许多涉及数据的业务部门同事都经常来找她，曾经的"小白"经常被称呼为"白律师"了。

在支持公司日常运营的工作中，白律师的核心工作就是把已经了解的规范层面的要求映射到具体的业务场景中。虽然不同的业务线情况差异很大，但总有一些"灵魂拷问"在绝大部分业务线或行业中会普遍遇到。从总体来看，在这些数据合规治理中，高频发生的业务场景及相关灵魂拷问可以总结如下。

- 获取用户个人信息需要告知用户并获取用户同意吗？如果需要，这种"告知同意"就是让用户勾选同意个人信息保护政策（即通常所说的"隐私政策"）吧？
- 个人信息保护政策能从别的地方抄吗？如果不能，为什么？为什么需要个人信息保护政策？个人信息保护政策怎样规定才算合法呢？
- 在产品开发中，是否需要为用户提供账号注销的功能选项？如果需要，为什么？完成账号注销需要哪些流程？注销之后企业还能做些什么？
- 员工个人信息也需要按照个人信息保护的法律一体保护吗？对于同时有中国籍和外国籍员工的企业，在员工个人信息保护上有哪些需要特别注意的事项？

本篇作为数据隐私治理的进阶篇，希冀能帮助像白晓萌萌这样刚入门的数据合规律师快速了解工作中的常见或高频业务场景并聚焦关键问题，识别主要合规风险点，能与业务人员开展有效沟通、解答业务侧的困惑与认知误区，进而提供具有可操作性、可落地性的解决方案，为企业日常业务的顺利开展提供数据合规层面的基础"防火墙"。

第七章

"告知同意"就是用户"点击同意隐私政策"[一]吗

【场景】白晓萌萌这两天忙得脚不着地，因为有个新的 App 研发项目启动了，这个产品线不仅涉及实名认证等用户敏感个人信息，还接入了很多 SDK，在用户个人信息的处理链路中涉及很多合作方。在这种情况下要落实《个人信息保护法》领域的"告知同意"，特别是"单独同意"原则可不是件容易的事儿。

白晓萌萌先列出了一堆尽调问题情况，希望摸排清楚用户个人信息处理的目的、方式、范围等情况。负责这条产品线的陈经理一看尽调清单就嚷嚷起来了："为啥要问这么多？谁需要知道这些？"

小白细声解释："陈经理，是这样的，咱们需要向让用户知道这些情况。因为咱们作为处理者要遵守'告知同意'规则，向用户告知个人信息处理活动的相关情况，然后才能获得有效的同意或基于其他合法性基础处理用户个人信息……"

陈经理不耐烦地打断说："这还不简单，我们天天用很多 App 都能看到所谓的'告知同意'——不就是让用户点击同意一下那个'隐私政策'吗？"

小白听到陈经理把"告知同意"规则极简化为"用户点击同意隐私政策"，一时无语，

[一] 《民法典》生效后对隐私和个人信息保护进行了区分，"隐私政策"改为"个人信息保护政策"更为适宜，《信息安全技术 个人信息安全规范》也建议使用"个人信息保护政策"。但目前大部分企业仍沿用"隐私政策"的称谓，为行文方便，本文仍使用"隐私政策"。

但又不知从何反驳，因为这"告知同意"规则还真是个人信息保护法律领域的一门大学问，不是一两句话的事儿。

第一节 "告知同意"法典化概况

简单地说，"告知同意"规则就是处理个人信息时，应该得到个人的同意，并且该等"同意"系基于个人对其个人信息处理活动充分知情的情况下做出。这一规则背后的价值取向就是确保个人信息处理活动的透明度，同时实现个人信息主体的充分自决。

"告知同意"是个人信息保护法律领域最为重要、核心、基础的规则，在个人信息保护的法律规范体系中，向上支撑起"正当性、合法性、透明性"三大原则，向下则是指引每一实际场景处理活动的首要准绳，在2021年11月1日《个人信息保护法》生效之前，这一规则甚至是处理个人信息的唯一合法性基础。

"告知同意"规则在我国法律层面"法典化"的过程经历了三个节点。其一，在"法律"位阶层面构建"告知同意"制度体系的起点是2012年《全国人民代表大会常务委员会关于加强网络信息保护的决定》，其可谓"告知同意"规则法典化的1.0版。后来一系列单行立法（如《消费者权益保护法》）、部门规章、部门规范和标准等，都在不同层面和从不同视角对"告知同意"规则予以细化和探索，特别是2017年的《网络安全法》[一]第41条更是明确"告知同意"基本内容的里程碑式法律规范，可视为"告知同意"规则法典化的2.0版。随着2020年《民法典》"个人信息保护"专条的出台，"告知同意"终于进入民事基本法，弥补了此前民事基本立法在"告知同意"原则上的严重缺位，可视为"告知同意"规则法典化的2.5版。

2021年生效的《个人信息保护法》作为唯一的个人信息保护单行立法，将"告知同意"作为核心规则，以大量篇幅和细化条款构建出了丰富、全新的"告知同意"规则体系，在规范层面对这一规则的内涵和外延做了全面完善，改变了此前法律中简单化、原则式、框架性的规定，其中很多条款更是对"告知同意"规则一线执法和企业实践经验的总结。至此，"告知同意"规则的法典化迈上了全新台阶，进阶到了3.0版，并构成了我国个人信息保护法律领域的核心规则。如图7-1所示。

[一] 《网络安全法》第41条：网络运营者收集、使用个人信息，应当遵循合法、正当、必要的原则，公开收集、使用规则，明示收集、使用信息的目的、方式和范围，并经被收集者同意。

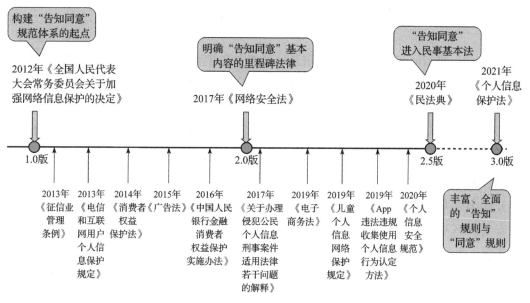

图 7-1 "告知同意"规则的"法典化"历程

就实施层面而言,"告知同意"规则的重要性是毋庸置疑的,特别是在 toC 端场景下,这一规则是最为直接且明显地决定用户交互体验、产品流程设计的合规准则,也是监管机构的执法重点和审核入口,在司法环节也必然会是举证分析的重点。可以说,"告知同意"是企业落实数据合规工作的第一要义和最大挑战。虽然"告知同意"规则的最常见表现形式是互联网用户在注册使用 App 之前会看到弹窗告知的隐私政策并需要勾选或点击"同意",但这个规则的适用并非仅是"勾选或点击同意"一下隐私政策这么简单。"告知同意"规则在线上线下不同的处理场景中有多种多样的用户端实现方式,展示隐私政策并要求用户"勾选或点击同意"只是其中最为简单常见的方式之一,还有更多的增强告知和做出"同意"的方式都是实现"告知同意"规则的有效方式。

需要说明的是,无论是在规范层面还是在实际应用中,"告知同意"规则都分别是指两个规则:"充分的告知"和"有效的同意",且按照《个人信息保护法》的规定,"告知"规则的适用范围要远大于"同意"规则。除非法律另有明确规定,处理个人信息之前都必须向个人"告知"对其个人信息处理的情况,无论该等处理活动是适用"同意"还是其他的"合法性基础",即除非是在法定的减免告知义务情形下,否则适用任何一种合法性基础来处理个人信息时都不能免于承担告知义务。

第二节 "告知"规则的适用要求

"告知"规则的基本含义是个人信息处理者应该遵循公开、透明原则,公开个人信息处理规则,明示处理的目的、方式和范围[1]。这一规则既是获得有效"同意"和适用其他合法性基础的前提,也是实现《个人信息保护法》中个人知情权的当然之义。

所谓"公开个人信息处理规则,明示处理的目的、方式和范围",就是要告知用户关于处理其个人信息的实际情况:who(处理者是谁)、what(用于什么目的、范围)、where(存储和传输到哪里)、how(如何使用、共享、保护、更新等,以及个人如何行使其权利等),且其实早在《个人信息保护法》出台之前,上述法典化进程中的多部法律,如《网络安全法》《电子商务法》《民法典》等,也都以类似立法语言规定了要公开个人信息处理的规则、明示处理的目的方式和范围,但只有《个人信息保护法》才真正把"告知"规则落地为一套细密、具体和逻辑严谨的体系,对在先立法的"告知"规则做了实质性提升,具体如下。

1. 对告知方式的要求

1)告知应当发生在处理个人信息之前。

处理者应当避免在已经收集或对外提供个人信息等处理活动后,用户才"后知后觉"。

2)处理者应当以显著方式和清晰易懂的语言进行告知。通过制定个人信息处理规则的方式告知的,处理规则应当公开,并且便于查阅和保存。

处理者应当避免告知内容不易查找(例如,用户需要经过多次复杂的操作路径才能看到隐私政策或隐私政策难以保存,重要历史版本无法查找,一揽子授权给出后就无法再查看到该授权对应的个人信息处理目的,没有即时且显著地就告知内容给出充分的提示)、告知内容含糊不清(例如,隐私政策中大量采用含糊宽泛、晦涩难懂的语言,在增强弹窗告知界面中仅含糊描述申请权限的目的是"为了提升用户体验")。

2. 一般性的告知内容

无论是何种场景、何种合法性基础,个人信息处理者都需要向个人告知其身份和联系方式;个人信息的处理目的、处理方式,个人信息种类、保存期限;个人行使权利的方式和程序;法律法规规定的其他事项[2]。

---

[1] 《个人信息保护法》第 7 条。
[2] 《个人信息保护法》第 17 条。

比起此前的立法和执法要求、隐私政策的惯常做法，《个人信息保护法》下的一般性告知内容特点是告知的颗粒度变小（如对处理者主体的告知须精确到具体身份和联系方式）、告知的事项增加（如需要告知"保存期限"、个人行权的"程序"）。

这些一般性告知内容多采用"集成式"告知方式，即一般都体现在隐私政策文本中一揽子集中告知，这进一步说明了"隐私政策"的核心作用是履行"告知义务"，而不是获得"一揽子同意"，但并不意味着"只有"这种告知方式就足够了。

3. 增强性的告知内容

就告知规则而言，《个人信息保护法》下值得关注的重点是：在下述6种法定场景之下，需要有额外的增强性告知事项。

1）告知内容变更之场景。上述一般性告知内容发生变更时，个人信息处理者应当就变更事项再行告知[一]。

2）组织结构变化之场景。因合并、分立、解散、被宣告破产等原因需要转移个人信息的，个人信息处理者应当告知接收方的名称或者姓名和联系方式[二]。这里的告知义务主体应当是原来获取个人信息而因合并、分立、解散、被宣告破产等原因需要将个人信息转移出去的主体，而不是接收该等个人信息的主体。

3）向其他处理者提供之场景。向其他个人信息处理者提供个人信息的，个人信息处理者应当告知接收方的名称或者姓名、联系方式、处理目的、处理方式和个人信息的种类，并取得个人的单独同意[三]。需要注意的是，这里需要详细披露的接收方系一个处理者，而不是受托处理者。

4）处理敏感个人信息之场景。处理敏感个人信息的，个人信息处理者还应当额外告知处理敏感个人信息的必要性以及对个人权益的影响[四]。

5）数据出境之场景。向境外提供个人信息的，个人信息处理者应当告知境外接收方的名称或者姓名、联系方式、处理目的、处理方式、个人信息的种类以及个人向境外接收方行使本法规定权利的方式和程序等事项[五]。

6）设定个保负责人之场景。处理个人信息达到国家网信部门规定数量的个人信息处

[一]《个人信息保护法》第17条。
[二]《个人信息保护法》第22条。
[三]《个人信息保护法》第23条。
[四]《个人信息保护法》第30条。
[五]《个人信息保护法》第39条。

理者应当公开其个人信息保护负责人的联系方式㊀。

以上增强告知事项很难仅通过在隐私政策当中的列举或更新来达到"**显著方式**"的告知要求，通常需要在该等场景触发时进行单独、另行、增强式的告知，如弹窗提示、当页增加提示文案、另行跳转页面等。

4. 告知义务的豁免

虽然上述告知义务的形式和实体要求都比在先立法有了大幅度提升，但《个人信息保护法》对此做了平衡，允许在一定特定情况下减免处理者的告知义务㊁。

1）免于告知的情形。有法律、行政法规规定应当保密或者不需要告知的情形的，可以不向个人告知一般性告知的事项。

这里的告知义务减免是"实质要件"的减免，但能够免除告知义务的法律依据只能是"法律和行政法规"，而不能是低位阶的规范性文件，以确保"告知"义务不能轻易被克减。免于告知的也只能是一般性告知事项，除变更告知内容之场景也可以相应地免于再次告知外，在其他增强告知场景下是否也能免于告知，还有待进一步立法和执法情况予以确定。

同时，对于在为公共利益实施新闻报道或舆论监督等、处理已公开信息等特殊场景下，如何进行提前告知，也有待实践中予以探索，但法律确实没有免于这些特殊场景下的告知义务。

2）免于提前告知的情形。在紧急情况下，为保护自然人的生命健康和财产安全无法及时向个人告知的，个人信息处理者应当在紧急情况消除后及时告知。

这里的告知义务减免是"形式要件"的减免，处理者无须遵守必须"在处理个人信息前"的告知时间要求，而是可以事后告知。因为在紧急情况下，为保护自然人的生命健康和财产安全，无法及时向个人告知。例如，为了救治神志不清的危重病人而查询病人的身份证或医疗记录、为搜索失踪人员而查询其行踪轨迹等。但需要在该等紧急情况消除后再予以及时告知。

综上，通过"告知的方式（形式要件）→一般性的告知内容（普适场景的实体要求）→增强性的告知内容（特定场景的实体要求）→告知义务的克减（规则的例外）"这一套逻辑严谨的规范，《个人信息保护法》对告知规则形成了严密的告知义务体系，如图 7-2

㊀《个人信息保护法》第 52 条。
㊁《个人信息保护法》第 18 条。

所示。在实践中也意味着企业需要全面更新基于此前法律规定所制定的隐私政策、增强告知界面等的触发时机、告知信息的展示形式、具体内容条款等。

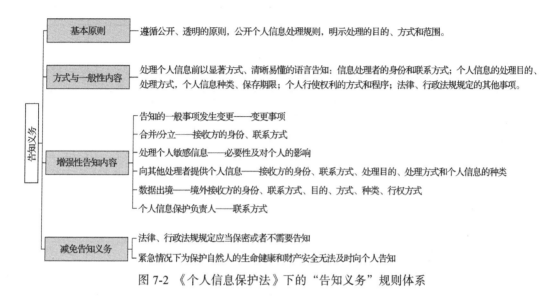

图 7-2 《个人信息保护法》下的"告知义务"规则体系

第三节 获取个人的有效"同意"

1."同意"及其他合法性基础

"同意"原则之所以重要，是因为它是《个人信息保护法》规定的处理个人信息合法性基础中最为高频使用、最具有普适性、适用条件最为复杂的一项。

如上所述，在先法律中均以"同意"作为唯一的合法性基础，导致过于刚性且难以适用于众多无法获得"同意"的场景，《个人信息保护法》作为"告知同意"规则的 3.0 版立法升级，最为重大的实质性突破就是规定了 6 种"非同意"的合法性基础，从而在"告知同意"规则体系中开创了"免于同意"的场景：虽然处理个人信息应当取得个人同意，但是有表 7-1 中 2) ~ 7) 规定情形的，不需要取得个人同意。这无疑大大弱化了"告知同意"规则的刚性，使得个人信息处理活动具备了更大弹性的合法性空间，适用于更为丰富的处理场景，同时也避免了"同意"（consent，而非 agree）的泛化和形式主义㊀。

㊀《个人信息保护法》第 13 条第 2 款。

表7-1 处理个人信息的多元合法性基础

合法性基础[一]	需要同意	网络安全法	民法典	个人信息保护法
1）同意	√	√	√	√，完善
2）订立或履行个人作为一方当事人的合同所必需；按照依法制定的劳动规章制度和依法签订的集体合同实施人力资源管理所必需	×	×	×	√，新增
3）合理范围内处理个人自行公开或其他已经合法公开的个人信息，但该个人明确拒绝的除外	×，但处理活动会对个人权益有重大影响的还是要获得同意[二]	×	√，自行公开或其他已合法公开的信息，但该自然人明确拒绝或处理该信息侵害其重大利益的除外[三]	√，保持
4）应对突发公共卫生事件或紧急情况下为保护自然人生命健康和财产安全所必需	×	×	√，为维护公共利益或者该自然人合法权益，合理实施[四]	√，限缩
5）为公共利益实施新闻报道、舆论监督在合理的范围内处理	×	×	√[四]	√，保持
6）履行法定职责或者法定义务	×	×	×	√，新增
7）法律、行政法规规定的其他情形	×	×	×	√，新增

2."同意"的通用要求

对于处理个人信息之核心合法性基础的"同意"，《个人信息保护法》给出了全面、综合、多层级的规范体系，真正在法律层面构建起个人信息保护领域的"同意"制度。这一同意制度的核心就是将"同意"作为合法性基础的场景列出了全面的适用要求：无论在何种情形下的同意——包括"单独同意"和非单独同意，只要是基于"同意"作为合法性基础的，个人信息处理者都需要遵守下述要求才能获取个人做出的有效"同意"。《个人信息保护法》中对于"同意"的通用要求可以分为4个部分，如图7-3所示。

1）原则性要求。有效的"同意"必须是个人在"充分知情"的前提下，自愿、明确地做出[六]。处理者也不得以"不同意"处理其个人信息为由，拒绝提供产品或者服务，除

[一] 《个人信息保护法》第13条第1款。
[二] 《个人信息保护法》第27条。
[三] 《民法典》第1036条第2项。
[四] 《民法典》第1036条第3项。
[五] 《民法典》第99条。
[六] 《个人信息保护法》第14条。

非该等处理系提供产品或者服务所必需①。

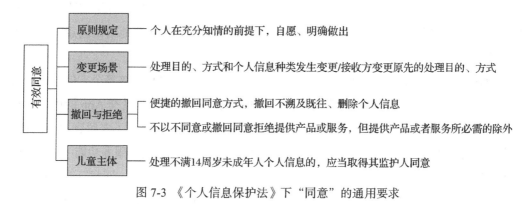

图 7-3 《个人信息保护法》下"同意"的通用要求

因此，在个人做出"同意"之前，必须就其个人信息被处理的情况有充分的知悉和了解（例如，能够看到隐私政策或者被增强告知），并且是个人以非捆绑、非强迫或变相强迫的方式、明确做出。

2）变更场景下的要求。如果个人信息的处理目的、处理方式、处理的个人信息种类发生变更的，处理者应当重新取得个人同意②。如果因合并、分立、解散、被宣告破产等原因需要转移个人信息且接收方变更原先的处理目的、处理方式的，则接收方应当重新取得个人同意③。当然，如果接收方除了接收原有个人信息之外，还新增收集其他种类个人信息的，应当就该等新增收集的行为寻找合法性基础。

相应地，如果原来的个人信息处理活动是基于"单独同意"而取得合法性基础，后来发生了变更的话，则变更方也应当再次获得"单独同意"。

3）关于撤回与拒绝的要求。与此前立法仅关注"同意的做出"不同，《个人信息保护法》特别强调了硬币的另一面，即"同意的撤回"也是有效"同意"必不可少的要件：处理者如需获取有效的同意，就必须向个人提供便捷的撤回同意方式，更不得以个人撤回同意为由拒绝提供产品或者服务，除非该等处理系提供产品或者服务所必需④。就撤回同意的效力而言，虽然不溯及既往（不影响撤回前基于个人同意已进行的处理活动⑤），但会直接触发"删除义务"，即个人信息处理者应当主动删除个人信息且个人有权请求删除，

---

① 《个人信息保护法》第 16 条。
② 《个人信息保护法》第 14 条。
③ 《个人信息保护法》第 22 条。
④ 《个人信息保护法》第 15、16 条。
⑤ 《个人信息保护法》第 15 条第 2 款。

除非法律法规规定的保存期限未届满或该等删除在技术上难以实现⊖。

"撤回同意"对于产品端的同意机制交互设计提出了很高的要求,除了需要关注传统的 opt-in 机制,还要关注后端的 opt-out 机制,确保允许个人"便捷地给出同意"且"便捷地撤回同意"。

"撤回同意"除了会产生上述删除个人信息的效果外,也停止了该等个人信息处理活动,基于该等个人信息处理而提供的服务也会相应停止。例如,某社交 App 的用户停止了对麦克风权限的授权,则该 App 就无法再继续提供相应的语音聊天或留言服务功能,事实上也就终止了这一语音功能服务关系。因此,虽然针对某一具体服务功能(足以构成一个相对独立的服务合同关系)而收集必要信息时,有时候可以选择"同意"或选择"履约之必要"作为合法性基础,但这两种选择的实质性差异之一就是撤回同意的法定权利实质上会赋予用户单方随时终止该等服务关系的效果。图 7-4 为在实践中做出及撤回同意的示例。

4)处理儿童个人信息。处理不满 14 周岁未成年人个人信息的,应当取得其父母或者其他监护人的同意,并应当制定专门的个人信息处理规则。

《个人信息保护法》对齐《未成年人保护法》⊖《儿童信息网络保护规定》,将 14 岁设定为"儿童"年龄阈值,并将"监护人同意"作为处理儿童个人信息所需"同意"之充分且必要的条件。但需要注意的是,按照《个人信息保护法》的逻辑,特别是"多元化"合法性基础的规定,并非所有处理儿童个人信息的行为都需要获得监护人同意,仍然是当该等处理活动是基于"同意"而不是基于其他合法性基础的情况下,才会触发"监护人"同意。"监护人同意"并非优先于或阻却其他合法性基础,而仍然只是"同意"的下位概念或一种特殊的同意情形,这与 GDPR 第 8 条的规定也很接近。

图 7-4 做出和撤回"同意"的示例

⊖ 《个人信息保护法》第 47 条。
⊖ 《未成年人保护法》第 72 条,处理不满十四周岁未成年人个人信息的,应当征得未成年人的父母或者其他监护人同意,但法律、行政法规另有规定的除外。

当然，在实践中，最难处理的问题不是获得监护人同意，而是如何认定成年人主体与待处理个人信息之儿童的监护关系，即"监护人身份"。该等认定方式应限定在合理手段和范围内，避免为了进行监护人身份认证而再次过度收集成年人和儿童的个人信息甚至隐私。

3. "同意"的增强要求："单独同意"的场景

除了前述全面的"同意"通用要求之外，《个人信息保护法》下对"同意"规则体系进行的最大创新和亮点就是"同意"之加强版——"单独同意"。个人信息保护法律中创设出"单独同意"规则，其背景很大程度是基于大量实际业务场景中处理者通过"隐私政策"、启动即申请所有权限等方式要求用户给出一揽子同意。而单独同意（specific consent）系个人针对其个人信息进行特定处理活动而做出具体、明确授权的行为[⊖]，能够有力破解"一揽子授权"的困境。

（1）单独同意的增强要求

按照《个人信息保护法》的立法旨意和实践中的落地方案，要构成有效的"单独同意"，除了符合上述"同意"之通用要件外，至少还应符合如下增强要求。

1）告知义务的强化。在个人做出单独同意之前，处理者应当通过增强式告知或即时提示的方式，针对需要单独同意的事项予以专门、充分的告知。

如果单独同意的情形中所涉及的个人信息处理规则较为复杂，则可选用单行页面列举处理规则并进行增强式告知。如果处理规则较为简单，则可以在做出同意的当前页面给出清晰简明的告知说明。

2）同意事项的颗粒度小。"单独同意"的核心要义是该等同意所针对的个人信息处理活动应针对具体且独立的目的或业务功能，不应与其他不相关的目的或业务相捆绑或混同在其他同意事项中，尤其不应一揽子取得个人的同意。

这也是为何用户点击或勾选同意产品或服务的整体隐私政策，可以构成"明示"的、一揽子同意（此处处理者以"同意"作为该等服务的全部合法性基础），但无法构成针对具体个人信息处理活动的单独同意。

因此，如个人拒绝给出单独同意或撤回所做出的单独同意的，处理者应该确保该等拒绝和撤回不会影响单独同意所针对的目的或业务功能之外的其他个人信息处理目的和业务功能。

⊖ 定义和更多关于"单独同意"的说明参见国家标准《信息安全技术　个人信息处理中告知同意的实施指南》的生效版本。

3）同意动作的主动性强。考虑到适用"单独同意"的情形都是涉及个人重大权益或高风险的场景，个人信息处理者尤其应该确认以明示同意的方式来取得个人的单独同意，而不得以默认同意或间接推定同意的方式做出，以确保个人做出单独同意的意思表示是清晰、明确和毫无歧义的。

（2）单独同意的适用情形

就"单独同意"的适用情形而言，既有《个人信息保护法》规定的法定情形，也有处理者评估认为处理活动可能对个人权益带来较大影响或基于用户习惯等而主动适用"单独同意"的自选情形。

《个人信息保护法》规定了处理者必须获得"单独同意"才能从事该等处理活动的 5 种法定情形。

1）向其他个人信息处理者提供其处理的个人信息[一]。

2）公开其处理的个人信息[二]。

3）将公共场所收集的个人图像/身份特征信息用于非公共安全之目的[三]。

4）处理敏感个人信息[四]。

5）向境外提供个人信息[五]。

其中"处理敏感个人信息"和"向其他个人信息处理者提供其处理的个人信息"是企业日常运营中较常用到的情形。例如，在企业运营中，经常涉及的在不同场景下处理用户或员工的银行账户、身份证号码等信息，都会构成处理敏感个人信息；向其他个人信息处理者提供个人信息的常见情形是，嵌入 App 的第三方插件或接口（如第三方账号登录、支付、导航等服务功能的 SDK）以第三方自己的身份向用户终端露出，并以该等第三方自身的名义作为处理者来获取 App 用户的个人信息，在这种情形下，App 运营者作为宿主一方向该第三方共享用户个人信息的（如登录记录、购买记录等），应当就该等共享行为获得用户的单独同意。

需要说明的是，在以上 5 种情形下会触发需要获得单独同意之义务的，前提仍然应该是该种个人信息处理活动的合法性基础是"同意"，即只有在基于"同意"处理个人信息的情况下，才会需要适用"同意"的通用要件和"单独同意"的增强要件，但如后续

[一]《个人信息保护法》第 23 条。
[二]《个人信息保护法》第 25 条。
[三]《个人信息保护法》第 26 条。
[四]《个人信息保护法》第 29 条。
[五]《个人信息保护法》第 39 条。

法律法规等规范性文件另有规定的除外。

除上述法定情形外,个人信息处理者还可以"自选"适用,即在法律规定的情形之外,针对可能对个人权益带来较大影响的处理活动也可以采用"单独同意"方式获得合法性基础。有的移动互联网应用或智能终端产品以"个人信息保护"为吸引用户卖点或强化用户的隐私安全感,会主动在个人信息保护方面采用高基准、强保护,在法定情形之外也会自选一些场景要求用户给出"单独同意",比如申请用户逐一、单独给出一些系统权限(虽然通过该等权限获取的信息不一定是法律上的"敏感个人信息")。

就落实"单独同意"的场景而言,个人信息处理者应当梳理法律法规明确要求采取单独同意的情形,以及评估后认为可能对个人信息主体权益带来较大影响的个人信息处理活动,形成需"执行单独同意的场景清单",并根据法律法规的变化情况、处理活动的变化以及收到的有关投诉举报情况,不断更新该等清单的内容○。

具体到"单独同意"的实际落地场景适用而言,产品端的形式其实是多种多样的。例如,可能是一个单独的弹窗、可下滑查看详情的嵌套网页、跳转到另一页面给出增强告知,在用户填写身份证号码等编辑对话框下给出即时说明等,告知处理个人信息的目的、方式、范围等个人信息处理规则,涉及敏感个人信息处理、出境、向第三方处理者共享等场景的还应有相应的增强告知事项。就实现单独同意的明示动作而言,处理者可以要求个人就需要单独同意的事项做出填写、勾选、点击确认、配合拍照、自主提交等主动动作。

图 7-5 为用户前端交互样例对比:就隐私政策做出概括性的明示同意,与扩展业务功能触发场景下就具体事项做出单独同意(也是"明示同意")。

落实"单独同意"规则,除了要符合《个人信息保护法》中关于"同意"的通用要件、"单独同意"的增强要件外,具体落地时还要注意以下几个实操要点。

1)在产品设计过程中,就要注意识别和拆分"单独同意"所对应的具体功能和处理场景,切实打破对不同功能的捆绑同意、打破通过隐私政策获得一揽子同意的做法。这是能够在产品交互形式上实现单独同意、在实质上打破一揽子同意的底层设计和基础。

2)对"单独同意"的产品端设置方式要结合具体场景下的用户习惯与体验,即应该场景化提供"单独同意"的功能或控制面板设置,而不是一刀切地在不同场景下都进行逐一"勾选同意"。

○ 参见国家标准《信息安全技术 个人信息处理中告知同意的实施指南》生效版本第 9.2 条。

图 7-5 对比："一揽子同意"隐私政策的 vs "单独同意"访问相机权限以使用"扫一扫"等功能

3）避免过多、高频、连续的"单独同意"，甚至故意造成用户的"同意"疲惫、自主注意力下降，甚至是"同意"负担，否则反而会消解"单独同意"的立法本意。

小　　结

"告知同意"原则在法律规范层面上越来越完善、越来越细化，这一趋势极大地保护了个人信息主体的合法权益，也对个人信息处理者提出了更高的合规义务。

企业落地"告知同意"规则的最大挑战是在 toC 端或产品交互层面全方位探索"告知同意"的实现方案，无论是产品入口的 opt-in 环节予以充分告知和同意，以及触发特定的处理活动而进行增强告知，还是在使用产品或服务的全过程中都可以自由地进行 opt-out，都会触发"告知同意"原则的适用。特别地，"告知同意"的落地方案需要充分利用技术加持与授权可控的切实措施，帮助个人真正能够便利地给出、便利地撤回"同意"，同时还能够不过于打扰和影响产品交互流程的流畅性，在实现个人对其个人信息处理"知情"和"自决"的同时，也不要求个人过度牺牲使用产品或服务的良好体验和使用习惯。

以 iOS 系统围绕手机用户进行的众多隐私保护设计为例，这些产品设计的核心要义之一就是强化用户对开发者处理其个人信息能够充分实现"知情＋同意"，而具体实现方案也并非在产品设计中简单贴上多重弹窗文案。如图7-6所示，iOS 14版本实施了"应用追踪透明度"（ATT）框架机制，在该机制下，如果某个应用希望对用户进行跨应用追踪（特别是获取用户的设备识别码IDFA)，iOS系统会即时自动生成弹窗来提示说明该App的具体申请并在当页便利地请求用户给出同意，还会有控制面板向用户简明展示这个应用会获取哪些数据并被用于何种关联。此时，用户在被即时增强告知和充分知情的情况下给出的"同意"构成了一个单独同意，即针对track这一具体处理活动明确点击选择择入（opt-in)，而不是像此前的iOS系统对此设置为"默认同意"，同时用户还可以便利地在弹窗申请"同意"的当前页面实施"拒绝"或以后进行自主择出（opt-out)。在iOS 15版本则进一步新增"隐私报告"功能，允许用户在手机内便利、清晰、简单地查看到某一应用获取了什么权限、收集什么信息等。这一功能就不是仅在某个环节增加一层弹窗来实现"告知"，而是把对用户的"告知"和用户的知情权直接嵌入智能终端硬件的用户功能设计当中，落地到实际的个人信息处理场景当中。

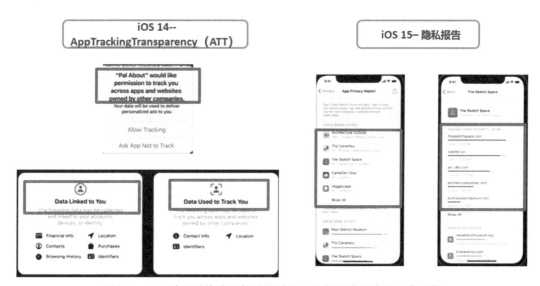

图7-6　iOS手机系统隐私保护设计的"告知同意"嵌入方案示例

以上将"告知同意"强耦合在iOS产品设计中的方案，不仅有利于用户充分的知情和自主的同意，而且充分表明该产品确实已经把"隐私（个人信息）保护"作为一个重要的卖点来吸引用户，构建竞争优势。

综上，在处理个人信息活动中全面落实"告知同意"规则，并非仅仅意味着要求用户在 App 的某个页面上"勾选同意隐私政策",而是需要通过以人为本的"隐私保护设计",更好地实现个人信息保护的理念,让个人不囿于文化水平或技术熟悉程度,得以在真正知情的情况下自主且便利地决定如何处理其个人信息。

需要说明的是,虽然"告知同意"规则在个人信息保护领域的重要性毋庸置疑,但无论何时都不能把这一规则提升为个人信息处理的"帝王"规则,尤其是不能在任何意义上代替、减弱"必要性"原则,即如果一个个人信息处理活动不符合"必要性"原则,则即使处理者进行了告知、个人给出了"同意",也难以证明该处理活动是合法的。例如,一个贷款服务 App 在向用户申请"通讯录"权限时,告知了申请的目的是推荐好友、用户不给授权就不能使用,而该等权限申请对于提供贷款服务并非必需,即使得到了用户同意,也是不符合法律要求的,因为违反了个人信息处理的"必要性"原则。

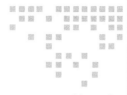

第八章 Chapter 8

隐私政策不能抄！那该怎么办

【**场景**】白晓萌萌正在开会，收到了产品经理的夺命连环 call，终于腾出空来回复这位赵经理的电话，就听到他的大嗓门在嚷嚷："小白律师，我这边马上要上线一个全新 App 和小程序了，咋听说提审 App 到应用商店时还必须有个'隐私协议'？你们法务部明天就给我发一份这个协议来！"

白晓萌萌一听，这位赵经理不仅是个急脾气，还把《隐私政策》和《用户服务协议》自动合并为神奇的"隐私协议"了，看来是要花一番精力来沟通了，就先安抚他："赵经理，您的需求已经收到了。请问您这个产品原型已经基本完成了吧？这是一款全新的产品，和此前的其他产品差异很大，对吧？您看这样行不行，我发给您一份简单的产品情况尽调清单，您同时再把 Demo 包发给我们测一下，然后我们马上根据您的反馈和我们实测的产品情况准备起草《隐私政策》和《用户服务协议》……"

赵经理的嗓门更大了："啥玩意儿？《隐私协议》不都差不多吗？你们从网上看看别家 App 的这个协议，抄抄凑凑不就得了吗？"

白晓萌萌深深叹口气，内心想吐槽："同样都是描述产品功能的 Code，你们写的软件代码和设计的产品交互功能不是抄别人的，那配套的法律侧代码怎么就能直接抄别人的？"但想想赵经理头次开发一个全新产品也不容易，就耐心解释道："赵经理，我理解您着急的心情。您看现在是否方便，我马上去您的产品组当面了解一下研发情况？其实，《隐私政策》和《用户服务协议》都是 App 必备的法律文件之一，您放心，我们为您提供的这套文件一定匹配您的产品情况，也有助于App顺利通过上架提审，符合当前监管的检测要求……"

赵经理这才平静下来，愿意配合白晓萌萌介绍具体的产品情况。

白晓萌萌知道，又有一份隐私政策的开发（不是"起草"）工作开始了。

向业务提供"隐私政策"，或曰"个人信息保护政策"，目前已成为大部分律师、法务的日常工作之一。"隐私政策"也成为数据合规律师的基本功、最为常见的交付物、最高频查看的法律文件。但就像律师都会写合同一样，从一年级律师写一份采购办公设备合同到资深合伙人做大型并购交易的合同文件包，撰写隐私政策也是件看起来人人都会做，但是做好却很难的事儿。一个功能简单的App和一个复杂平台交易的App虽然同为应用程序，但迥然不同，适配不同产品的隐私政策之间的难度和复杂程度也差别很大。

关于"隐私政策"的开发工作，有三大最常见的认知误区：

☐ 隐私政策从网上抄抄就可以了。

☐ 隐私政策就是写份Word文档，写完发给技术同事就可以了。

☐ 隐私政策只要上线就可以了，以后不用再随时跟进修改了。

其实，一份隐私政策不是一份简单的文本文件，而是数据合规律师开发出的法律代码产品，从设计、尽调、起草、修改、上线、更新迭代，无一不需要对产品以及"隐私政策"的相关法律规范有扎实深入的理解。

第一节　用户同意的隐私政策是合同吗

1. 隐私政策的法律性质

"隐私政策"系个人信息控制者发布的处理个人信息的规则，是明示其收集、使用个人信息的目的、方式和范围的法律文件。"隐私政策"一词来自英文 Privacy Policy 或者 Privacy Notice，亦即关于个人信息处理的 policy 或 notice，其本意并不是关于个人处理的 agreement（合同），虽然有不少适用法把个人信息主体接受"隐私政策"——在网络交易场景下经常是与同意"用户服务协议"同时发生——视为给出了"同意"，但隐私政策不能简单等同于私法上的"合同"，而是兼具"公法"和"私法"上的法律效果，且符合"公法"合规要求的性质更强。

从公法角度而言，隐私政策的内容则是企业在具体业务场景中完成个人信息处理规则的公示义务，并披露和展示其如何落实法律和监管政策下的个人信息保护义务。例如，《民法典》《消费者权益保护法》《网络安全法》《电子商务法》《电信和互联网用户个人信息保护规定》《网络交易监督管理办法》《儿童个人信息网络保护规定》《移动互联网应用程序个人信息保护管理暂行规定（征求意见稿）》《移动互联网应用程序信息服务管理规定（征求意见稿）》㊀等行政法律、法规和监管规范性文件等均规定了企业应当公开处理个人信息的规则，明示处理的目的、方式和范围，《个人信息保护法》第 7 条也明文规定了"处理个人信息应当遵循公开、透明原则，公开个人信息处理规则，明示处理的目的、方式和范围"。同时，为了符合法律法规等规范性文件要求的明示信息处理规则的义务，也结合约定俗成的惯例，隐私政策的内容均非常结构化、模板化，缺少充分的意思自治空间。尤其是《民法典》把个人信息作为一项独立的人格权益或客体进行保护，而人格权益也难以轻易通过合同自治来随意克减。

因此，这些明示公开的内容都是以"隐私政策"作为载体的，即在形式上"隐私政策"要公示存在；在实体上"隐私政策"应包括哪些内容，均有明确的公法要求，并非可以当事人意思自治而得以免除或减缓。

从私法角度而言，隐私政策乃是产品或服务提供者（企业）与用户个人之间针对使用产品和服务中如何处理用户个人信息所达成的法律文件，其中明确规定了用户个人信息

㊀ 《民法典》第 1035 条："处理个人信息的，应当……符合下列条件：（二）公开处理信息的规则；（三）明示处理信息的目的、方式和范围；……"
《消费者权益保护法》第 29 条："经营者收集、使用消费者个人信息，应当……明示收集、使用信息的目的、方式和范围，并经消费者同意。经营者收集、使用消费者个人信息，应当公开其收集、使用规则……"
《网络安全法》第 41 条："网络运营者收集、使用个人信息，应当……公开收集、使用规则，明示收集、使用信息的目的、方式和范围，并经被收集者同意。"
《电信和互联网用户个人信息保护规定》第 9 条："电信业务经营者、互联网信息服务提供者收集、使用用户个人信息的，应当明确告知用户收集、使用信息的目的、方式和范围，查询、更正信息的渠道以及拒绝提供信息的后果等事项。"
《网络交易监督管理办法》第 13 条："网络交易经营者收集、使用消费者个人信息，应当……明示收集、使用信息的目的、方式和范围，并经消费者同意。网络交易经营者收集、使用消费者个人信息，应当公开其收集、使用规则……"
《儿童个人信息网络保护规定》第 10 条："网络运营者征得同意时，应当……明确告知以下事项：（一）收集、存储、使用、转移、披露儿童个人信息的目的、方式和范围；……"
《移动互联网应用程序个人信息保护管理暂行规定（征求意见稿）》第 10 条："App 第三方服务提供者应当履行以下个人信息保护义务：（一）制定并公开个人信息处理规则；……"
《移动互联网应用程序信息服务管理规定（征求意见稿）》第 8 条："应用程序提供者应当制定并公开管理规则和平台公约，与注册用户签订服务协议，明确双方相关权利义务，要求注册用户遵守本规定及相关法律法规。"

如何被收集/使用/处理、用户个人作为数据主体所享有的权利及其行使方式、企业承担的数据保护义务等一系列基本内容，相当于合同主要条款。

越来越多的互联网服务提供者通过给用户做出承诺、披露收集使用个人信息的详情、采用多种隐私保护设计手段来获取用户的信任，赢得市场口碑，并把"个人信息保护"当成产品的卖点，在公法的基本要求之外，还有更高的个人信息保护水平，给用户更多的权利，提供更为便利的个人信息控制工具，告知更为详细的个人信息分享情况。在这种情况下，隐私政策披露的内容、告知用户的形式充分体现了服务提供者的意思自治空间，具有服务协议性质，在司法实践中也往往被视为用户服务协议的一部分。如果在实际业务操作中，对个人信息的处理活动并不符合隐私政策中的陈述，则用户选择从合同法上主张违约救济也是成立的（虽然在实践中，用户更多是主张侵权之诉）。

但需要特别注意的是，无论是在公法意义还是在私法视角下，**"同意"隐私政策本身并不能构成对个人信息处理的一揽子同意**。例如，在法律规定无须获得"同意"即可正当合法处理个人信息的场景、法律法规或规范性文件规定应单独获得同意或不得一揽子要求授权的场景、对于基本功能服务之外另行索要的权限或收集敏感信息等，均无须或不得依据"同意隐私政策"获得收集使用该等信息的正当性，隐私政策的作用也仅限于"明示告知"个人信息处理规则而已。

2. 发布隐私政策有什么作用

由于越来越多的应用商店将提供隐私政策作为应用上架的前置条件，也是监管审查的重点，因此有业务同事往往认为发布隐私政策的用处就是确保应用上架、满足监管要求，但其实隐私政策的作用是全方位的。

1）对于 toC 端而言，"隐私政策"是写给用户看的数据处理产品说明书、收集处理用户个人信息的承诺和证明文件、用户权益保障的有效依据。最为重要的是，无论是选择"同意"还是其他的正当性事由，数据控制者都负有向用户"告知"、确保用户"知情"的义务。没有通过隐私政策和一系列交互告知机制，就无从实现个人信息主体的"知情"，包括无法实现"在充分知情的前提下自愿、明确做出"的同意、无法实现用户的"知情权"[一]。虽然绝大部分用户都不会在使用互联网服务或者产品之前先仔细阅读说明书（个别应用有强制读秒功能，要求用户必须阅读在线协议），但这并不影响用户有权以及愿

[一]《个人信息保护法》第 14、第 44 条。

意了解其个人信息处理活动时，确保用户可以通过查阅隐私政策获知。

2）对于 toG/toP 端而言，隐私政策更是监管机构和媒体大众得以快速了解一个企业数据合规水平的便捷切入点，可谓是写给监管机构和大众看的"个人信息保护保证书"，也是企业自证合规的一个手段。尽管目前监管机构和媒体了解和监督企业的数据隐私合规水平会采用"前端用户使用流程＋后台技术检测＋隐私政策文本扫描"3 种综合路径，但隐私政策仍然是面向政府和媒体开放数据处理活动最直接、最常见的入口，其他路径的检查结果也会与隐私政策的文本进行印证。

3）对于 toB 端而言，隐私政策是网络服务上在对抗竞争对手数据抓取或不正当竞争时的一个工具。在互联网产业的竞争中，用户个人信息的占有和聚合是最为重要的竞争优势和资源。隐私政策中披露的网络服务提供商合法获取的个人信息的范围、目的，特别是用户对其个人信息享有的权利范围、数据委托或共享的范围，也是写给友商看的"权益边界书"。在越来越多涉及数据的不正当竞争纠纷中，当事方和法院都或多或少援引了隐私政策和用户协议来澄清一方对用户个人信息获取的合法性、用户享有的处分权利。例如，境内产品的隐私政策中尚无规定用户享有"便携权"，用户无法单方指定将其在某个应用下的账号数据授权给第三方或者可以在第三方平台进行交易，相应的第三方平台基于所谓的"用户授权"即可获取用户账号下的数据则会涉嫌构成不正当竞争。

综上可见，"隐私政策"这一法律文件兼具公法和私法意义，同时起到面向用户、监管/大众、竞争对手的多重合规和自我保护作用。虽然隐私政策"看起来"大同小异，但作为描述和说明具体业务或产品中数据处理活动的"法律侧代码"，必须密切适配集合具体业务或产品，披露收集了哪些个人信息、对应何种具体功能、进行哪些处理活动、用户如何行使权利等，隐私政策中的所有内容均应是针对具体业务或产品的数据处理活动进行真实和准确的陈述。因此，如果业务或产品中的服务功能不同、收集或是使用个人信息的方式不同，则隐私政策也会不同。产品不同，说明书就不同；业务不同，合同也就不同。因此，隐私政策不仅不能直接从网上摘抄而成，也并非由法务或律师自行编写。

在此意义上，隐私政策的实质内容如何其实并不依赖于文本措辞，而是依赖于业务或产品的技术代码和功能设计，即 Code（技术侧代码）is Code（法律侧代码）。因此，回答"隐私政策为什么不能直接从网上抄"的最简答案就是：如若产品代码和功能并非直接从网上抄，那就决定了隐私政策作为适配的法律侧代码，亦不能如是。

第二节 隐私政策的合规要求

1. 隐私政策的规范性要求

针对隐私政策的内容和形式，网信办、工信部等相关行政监管机构在长期执法过程中都将经验和常见做法规范化、成文化，发布了相关的规则、指引及国家标准。这些规范性文件的规定相对于域外关于"隐私政策/告知义务"的规定而言，已经非常细致并贴合常见的互联网产品场景，应作为企业开发隐私政策的合规指引。例如：

- 《App违法违规收集使用个人信息行为认定方法》，国信办秘字〔2019〕191号（"负面清单"）
- 《App违法违规收集使用个人信息自评估指南》，App违法违规收集使用个人信息专项治理工作组（"正面清单"）
- 《网络安全标准实践指南—移动互联网应用程序（App）收集使用个人信息自评估指南》，信安秘字〔2020〕40号，全国信息安全标准化技术委员会
- 《信息安全技术　个人信息安全规范》（GB/T 35273—2020）
- 《移动互联网应用程序个人信息保护管理暂行规定（征求意见稿）》
- 《个人信息保护法》
- 《儿童个人信息网络保护规定》
- ……

简单汇总上述规范性要求，可以把隐私政策的合规要点梳理出如表8-1所示的清单。

表8-1　隐私政策常见的规范性要求

合规大项	负面清单	正面清单	评估细点
公开个人信息的收集使用规则	在App首次运行时未通过弹窗等明显方式提示用户阅读隐私政策等收集使用规则	用户安装、注册或首次开启App时，主动提醒用户阅读隐私政策，通过弹窗、文本链接及附件等简洁明显且易于访问的方式展示隐私政策	是否有隐私政策
	在App中没有隐私政策，或者隐私政策中没有收集使用个人信息规则	在App界面中能够找到隐私政策，包括通过弹窗、文本链接、常见问题（FAQ）等形式，确保用户可以访问到隐私政策，且隐私政策中应向用户告知涵盖个人信息处理主体、处理目的、处理方式、处理类型、保存期限等内容的个人信息处理规则	
		隐私政策以单独成文的形式发布，而不是作为用户协议、用户须知等文件中的一部分条款存在	

（续）

合规大项	负面清单	正面清单	评估细点
公开个人信息的收集使用规则	隐私政策难以访问，如进入App主界面后，需多于4次点击等操作才能访问到	进入App主功能界面后，通过4次以内的点击，能够访问到隐私政策，且隐私政策链接位置突出、无遮挡 尽可能在界面的固定路径展示隐私政策（或其链接），以便用户随时访问和获取，避免仅在注册/登录界面展示隐私政策链接，或只能以咨询客服等方式查找隐私政策等情形	隐私政策是否易于访问、是否易于阅读
	隐私政策等收集使用规则难以阅读，如文字过小过密、颜色过淡、模糊不清，或未提供简体中文版等	隐私政策文本的显示方式（字号、颜色、行间距等）不会造成阅读困难	
	—	网络交易平台经营者应提供完整保存隐私政策修改后的版本生效日前三年的全部历史版本，并保证经营者和消费者能够便利、完整地阅览和下载㊀	
	—	处理儿童个人信息的网络运营者应设置专门的儿童个人信息保护规则，并以显著、清晰的方式告知儿童监护人	
公开的收集使用规则完整准确	—	隐私政策应对服务运营者基本情况进行描述，至少包括公司名称、注册地址、联系方式 满足特定条件的服务运营者还应当公开其个人信息保护负责人的联系方式㊁	
	—	隐私政策应当将收集个人信息的业务功能逐项列举，避免使用"等、例如"字样	是否明示收集个人信息的业务功能
	—	每个业务功能在说明其所收集的个人信息类型时，应在隐私政策中逐项列举，不应使用"等、例如"等方式概括说明，不应出现多个业务功能对应一类个人信息的情况	是否明示各项业务功能所收集的个人信息类型
	未逐一列出App（包括委托的第三方或嵌入的第三方代码、插件）收集使用个人信息的目的、方式、范围等	如果存在个人信息对外共享、转让、公开披露等情况，则隐私政策中应明确：对外共享、转让、公开披露个人信息的目的；涉及的个人信息类型；接收方的类型或身份	对外共享、转让、公开披露个人信息规则

㊀ 鉴于实践中有不少监管机构简单地把隐私政策视为"平台服务协议和交易规则"的一部分，则按照《网络交易监督管理办法》第28条的规定，网络交易平台经营者应当保证隐私政策的历史版本可以被便利、完整地阅览和下载。
㊁ 按照《个人信息保护法》第52条的规定，处理个人信息达到国家网信部门规定数量的个人信息处理者应当指定个人信息保护负责人，负责对个人信息处理活动以及采取的保护措施等进行监督。个人信息处理者应当公开个人信息保护负责人的联系方式，并将个人信息保护负责人的姓名、联系方式等报送履行个人信息保护职责的部门。

（续）

合规大项	负面清单	正面清单	评估细点
公开的收集使用规则完整准确	未向用户提供撤回同意收集个人信息的途径、方式	隐私政策应对以下个人信息主体的行权事项提供操作方法说明：个人信息查询、个人信息更正、个人信息删除、用户账户注销、撤回已同意的授权等 配套可有产品端的行权在线交互功能	用户权利保障机制
	未建立并公布个人信息安全投诉、举报渠道，或未在承诺时限内（承诺时限不得超过15个工作日，无承诺时限的，以15个工作日为限）受理并处理的	隐私政策至少提供以下一种投诉渠道：电子邮件、电话、传真、在线客服、在线表格	是否及时反馈用户申诉
	有关收集使用规则的内容晦涩难懂、冗长繁琐，用户难以理解，如使用大量专业术语等	—	是否向用户明示收集、使用个人信息的目的、方式、范围
	在隐私政策中出现免除自身责任、加重用户责任、排除用户主要权利条款[一]	—	是否存在免责等不合理条款
	—	隐私政策应对个人敏感信息类型进行显著标识（如字体加粗、标星号、下划线、斜体等），还应当向个人告知处理敏感个人信息的必要性以及对个人的影响[二]	是否标识出个人敏感信息
	—	隐私政策应对个人信息存放地域（国内、国外）、存储期限（法律规定范围内最短期限或明确的期限）、到期后的处理方式进行明确说明	告知个人信息存储和超期处理方式
	—	如果服务运营者将个人信息用于用户画像、个性化展示等，则隐私政策应说明其应用场景和可能对用户产生的影响	明示个人信息的使用规则
	—	如果存在个人信息出境情况，则隐私政策应告知境外接收方的身份、联系方式、处理目的、处理方式、个人信息的种类以及个人向境外接收方行使本法规定权利的方式等事项[三]，并显著标识（如字体加粗、标星号、下划线、斜体、颜色等）	明示个人信息出境情况
	—	隐私政策中应对服务运营者在个人信息保护方面采取的措施和具备的能力进行说明，如身份鉴别、数据加密、访问控制、恶意代码防范、安全审计等	告知个人信息安全保护措施和能力
	—	应明确标识隐私政策发布、生效或更新日期	隐私政策时效

㊀ 注：免除自身责任是指服务运营者免除其依照法律规定应当负有的强制性法定义务；加重用户责任是指服务运营者要求用户在法律规定的义务范围之外承担责任或损失；排除用户主要权利是指服务运营者排除用户依照法律规定或者依照合同的性质通常应当享有的主要权利。
㊁ 《个人信息保护法》第30条。
㊂ 《个人信息保护法》第39条。

2. 隐私政策文本的基本架构

结合隐私政策的规范性要求和互联网企业的普遍做法，参照《信息安全技术 个人信息安全规范》的资料性附录，"隐私政策"的全文已经形成一个较为基础、被广为接受的标准内容架构，这也是隐私政策为何会被非法律人士认为"看起来"大同小异，也正体现隐私政策文本撰写的意思自治空间有限、生成过程类似完成"填空题"而非"论述题"。当然，如前所述，每一框架要件、每一合规要点下填充的具体内容都需要严格适配不同业务和产品的类型及具体的数据处理活动，并非套用模板即可解决。如表 8-2 所示。

表 8-2 隐私政策文本的基本架构

隐私政策文本的基本架构	对应的基本合规点
序言	发布、生效或更新日期，服务运营者基本情况
1. 我们收集您的哪些个人信息	逐项描述收集使用个人信息的目的、方式、范围。描述维度有两种：
2. 我们如何使用您的个人信息	① 按照数据来源：您提交哪些信息以用于××，我们主动收集哪些信息以用于××，从第三方获取哪些信息用于××，以及从收集的这些信息中获取了哪些手机系统权限（如有） ② 按照场景功能：为了提供基本功能服务，需要收集您的××信息；为了××功能（扩展业务），需要收集您的××信息，如不提供您将不能使用某些功能，以及从收集的这些信息中获取了哪些手机系统权限（如有）
3. 我们如何委托处理、共享、转让、公开披露您的个人信息	委托处理、共享、转让、公开披露的情况
4. 我们如何使用 Cookie 和同类技术	追踪技术等应用场景和可能对用户权益产生的影响
5. 我们如何保护您的个人信息	采取的安全措施和具备能力、个人信息存放地域、存储期限等
6. 您的权利	如个人信息主体如何行使如下权利：① 个人信息查询；② 个人信息更正；③ 个人信息删除；④ 用户账号注销；⑤ 撤回已同意的授权……
7. 我们如何处理未成年人的个人信息	未成年人的个人信息保护规则（可能需要单独的儿童个人信息保护指引）
8. 您的个人信息如何在全球范围转移	个人信息出境和跨境流通情形
9. 如何联系我们	收集处理个人信息的主体的联系方式
10. 本政策如何更新	更新版本如何生效和通知
11. 其他	可能有其他附录、单行列表、术语解释等

3. 隐私政策的交互落地页

对个人信息处理规则的"明示"要求不仅仅是以隐私政策文本的"静态"方式告知

该等规则,还包括需要隐私政策在产品端(如网站、App、小程序)的交互落地方式,即以动态方式触达所有个人信息主体。产品和服务者在告知个人信息处理规则时,应当密切在用户所处的具体场景,以直接关联的方式帮助个人在做出"同意""拒绝""确认知悉"等具体意思表示前,能够充分了解和获悉个人信息处理活动及其对个人信息的影响。具体来说,在选择不同的页面交互方式来满足明示告知要求时,可以考虑以下因素。

1)场景和时机。充分考虑用户在不同使用场景中最需要的信息。例如,某些产品和服务无须要求用户注册账户也能够使用,当用户首次打开应用时,只需通过"即时提示"向用户展示纯粹浏览时需要收集的信息,同时提供指向隐私政策文本的链接以供感兴趣的用户进一步查阅。在用户决定注册账户时,可以通过"增强式告知"展示浓缩后的隐私政策核心内容,同时请求用户同意隐私政策文本。但也需要提供"不同意"的选项。

2)用户的合理期待。即在明示时,充分考虑对用户来说可能出乎其意料的个人信息处理,或者根据个人信息处理对用户合法权益造成的风险大小来排列展示信息的顺序。例如,许多平台式的应用集成了其关联公司或第三方的服务,用户在打开这些服务时,可能并不清楚自己正在向不同的网络运营者提供个人信息,此时就不能仅依赖隐私政策全文来告知用户,而应采用"单独告知""即时提示"等形式来予以提醒。

在实践中,大量的互联网产品端已经探索出了采用多种"明示告知"的交互方式,推动隐私政策更为有效地触达用户,并且注重用户体验,让用户真切感受到服务的真诚和温度。例如,将隐私政策核心内容以弹窗的形式,辅以滚动展示、下拉展示完才能同意,甚至限制最低阅读时长等方式,并附上全文页链接,起到"增强告知"效果;全文页中特别标识重点信息、术语解释,甚至辅以大白话的说明文字,帮助非专业读者快速找到和理解与自身权益相关的核心内容;采用动画、图片、音频等提示方式作为对隐私政策文本的要点提示和补充说明……总结来说,隐私政策的"公开"要求面向的是个人、监管机构和媒体、竞争者等多个对象,而"明示要求"则主要针对个人,核心考量是否能帮助个人在给出具体的授权同意之前,知悉和理解其中的个人信息处理活动及其对个人的影响。

以下是几个常见的隐私政策交互落地页面示例。

场景一:首页弹窗,简单清晰的增强告知文案或权限列表,如图8-1所示。

场景二:提供固定的隐私政策展示路径,实现用户从主页开始点击4次以内可见,如图8-2所示。

第八章 隐私政策不能抄！那该怎么办 ◆ 131

图 8-1 场景一

图 8-2 场景二

第三节 隐私政策的开发路径

1. 隐私政策开发前置问题

隐私政策作为法律侧的代码，其实是产品开发的一部分，也是法务和律师开发出的法律服务产品，也有通用的开发方法和路径。

在实际起草隐私政策之前，通常需要处理若干前置性的问题，类比于论文动笔之前的"开题"。这些问题往往是在隐私政策文本撰写和修改之前需要解决的政策治理顶层设计问题，有赖于法务、产品/技术和业务团队一起协同，结合数据处理活动、业务架构、合规成本、便利与可行性、风险可控等多重因素来全面考量。尽早处理识别和前置此类问题意味着事半功倍、大量降低后期的工期和成本。

例如，开发一款全新的隐私政策是仅适配单一应用最好，还是一开始就设计为多个业务线/产品共享一款隐私政策？对这个问题的回答决定了隐私政策的尽调范围和披露内容，但任一选择并无绝对的优劣，而是应该综合多个维度来确定隐私政策的适用范围。

- 业务线的成熟度。如果一款产品越为成熟、用户量越大、营收影响越大，就越有可能需要独立适配的隐私政策或隐私指引。
- 业务线的独立性、风险隔离需求。如果业务线的管理、开发、运营、品牌和公司主体相对独立，涉及特殊的或多元的司法辖区，不同业务线的合规尺度和数据合规治理能力差别很大，则可能更需要独立的因素政策。此外，如果关联公司共享同一隐私政策，则对于"关联公司"的界定和列明、关联公司之间的数据共享行为等，是需要特别关注的高风险条款。
- 业务场景的同质性。业务和数据处理场景差异大的业务，不太适合共享一款隐私政策，或者至少应该设置相对独立的条款。
- 合规成本和合规基准设置。单一产品做单一款隐私政策意味着该政策文本的透明度高、精准度高、定制化强，也不会产生数据处理描述不清的连带风险。但合规水准高的同时，也意味着逐一产品定制开发隐私政策的合规成本高，后台的文本上线布放和更新管理更为复杂。而不同业务线共享的隐私政策文本则意味着数据治理合规水平应基本持平。

另一个经常需要考虑的前置问题是隐私政策的稳定性，即："这一版隐私政策大概能在多长时期内适配这款产品？"这既要考虑适用法的快速变化，也要特别考虑到产品的开发计划和规划，特别是创新型互联网产品的典型特点是会短期内快速迭代。如果对一款尝试或刚孵化的新品、轻场景（处理活动不复杂、敏感信息处理不多等）产品的隐私政策设计较高的合规基准，导致披露颗粒度过细、详尽程度很高，对每一个细节场景、环节、点击操作都穷尽列举，则会导致文本因产品的不断改版迭代而很不稳定，而过度频繁更新的隐私政策很可能在前端导致用户体验损失，在后台带来开发和管理成本增加。

此外，在涉及复杂的隐私政策结构设计时，不同层级的隐私政策之间如何设定优先和参引效力，对于单行文本或单行列表、单一司法辖区专属条款等的结构设计和页面展示/跳转方式等，也都是需要提前考虑的产品设计问题。

2. 隐私政策的产品开发流程

通常而言，一个完整的隐私政策产品从立项准备到上线、迭代，大体需要 5 个步骤（见图 8-3）。

Step 1 数据处理　　Step 2 高风险处理　　Step 3 隐私政策文本与　　Step 4 上线布　　Step 5 在线版本
活动尽调　　　　　活动排查　　　　　　界面流程设计方案　　　放与测试　　　　的更新修订

图 8-3　隐私政策的产品开发流程

（1）数据处理活动尽调

第一步是做数据处理活动和数据流的尽调摸排，涵盖业务涉及的个人信息收集、使用、委托处理和共享、存储、删除的全生命周期和全部处理环节。尽调方式除了问卷访谈，还包括阅读产品开发设计文档、对 Demo 包的技术测试报告、产品试用体验文档等。为了确保尽调结果的真实有效，开发隐私政策的这一尽调过程不能太早，也不能太晚于产品的开发进程。

（2）高风险处理活动排查

如果经过数据处理活动的尽调，识别出了大量收集敏感个人信息等高风险的处理活动或委托处理儿童个人信息等⊖规范性文件规定应当进行安全评估、签署数据处理协议或者存在违法违规情形的（例如，业务设计的数据收集场景严重违反"最小化"原则），则应该在业务上线全面开始数据处理活动之前，进行影响安全和风险评估，排除违法违规行为，确保如实描述隐私政策中的数据处理活动正当、合法、必要。

⊖ 例如，《儿童个人信息网络保护规定》第 16 条："网络运营者委托第三方处理儿童个人信息的，应当对受委托方及委托行为等进行安全评估，签署委托协议"，第 17 条规定"网络运营者向第三方转移儿童个人信息的，应当自行或者委托第三方机构进行安全评估"。

（3）隐私政策文本与界面流程设计方案

隐私政策文本的起草均是基于在先的数据处理活动尽调和风险排查结果，并遵守前述的规范性文件对隐私政策披露内容的标准化架构。除了主页面的文本，对于三方接入列表／权限说明列表／数据共享情况／儿童个人信息保护指引／注销告知／Cookie 政策等单行文本（如适用）也需要特别关注，并需要进行多轮法务—业务—技术的交互修改确认。

在提供隐私政策文本包文件的同时，法务或律师还应该同时提供产品端合规设计方案，即关于隐私政策和个人信息收集的告知同意、行权机制、权限控制等产品端的流程和交互机制、页面、文案等设计文件，作为隐私政策文本的获取路径、有效的知情同意方式、主体权利保护等合规要求在产品端的落地方案，使得"隐私政策"在形式和实质上均符合前述合规要求。

（4）上线布放与测试

隐私政策文本和产品端合规设计方案本身仍然只是开发文档而已，只有当全部文本和合规设计方案布放到产品端上线之后，"隐私政策"这一产品才真正"公开"和"明示"，被个人信息主体和不特定的第三方所知悉。

隐私政策在产品端的展示和交互方式比隐私政策正文更能普遍地触达用户。在实践中，只有极少数用户会在开启应用时全文阅读隐私政策，但所有用户都会感知在哪个界面进行何种操作看到哪些文案等，因此，与终端用户的强交互环节是上线布放隐私政策和测试排查的重点。例如：

- 在产品端界面上的增强告知弹窗是否及时弹出，而不是在权限申请之后才出现？弹窗页面中的隐私政策页面链接是否有效？
- 在应用内，是否可以 4 次以内点击可见隐私政策全文？全文页面中是否字号过小，加黑字体是否展示或表格／跳转是否混乱，不同系统下的页面渲染效果是否一样？
- 在隐私政策中披露在某些功能下需要收集个人信息的，需要另行获得同意，实际触发该功能时是否有单独的告知同意机制？
- 隐私政策中描述的个人信息主体行使注销等权利的方式是否在产品端实际可操作……

这些风险点的排查均依赖于上线布放和相应的实际检测环节，特别是依据前面所述的隐私政策的合规要求进行多终端的对标核查；缺失这一上线检测环节，未排查出隐私政策中的陈述与个人信息主体的感知和产品端交互不符的情形，不仅无法实现隐私政策文本的法律意义，也会因为不实陈述而带来舆情和法律纠纷等风险。

（5）在线版本的更新修订

隐私政策一旦布放上线和生效后，这一合规产品的生命周期才刚刚开始，即后续将需要及时跟进匹配相应的版本更新修订。例如：

- 密切关注触发隐私政策更新的因素，包括产品新增功能、新增第三方接入、新增数据处理方式、法律或监管要求变化、平台方新增要求、运营主体变化等。
- 随时针对更新情况进行相应的数据处理活动尽调、文本修订和产品端合规设计方案更新。
- 隐私政策更新后的生效方式亦是一个重要的潜在风险，需要综合考虑既有版本对更新生效要件的规定、本次更新内容及其对个人信息主体的权益影响、监管方的要求、全部触达老用户的技术实施方案等，采取重新获得用户同意生效、主动通知到达生效、继续使用即生效等方式。

综上所述，在产品端界面可见的"隐私政策"全文页其实只是企业隐私合规工作的冰山一角。在产品外观层面落实"通过设计保护隐私"的理念，不仅需要相应的弹窗、告知、控制面板、功能启用/关闭等，进一步的，如果没有在组织内部进行数据处理活动时采取配套的技术与组织措施，没有在产品和功能设计、数据使用和保护等方面切实支持隐私政策中做出的承诺，隐私政策文本就成为无水之木、无本之源。"隐私政策"是企业落实数据合规工作的有效抓手和切入点，但隐私政策只是个人信息控制者对自身责任的承诺和保证，更为重要的是，企业切实承担起保护个人信息的责任，正如《信息安全技术 个人信息安全规范》中个人信息保护的基本原则"权责一致"所要求的——个人信息控制者"应对其个人信息处理活动对个人信息主体合法权益造成的损害承担责任"，这才是确保个人信息得以在业务场景、技术不断变化中持续获得保护的底层支撑。

小　　结

从20世纪90年代普遍出现在用户协议中的一个"隐私保护"条款，到出现简单的单行文本，再到现在动辄上万字且附带各种参引单行文本、交互式的展示方式和增强告知方式，"隐私政策"这一数据合规领域的基本款产品正在从一个"小砖头"变成一个结构复杂的"大魔方"。在全球数据隐私监管趋严和用户个人信息保护加强的大背景下，这个"魔方"的法律意义愈发重要,已经成为产品端不可或缺的必备要件,同时也在文本结构上更为标准化,展现形式愈加多样化。

真正撰写或修改好一款隐私条款的要诀乃是"汝果欲学诗,功夫在诗外",即大量的隐私政策开发工作是在摸排数据地图、了解数据处理的具体场景和数据处理活动,包括"3W+H":数据控制者、处理者/共享者、个人信息主体都是哪些法律实体(Who);哪些数据基于何种目的在哪些环节会被收集(What);数据都会存储在哪里,哪些地方有终端访问,离岸流转到了哪些地方(Where)和数据在整个生命周期是如何被收集、使用和保护的(How)。只有真正了解了"3W+H",才"可能"写出一款合格的隐私政策。

隐私政策的开发过程不是只写文本,而是切入业务场景、密切联系前端和后台、开展风险排查与合规治理、参与产品设计研发的过程。个人信息处理规则的外在告知明示只是数据合规工作的"术",而该等规则本身是否正确、是否切实遵守规则才是数据合规工作之"道"。

第九章 Chapter 9

账号注销，落实起来不容易

【场景】今天是产品改版和市场拓展战略讨论会，各个部门都来发表意见。白晓萌萌趁着大家都在，考虑到最新的立法进展、监管要求和执法动态，本着"隐私保护设计"的原则，提出了一条产品设计需求："咱们趁着这次产品界面和用户中心功能调整，为用户提供一个'账号注销'的在线入口和流程吧，这也是咱们'隐私保护设计'原则在App终端交互环节的一个体现。"

话音未落，市场总监直接跳起来："让用户注销账号？大家都在想着怎么新增用户、留住用户，你们律师还想着怎么减少用户？为什么要让用户注销账号？只要注册就是同意账号永久存在，不能注销！"

产品总监平时说话比较客气，是位技术出身的理工博士："小白啊，法律上真的要求必须让用户'注销账号'吗？如果一定要的话，能不能不要直接在App里明显可见到，你们在法律协议里写几句就行了吧？再说，真有用户提出注销账号了，后台还真得开发用户库的彻底注销处理流程吗？这可是挺麻烦的。"

财务总监也质疑起来："用户提个请求就把账号注销了，那充值做账的原始凭证上哪儿找去？"

会议室里的气氛瞬间变得紧张起来。小白深吸了一口气，感觉自己需要给公司各部门专门介绍一下"账号注销"了……

第一节　账号注销，这事儿必须做

1. 企业是不是"必须"允许用户注销账户?

用户对其账号有"注销权"并非是照搬域外立法，在我国也是有法律和部门规章依据的，是企业[一]的"法定"义务。

《消费者权益保护法》规定了消费者享有自主选择商品或服务的权利（第9条）、公平交易的权利（第10条）。如果用户只能选择注册账号（开启服务），但不能选择注销（拒绝服务），则显然侵犯了消费者"自主决定不接受服务的权利"并强迫用户继续交易。

《电子商务法》则是对"注销"进行详细规定的最重要的部门法律。其中第24条明确规定，电子商务经营者应当明示用户注销的方式、程序，不得对用户注销设置不合理条件。用户注销的，电子商务经营者应当立即删除该用户的信息；依照法律、行政法规的规定或者双方约定保存的，依照其规定。

工信部在《电信和互联网用户个人信息保护规定》（工信部24号文，第9条第4款）中更是明确了电信和互联网信息服务的用户享有"账号注销权"："电信业务经营者、互联网信息服务提供者在用户终止使用电信服务或者互联网信息服务后，应当停止对用户个人信息的收集和使用，并为用户提供注销号码或者账号的服务"，除非法律和行政法规另有规定。如企业违反了账号注销义务，24号文还进一步设定了法律责任："由电信管理机构依据职权责令限期改正，予以警告，可以并处一万元以上三万元以下的罚款，向社会公告；构成犯罪的，依法追究刑事责任。"

《App违法违规收集使用个人信息行为认定方法》[二]中更是明确把"未提供有效的删除个人信息及注销用户账号功能"认定为"未按法律规定提供删除或更正个人信息功能"。虽然这里的"法律规定"是否是指《网络安全法》第43条的"删除权"和"更正权"[三]，亦或是否对第43条权利之适用范围规定进行了扩充解释存疑，但这一规定无疑是执法机构以规范性文件明确了企业必须落实"账号注销"义务。

《个人信息保护法》也明文规定了企业应当主动或者根据个人的请求，在下述情况下

[一] 本章系指作为个人信息处理者的互联网产品或服务提供者，下称"企业"/"互联网企业"。
[二] 国家互联网信息办公室秘书局、工业和信息化部办公厅、公安部办公厅、市场监管总局办公厅于2019年11月28日发布生效。
[三] 《网络安全法》第43条规定："个人发现网络运营者违反法律、行政法规的规定或者双方的约定收集、使用其个人信息的，有权要求网络运营者删除其个人信息；发现网络运营者收集、存储的其个人信息有错误的，有权要求网络运营者予以更正。网络运营者应当采取措施予以删除或者更正。"

删除个人信息："（一）处理目的已实现或者为实现处理目的不再必要；（二）个人信息处理者停止提供产品或者服务，或者保存期限已届满；（三）个人撤回同意；（四）个人信息处理者违反法律、行政法规或者违反约定处理个人信息；（五）法律、行政法规规定的其他情形。"㊀

目前关于账号注销最为全面规定的规范性文件是 2020 年版的国标《信息安全技术 个人信息安全规范》（GB/T 35273—2020，下文简称"国标 35273"），其中特别在第 8.5 条明确和细化了落实个人信息主体的"账号注销"要求，大幅提升了个人信息控制者的相关义务，体现了近年，尤其是四部委开展 App 违法违规收集使用个人信息专项治理活动中不断总结和归纳出的企业各种正面和负面做法。

对于不提供账号注销功能或者为用户账号注销设置重重障碍的做法，在近年都频繁遭到执法和曝光。例如，工信部在其 2019 年第一季度电信服务质量通告中公开了存在问题的互联网企业清单，其中"未提供账号注销服务"成为重点问题。在 2020 年国家网络安全宣传周中，App 账号注销问题也成为媒体关注的热点。而在广东通管局通报的 2021 年一季度违法违规收集个人信息 App 的典型表现中，"注销"违法则高居前五位，如图 9-1 所示。

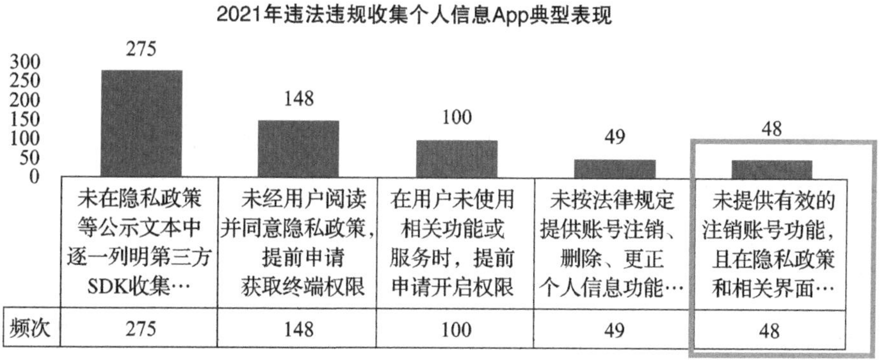

2021年违法违规收集个人信息App典型表现

	未在隐私政策等公示文本中逐一列明第三方SDK收集…	未经用户阅读并同意隐私政策，提前申请获取终端权限	在用户未使用相关功能或服务时，提前申请开启权限	未按法律规定提供账号注销、删除、更正个人信息功能…	未提供有效的注销账号功能，且在隐私政策和相关界面…
频次	275	148	100	49	48

图 9-1　广东通管局通报的 2021 年一季度违法违规收集个人信息 App 的典型表现

所以，确保用户注销账号的权利，这个必须有。

2. 如果多个产品或服务之间共用一个账号且无法拆分的，可以不予注销吗？

如果确认账号属于多个应用的共用账号无法拆分的，当用户在单个账号发起注销前

㊀ 《个人信息保护法》第 47 条第 1 款规定："有下列情形之一的，个人信息处理者应当主动删除个人信息；个人信息处理者未删除的，个人有权请求删除……"

应予以详细说明，并允许用户做出选择：可以注销共用的账号（中心账号），或仅注销单个应用下的用户身份。

根据国标 35273 第 8.5 d）条，如果多个产品或服务之间存在"必要业务关联关系"的，例如，一旦注销某个产品或服务的账户，将会导致其他产品或服务的必要业务功能无法实现或者服务质量明显下降的，则需要在注销账号前向用户详细说明。这里的重点包括以下方面。

（1）多个产品或服务之间必须存在"必要"关联关系

例如，不少企业都创建了自己的中心账号平台系统（平台端），该企业（集团）提供的各个应用（应用端）均统一使用"中心账号"作为通行证，从而统一实现身份认证、账号管理、积分累计、充值兑换以及后台数据中心安全管理等。如果用户注销了中心账号，就无法再使用该账号登录和管理该企业的各应用端。平台端和应用端系同一个人信息控制者或至少是共享数据的关联企业所控制。而如果不同的应用之间是相互独立的，就不应"注销单个账户视同注销多个产品或服务"。

此外，为了提供便利的注销入口，不仅在平台端可以提起注销中心账号，在接入平台的每一应用端也应明确设置管理中心账号的入口，甚至直接提供可以跳转到中心账号平台进行中心账号注销的入口（但此处需要有提醒，即明确告知注销中心账号平台与注销单一账号的不同后果）。

（2）在注销账号前向用户详细说明

正如上文所述，对于用户注销中心账号，会对所有应用端的服务产生何种影响和后果，注销流程中应该明确提示和告知用户，同时也会提示用户对账号下的各种信息进行自我备份。中心账号的注销流程中还应告知用户使用该账号登录的应用有哪些，而不是让用户自己去查找。如果可以解绑登录某个应用的，中心账号也可以进一步考虑提供便捷的解绑方式，即中心账号端也提供途径便于用户退出某个使用该账号的应用（但在该应用端还需要删除非账号信息，才构成注销该应用端的账号）。

如果在中心账号系统下可以获取所有应用端内的使用信息，则可以详细展示在注销申请时使用该账号登录的每一个应用端服务的订单、交易、积分、已发布信息等。不过，多数企业囿于各种内部系统结构、应用端的查询接口设置、应用内信息的复杂、注销流程的设置等，难以详尽列举出在注销申请之时，所有应用端内的具体权益清单，但是会列举出因为注销中心账号而受到影响的权益类型。例如，账号下的所有资料和信息均无法找回、使用该账号登录的服务将无法再使用、账号下的积分/充值/卡券/票券/未消费的财产都将无法使用，特别是尽可能详细提示账号内有哪些财产权益的类型无法再使用（至少提示到权益的类型，如××币、××积分）。

同时，无论是否展示每一应用端服务在注销申请时的动态详情，企业都要需要全面核查使用该中心账号的应用端内是否存在不得注销的情形，并且需要在用户服务协议或者其他单行规则中详细描述不得注销的各类情形，以便用户提前知悉与理解。

3. 如果产品或服务没有独立的账号体系，可以不予注销账号吗？

对于没有自身独立账号体系的服务，企业也需要保障用户能够注销在该应用下的"账号"——其实是用户身份，具体体现在：既要删除非账号信息，又要解除账号关联。

根据国标 35273 第 8.5 d）条，如某一产品或服务没有独立的账户体系，则其账号注销方式为"可采取对该产品或服务账号以外其他个人信息进行删除，并切断账户体系与产品或服务的关联等措施"。《网络安全标准实践指南》问题 3 也提出，"如用户采用同一账号注册登录多个 App 时，可提供解除单个 App 用户账号使用关系的渠道"，即无独立账号体系的应用应采取"删除非账号信息 + 解除账号关联"的方式来履行该应用的注销义务。

如果不同的应用是相互独立的，并非存在"必要"关联关系，就应该支持用户针对单一应用提起账号注销。相对于直接注销中心账号，上述"删除+解除"的注销方式适用范围更为广泛，大量使用集团中心账号、渠道方账号、第三方账号登录的应用没有自己的账号体系，对于账号体系也没有知情和控制能力，无从注销完整的用户账号。但并不因此就免于承担"注销"义务，还是应该确保实现清除或匿名化应用内的非账号信息（删除 UGC 内容会影响其他用户问答的除外），彻底解除账号与应用内 UID 的绑定关系，例如，取消授权登录关系、取消账号和应用内 UID 及其订单 / 角色 / 信息的映射关系，最后在外显上的呈现效果为应用内用户的头像和角色取消或呈现灰色（注销）状态。

当然，在单个应用内收到用户的账号注销申请的，除了按照上述方式进行注销外，还要向用户说明注销的结果：仅限于本应用内的"删除非账号信息"和"解除账号关联"，如需注销××账号，请另行到××（××账号的注销页面）提起申请。

第二节　账号注销需要哪些流程才能完成

账号注销虽然是用户的基本权利，但无论是为了确保交易关系还是为了用户账号权益的安全与稳定，都需要经过一定流程才能完成注销。以常见做法为例，大约需要在前后台经过图 9-2 所示的流程。

图 9-2　常见的账号注销前后台流程

上述流程虽然看起来简单，但在实操落地中通常会遇到多重难点和风险点，下面逐一分析。

1. 为了实现"账号注销"，通常要在产品端开发专门的用户交互页面

为了实现用户的"账号注销权"，企业至少需要在用户可感知到的网络产品交互层面为用户提供"简便易操作"的账户注销方式。特别的，针对采用交互式页面（如网站、移动互联网应用程序、客户端软件等）提供产品或服务的场景，国标 35273 第 8.7 条还特地就何为"简便易操作"的注销方式给出了具体建议：直接设置便捷的交互式页面提供功能或选项，便于个人信息主体在线行使其注销账户等权利。

综合来看，目前互联网企业为满足上述"账号注销"的要求，在网络产品端进行的常见开发工作如下。

- **注销入口页**。在应用内或网站上设置清晰的注销入口页，方便用户在线点击按键或菜单发起"注销"请求，避免用户自己另行查找客服电话或客服邮箱来提出注销申请。参照《App 违法违规收集使用个人信息行为认定方法》中对于隐私政策"难以访问"的认定标准，建议将"注销"入口设计在自主页起点击不超过 4 次可见的页面，避免在线发起"注销"请求不够"直接便捷"或者因注销入口埋得太深，达不到实际效果。

- **增强告知页**。开发关于账号注销后果的增强告知页面，例如，再次弹窗告知注销后果提示、援引用户协议中的注销条款，特别是为了避免用户投诉举报，还应明确告知用户何时会完成所有注销流程。这样的增强告知应在用户提交注销请求前给予充分、明确的提示，以起到对于终止合同关系的重大后果的提醒和增强告知效果。

- **在线表单页**。如果注销流程需要用户提交手机号等验证信息或有关账号的信息，则适合采用在线表单页的信息提交方式。这种提交方式不仅为用户提供便利，也有助于使收集到的信息格式规范统一，并避免以客服公号、电话或邮件直接获取用户提交的申请或验证信息时保密性不够（例如，客服人员可直接获取用户提交的未加密的个人信息），同时注销申请的记录也容易留存完整。

- **结单后交互页面**。注销流程完成后，通常会在用户使用原账号登录时显示"账号不存在"，该账号下原有信息在应用内的显示状态（如其他用户在社区内，还可以看到该账号下已发表的言论、已注销账号下的角色等）如不可删除，则标识出该账号不存在或角色离线。

有的企业为了用户体验和流程完整性考虑，还会在注销最后时刻到来前，向用户提起注销权请求时要求留下或指定的该用户账号下的手机号/邮箱地址发注销结单的通知短信或邮件。但该等结单通知不应在注销完成后再发送，此时用户的手机号和邮箱地址都不应再触发使用。

当然，如果注销全流程仅提供客服电话方式应答用户的，则需要确保客服系统和人工坐席亦能充分实现用户可以便捷找到电话入口、电话输入验证信息（如身份证号码、密码）、被充分告知注销结果以及何时能够注销、注销后的信息如何处理等。这种情况虽然减少了在线页面开发流程，但需要对客服团队和流程进行细化规范和培训。

相应地，用户难以找到注销流程入口、告知用户不能注销账号、用户在注销流程中发现操作非常复杂或不便等，均不符合国标 35273、监管机构的执法要求，更不符合用户的合理预期。

2. 既要为"账号注销"设置条件，也要避免条件不合理

如果说账号注销流程是注销权的程序性要件，注销条件就是注销权的实质性要件。注销条件的设置是账号注销流程中最常见的高风险点，一方面需要进行必要的验证，避免用户权益损失和维护账号安全，另一方面也要避免设置严苛的注销条件。

常见的账号注销条件可分为两大类：身份核验条件、账号状态条件。

- **身份核验条件**。设置此类条件符合国标 35273 规定的"验证个人信息主体身份后"才需响应用户行权要求，旨在确保账号注销申请系用户本人操作。例如，要求用户进入登录状态后才能发起注销申请，忘记账号密码的要先找回；提供注册账号时的身份证号（仅限于此前提供过身份证号码的用户）或提交已绑定手机号的动态验证码。当然，为了确保收集信息最小化，更为进阶的方式是基于风险判断对身份核验条件区分对待，如账号下的剩余权益越小，所需的验证信息越少；账号下的权益越大、待决交易/问题越多，所需的验证强度越大，只是验证强度的最大值还是控制在注册账号阶段以及使用过程中所收集的数据类型范围内，即"注销过程如需进行身份核验，则要求个人信息主体再次提供的个人信息类型不应多于注册、使用等服务环节收集的个人信息类型"。

- **账号状态条件**。此类条件的设置多是为了保护用户、第三方、企业的合法利益，如账号下没有尚未处理完毕的交易、没有已提供服务但未支付的订单、账号未被封禁、没有尚未处理完毕的客诉或纠纷（与其他用户的侵权纠纷、投诉举报或被投诉举报）、没有其他不得注销的情形㊀。但此类条件不应该要求用户必须用尽账号下的权益、账号必须已经注册完成满一定周期等，如用户自愿选择放弃账号下相应权益的应予以注销。

但是，企业自行设置的这些注销条件不能"不必要或不合理"。根据国标 35273、四部委发布的《App 违法违规收集使用个人信息行为认定方法》第 6 条第 2 款、信安标委发布的《网络安全标准实践指南—移动互联网应用程序（App）个人信息安全防范指引（征求意见稿）》（网络安全标准实践指南）问题 2 的规定，其中常见的"不必要或不合理"的注销条件有如下几类。

- 身份核验时要求用户再次提供的个人信息类型多于注册、使用等服务环节收集的个人信息类型，特别是在注册和使用环节没有要求，而在注销环节要求用户提交身份证正反面照片、银行卡正反面照片、手持身份证照片、手持银行卡与面部合影、签字加手印的账号注销申请书、人脸认证等注册环节没有提交的个人信息，同时涉及指纹信息等个人生物特征信息的收集。
- 要求用户必须填写精确的历史操作记录，例如，详细的注册时间/注册地点/特定登录时间及地点/曾修改过的用户名/绑定的第三方账号名等信息，这对于绝大部分用户都是"不可能完成"的任务。
- 对于采用同一账号注册登录多个 App 的情形，用户注销单个 App 时只能注销用户账号，导致用户无法使用其他相关 App。在这种"注销单个账户视同注销多个产品或服务"的情况下，不同的应用相互独立的，却又不允许用户针对单一应用的账号提起注销，应为不合理的注销条件。

同时，《消费者权益保护法》也特别强调了"不得设定不公平、不合理的交易条件"

㊀ 如国标 35273 第 8.7 e) 条中的 8 种情形。

（第 10 条），而如何注销账号无疑是重要的在线服务交易条件，因此应该"公平、合理"。

另外，注销条件的设置也要特别注意符合《民法典》的相关规定。《民法典》的亮点之一就是细化格式条款的制度，加强对消费者权益的保护。企业列举出的注销条件通常构成互联网服务在线协议中的格式条款，因此需要遵循《民法典》第 496 条第 2 款的规定，确保"应当遵循公平原则确定当事人之间的权利和义务"，否则很容易被用户/监管机构/消保组织认定为"免除企业责任、增加用户责任或排除用户主要权利"，从而适用《民法典》第 497 条主张该等注销条件的规定无效。

所以，以上列举的不合理注销条件为用户注销权设置了重重障碍，增加了用户选择退出的难度，不仅不符合国标 35273 的规定，更是涉嫌违反了《消费者权益保护法》、工信部 24 号文和《民法典》。

3. 推荐制定专门的注销条款

注销账号看起来只是用户提出的一个账号处置要求，但同时会触发合同法律关系和个人信息保护双重领域的重大法律后果：服务合同关系终止、个人信息删除。

虽然法律法规和国标没有对此提出明确的要求，但结合相关法律规定和普遍做法，建议企业还是制定专门注销条款来写明账号注销的条件、后果、方式、流程等。这些注销条款的形式包括：1）在用户服务协议和隐私政策下的专条或专节；2）作为用户服务协议之一部分的单行注销协议；3）交互页面上的注销须知或用弹窗告知注销条件、流程和后果。如前所述，在合同法层面，注销条款通常构成互联网服务在线协议中的格式条款，企业相应需要遵循《民法典》第 496 条第 2 款的规定，充分履行格式条款制定方的提示和说明义务，包括采取合理的方式提示用户注意免除或者减轻用户责任等与用户有重大利害关系的条款，并按照用户的要求对该条款予以说明。否则，因此致使用户没有注意或者理解与其有重大利害关系的条款的，对方可以主张该条款不成为合同的内容。

"账号如何才能注销"是重要的服务条件，可能影响用户的选择，应确保用户在注册时对注销条款的"知情权"，即无论采用哪种形式，注销条款均应在用户注册账号时即可查阅知悉并以合法方式（避免采用默认同意/browse wrap 方式）生效，也确保用户即使不提起注销申请，也能得知注销条件、后果、流程，并且避免发生用户不同意格式条款就不能注销的情况。

同时，考虑到注销条款作为服务协议的一部分在先，已经生效，注销环节无须用户再次同意注销条款,但通常为避免用户误操作,确保尽到提示义务,企业会增强提示注销条件和后果,如单独用弹窗页面展示详细的注销须知、在注销流程页面中用加粗文字提示注销后果、提示用户阅读后再主动申请。相应的,企业也要注意从消费者权益、格式合同条款的角度,同步审核注销条款、流程设置、通知文本,并规范客服应答话术和处理方式。

需要注意的是,如注销账户的过程需收集个人敏感信息核验身份的,则注销条款(特别是采用单行页面、注销须知等方式展示时)中应特别注明收集个人敏感信息后的处理措施(例如,达成目的后,立即删除或匿名化处理等)。这一规定表明企业有义务在个人敏感信息的全生命周期中履行"知情/告知"的要求,在注销环节收集的个人信息的处理方式、目的、范围亦应该遵守"公开透明"原则(国标35273第4e)条)。

4. 企业对于用户的"账号注销"请求有应答时间要求吗?

对于用户提起的"注销"请求,企业既需要及时受理,也需要及时处理完毕,不能不受理,也不能虽受理却拖延处理。但是不同规范性文件中关于企业应答"账号注销"的期限要求不尽相同,如表9-1所示。

表9-1 不同规范性文件对注销行权应答期限的规定

规范性文件	应答期限	应答期限内的义务	说明
国标35273	如需人工处理的,企业在承诺期限内应答,但承诺期限不超过15个工作日	既要"完成核查"也要"完成处理"。"核查"和"处理"应包括全部注销流程,如启动注销流程、验证该用户身份、做出答复及合理解释,且完成对注销请求的处理	需要同时结合第8.7a)条的规定。注意注销权的应答期限明显短于其他权利的应答期限(如不需要人工处理即系统完全自动在线完成处理的,所需应答时间不应超过人工处理所需时间)
《App违法违规收集使用个人信息行为认定方法》	同上	同上	与国标35273一致,均较为严格
《网络安全标准实践指南》	基本同上	受理并处理	与国标35273的要求有些不同,没有明确要求必须"完成处理"
工信部24号文	接到用户投诉之日起15日内	"答复"投诉人	应答期限为15个自然日;不要求"完成处理"
《汽车数据安全管理若干规定(试行)》	个人要求删除其敏感个人信息的,汽车数据处理者应当在10个工作日内删除	完成删除	汽车数据处理者处理敏感个人信息时应当符合这一"删除权"应答时限。因此,如果用户的注销权申请覆盖这一场景的,则应优先符合这一时限要求

综合以上要求并取其高者，建议最为稳妥的应答期限设置是：自收到用户账号注销请求之日起，至少在 15 个自然日内予以受理且在 15 个工作日内完成处理。

对于何为"完成处理"有不同理解，多数观点认为，"完成处理"意味着应答期限届满时，不应处于账号注销的处理流程中，而是已经完成了对该账号的注销或者如不能注销的，已提供了正当合理事由给提起注销请求的用户。

在注销流程期间，用户账号通常处于"冻结"状态，且企业多允许用户在注销流程期间提出撤回申请、主动终止注销流程。

此外，就注销流程的周期，在实践中有些企业还为用户"强制设置"了反悔期，即账号满足注销条件、注销流程已完成，但接下来并不真正"注销账号"，而是需要待一定天数后用户不反悔的，才真正注销账号。虽然境外一些企业有注销账号后 60 日才彻底删除数据，但结合国内规范性文件的精神，在注销后果已经告知充分的情况下，这种反悔期的"强制设置"还是有一定的合规风险：既没有做到在用户注销账户后"及时"删除或匿名化处理用户个人信息，实质上还设置了额外的应答处理周期。

当然，为了在特定场景下避免用户"误注销"（例如，账号下的余额很大，一旦误操作对用户权益影响很大），可以考虑让用户再次确认注销请求、自行选择是否迟延，这是一个用户可以"自选"的"冷静期"设置，而不是"强制"用户迟延注销，例如"验证已通过，马上注销""冻结 7 日，我再想想""7 日后提醒我确认是否要注销"。如经过自选"冷静期"设置以及注销后风险的重点提示，用户仍然确认注销或未撤回注销请求的，则应即时注销，而这时误操作注销的风险完全转移至用户自身承担也是合理的。

第三节　用户注销账号之后，企业还需要做什么

虽然按照第二节所述的程序和实质条件，用户的账号注销流程在"前台"已经结项完成了，用户的账号已经无法使用了，也不存在这一活跃用户了，但企业的"后注销"义务才刚刚开始，同时也触发了深层次的风险区。

1. 用户账号下的数据都要删除吗？

按照《个人信息保护法》的规定，用户提起注销请求并符合注销条件的，个人信息处理者应该删除该用户的个人信息，除非法律、行政法规规定的保存期限未届满，或者

删除个人信息从技术上难以实现⊖。

用户的注销行权已经结束了 toC 层的注销流程后，企业应及时删除其个人信息或匿名化处理；因法律法规规定或删除个人信息从技术上难以实现而留存个人信息的，不能再次将其用于日常业务活动中。这里的要求是企业必须真正做到"前端与后台统一"，前端显示已注销的，后台也需要进行相应操作。简单来说，该删除的数据要删除，该保留的数据要保留，留下来的数据别乱用。

自此，企业的账号注销义务进入"后注销阶段"，这一阶段的数据处理活动是最为关键和实质性的，重点已从应答用户转为实施内部技术与组织措施相配套的过程，既包括积极作为，也包括消极不作为义务。

（1）积极义务

后注销阶段企业的"积极义务"既包括注销后对该账号下的数据进行删除或匿名化处理，也包括对基于法定留存事由或囿于技术条件无法删除而留存下的个人信息采取安全保护措施。

1）就"删除"义务而言，除了及时销毁纸质存储文件，更应即时去除系统中存储和备份的已注销账号信息，使其保持不可被检索、访问的状态，或者为了确保绝对不会被复原而采取"销毁"数据的措施；或者对该账号下的信息进行匿名化处理，使得已注销账号的用户个体无法再被识别或者关联，且处理后的信息亦不能被复原。

2）对于必须留存的个人信息，企业还需要全面识别和遵守"法定"的数据留存期限要求。有关数据留存要求的"法定"事由有的来自"法律法规"，有的则是部门规章或主管机关的各种发文，并不都是《个人信息保护法》第 47 条下的"法律、行政法规规定的保存期限"。虽然相关的规范性文件来源分散，效力级别不尽相同，但需要全面识别，避免遗漏。如有不同法定事由而对同一数据有不同存储期限要求的，则该等数据的存储期限取其中较长者。

常见的法律法规中对"存储期限"的要求如：与监测、记录网络运行状态、网络安全事件的技术措施相关的网络日志保留不少于 6 个月（《网络安全法》第 21 条），电子商

⊖ 《个人信息保护法》第 47 条：有下列情形之一的，个人信息处理者应当主动删除个人信息；个人信息处理者未删除的，个人有权请求删除：（一）处理目的已实现、无法实现或者为实现处理目的不再必要；（二）个人信息处理者停止提供产品或者服务，或者保存期限已届满；（三）个人撤回同意；（四）个人信息处理者违反法律、行政法规或者违反约定处理个人信息；（五）法律、行政法规规定的其他情形。法律、行政法规规定的保存期限未届满，或者删除个人信息从技术上难以实现的，个人信息处理者应当停止除存储和采取必要的安全保护措施之外的处理。

务平台经营者应保留商品、服务信息、交易信息自交易完成之日起不少于三年（《电子商务法》第 31 条），而通常一些企业也会将账号实名认证和基本交易信息保留至注销后三年，以便满足诉讼时效内发生用户权益纠纷时举证之需（《民法典》第 188 条）……同时，大量行业垂直监管法规、部门规章和其他规范性文件中也有各种纷繁复杂的数据存储期限要求，如表 9-2 所示。

表 9-2 常见业务类型的数据存储期限要求举例

法律法规和规范性文件名称	具体要求
《个人信息保护法》（2021.11.1 施行）	个人信息保护影响评估报告和处理情况记录应当至少保存 3 年
《民法典》（2021.1.1 施行）	向人民法院请求保护民事权利的诉讼时效期间为 3 年，法律另有规定的，依照其规定
《网络招聘服务管理规定》（2021.1.29 施行）	以网络招聘服务平台方式从事网络招聘服务的人力资源服务机构应当记录、保存平台上发布的招聘信息、服务信息自服务完成之日起不少于 3 年
《规范促销行为暂行规定》（2020.12.1 施行）	经营者应当建立档案，如实、准确、完整地记录设奖规则、公示信息、兑奖结果、获奖人员等内容，妥善保存两年
《电子签名法》（2019.4.23 施行）	电子认证服务提供者应当妥善保存与认证相关的信息，保存期限至少为电子签名认证证书失效后 5 年
《电子商务法》（2019.1.1 施行）	商品和服务信息、交易信息保存时间自交易完成之日起不少于 3 年 电子支付服务提供者应当向用户免费提供对账服务以及最近 3 年的交易记录
《互联网文化管理暂行规定》（2017.12.15 施行）	互联网文化单位对提供的文化产品内容及其时间、互联网地址或者域名的记录备份应当保存 60 日
《网络安全法》（2017.6.1 施行）	留存相关的网络日志不少于 6 个月
《会计档案管理办法》（2016.1.1 施行）	会计档案原始凭证中的数据应保留至从会计年度终了后的第一天算起 10 年或 30 年
《医疗机构病历管理规定》（2014.1.1 施行）	门（急）诊病历保存时间自患者最后一次就诊之日起不少于 15 年；住院病历保存时间自患者最后一次住院出院之日起不少于 30 年
《征信业管理条例》（2013.3.15 施行）	征信机构对个人不良信息的保存期限为自不良行为或者事件终止之日起 5 年
《互联网信息服务管理办法》（2011.1.8 施行）	互联网信息服务提供者和互联网接入服务提供者的记录备份保存 60 日
《健康体检管理暂行规定》（2009.9.1 施行）	健康体检信息留存自受检者最后一次就诊之日起不少于 15 年
《互联网电子邮件服务管理办法》（2006.3.20 施行）	互联网电子邮件服务提供者应当记录经其电子邮件服务器发送或者接收的互联网电子邮件的发送或者接收时间、发送者和接收者的互联网电子邮件地址及 IP 地址。上述记录应当保存 60 日
《互联网安全保护技术措施规定》（2006.3.1 施行）	互联网服务提供者和联网使用单位依照该规定落实的记录留存技术措施，应当至少保存 60 天记录备份

（续）

法律法规和规范性文件名称	具体要求
《工资支付暂行规定》（1995.1.1 施行）	用人单位必须书面记录支付劳动者工资的数额、时间、领取者的姓名以及签字，并保存两年以上备查
《直播电子商务平台管理与服务规范》行业标准（征求意见稿）》（2021.8.18 发布）	直播过程视频信息和文本信息保存时间应自直播结束之日起不少于 3 年，其他直播内容保存应不少于 60 日
《金融机构客户尽职调查和客户身份资料及交易记录保存管理办法》（2022.3.1 生效）	金融机构保存客户身份资料和交易记录：客户身份资料，自业务关系结束当年或者一次性交易记账当年计起至少保存 5 年；交易记录，自交易记账当年计起至少保存 5 年。如客户身份资料及交易记录涉及正在被反洗钱调查的可疑交易活动，且反洗钱调查工作在前款规定的最低保存期限届满时仍未结束的，金融机构应当将相关客户身份资料及交易记录保存至反洗钱调查工作结束

……

以上这些规范性文件对留存期限的规定，无论位阶高低，在落地实践环节均应予以充分重视。

3）对于"删除个人信息从技术上难以实现"而留存个人信息的，企业需要充分举证该等留存为何是"技术上难以实现"的。这种技术上"难以实现删除"应当符合行业和业务模式的行业惯例、业务模式基本属性。例如，受托处理者提供的底层云存储服务或者个人信息已被写入区块链。此外，对于因技术原因而无法删除的场景，应当经过书面的个人信息影响安全评估意见确认，并随技术条件或业务模式变化而"动态"地评估删除的可行性。

对于基于法定义务和技术上难以删除而继续存储了个人信息的，企业必须采取必要的安全保护措施，确保该等数据不会发生未经授权的访问、使用、泄露等，即对该等个人信息不会进行任何除存储和安保之外的处理活动。如果留存数据与其他数据存储在同一服务器内，则还应把服务器内的数据进行分类，设定不同的存储期/销毁触发条件，但留存数据在留存期内必须隔离存储，不得与其他活跃用户系统有关联或映射。

（2）消极义务

"消极义务"即隔离存储、不再使用。

基于上述法定事由而留存已注销账号下的个人信息的，必须确保仅为满足该等法定事由而留存，不得为超出相关法定事由的目的而继续使用和处理数据，保持隔离存储、不再使用的状态，以确保满足《个人信息保护法》第 47 条第 2 款的规定[⊖]。

⊖ "法律、行政法规规定的保存期限未届满，或者删除个人信息从技术上难以实现的，个人信息处理者应当停止除存储和采取必要的安全保护措施之外的处理。"

特别的，不得向已注销账号的用户推送服务或将原账户下的部分信息激活再使用。"账号注销"意味着服务合同终止，终止后，企业就不应再对用户提供服务；在用户已通过注销账号来表示明示拒绝的情况下，不得继续使用未注销前的账号信息向用户发送商业性信息[一]。

2. 企业的"账号注销义务"是否有豁免情形？

其实用户权利的行使从来都不是绝对的，企业对于应答用户的注销请求也不是百分之百应答，毫无豁免情形。例如，国标 35273 规定企业可以在 8 种情形下拒绝响应用户提出的注销请求[二]。但是工信部 24 号文中规定的"注销权"的例外范围却并没有如此宽泛，而是严格限定于"法律、行政法规另有规定"，即能够豁免企业注销账号义务的依据，也仅限于法律和行政法规的规定，而较为尴尬的是，现有法律和行政法规中针对"注销"义务的例外规定却尚付阙如。

因此，综合来看，除非企业有明确证据证明注销账号会违反企业的法定义务[三]，或与国家安全、国防安全直接相关；与公共安全、公共卫生、重大公共利益直接相关；与刑事侦查、起诉、审判和执行判决等直接相关，否则企业直接援引国标 35273 规定的情形来豁免其注销义务，非常容易引起争议，用户有权主张企业违约或者违反《消费者权益保护法》和工信部 24 号文，并进一步投诉举报或提起诉讼。

建议的做法：企业考虑把国标 35273 中免于注销义务的情形（特别是其中非基于公权力要求、企业自由裁量大、举证较为复杂的后 4 种情形[四]）明确列举在注销条款中（并考虑细化条件或给出举例说明），提前让用户了解，在先约定且确保生效，避免在先的合同约定不清、发生注销请求时，企业又自行临时依据推荐性国标来拒绝用户行权。

[一] 《消费者权益保护法》第 29 条第 3 款："经营者未经消费者同意或者请求，或者消费者明确表示拒绝的，不得向其发送商业性信息。"

[二] 包括：1）与个人信息控制者履行法律法规规定的义务相关的；2）与国家安全、国防安全直接相关的；3）与公共安全、公共卫生、重大公共利益直接相关的；4）与刑事侦查、起诉、审判和执行判决等直接相关的；5）有充分证据表明个人信息主体存在主观恶意或滥用权利的；6）出于维护个人信息主体或其他个人的生命、财产等重大合法权益但又很难得到本人授权同意的；7）响应个人信息主体的请求将导致个人信息主体或其他个人、组织的合法权益受到严重损害的；8）涉及商业秘密的。

[三] 此类法定义务分散在各部门法中，如《网络安全法》第 28 条、《国家安全法》第 77 条、《反恐怖主义法》第 19 条、《刑事诉讼法》第 54 条、《数据安全法》第 35 条等。

[四] 例如：有充分证据表明个人信息主体存在主观恶意或滥用权利的；出于维护个人信息主体或其他个人的生命、财产等重大合法权益但又很难得到本人授权同意的；响应个人信息主体的请求将导致个人信息主体或其他个人、组织的合法权益受到严重损害的；涉及商业秘密的。

当然，按照《个人信息保护法》的规定，企业"拒绝个人行使权利的请求的，应当说明理由"[一]。因此，企业无论是基于注销条款的约定，还是基于注销义务的豁免而决定不响应个人信息主体的请求，都应向用户"告知"该决定的理由，并向个人信息主体提供投诉的途径。例如，企业可以通过应用内或网站的注销流程告知页面、通知提示栏、用户预留的短信/邮件等书面形式告知用户为何不能注销其账号，并告知如果处理结果让用户不满意，可向哪些部门投诉。

小　结

"账号注销"是最为核心的用户权利之一，也是在实践中落实《个人信息保护法》下个人信息主体权利最为常见、最受关注、监管机关执法经验最为丰富的权利形态。企业不仅应当确保用户的这一权利，还应该在注销流程的便利发起、注销条件的合理设置、注销条件的清晰告知等方面做出切实努力，并保证在法定期限内完成对用户注销请求的处理。

用户在前台完成注销后，企业对用户账号下数据的删除和留存乃是另一个高风险区，既要保证删除彻底，又要保证符合各种规范性文件要求的留存期限要求并确保数据安全。

[一]《个人信息保护法》第 50 条。

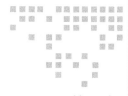

第十章

员工个人信息保护，这事儿不能忘

【场景】某日，白晓萌萌在和同事闲聊。同事开玩笑地说："现在产品中关于隐私保护合规开展得如火如荼，我使用 App 都要同意好几个弹窗或者协议，但我突然想到，咱们公司还是要按指纹打卡上下班，这个事情我是不是也应该写个什么声明，同意一下才算合规？"白晓萌萌一愣，自己之前确实从来没有考虑过这个问题，既然用户的个人信息需要保护，那么企业员工的个人信息当然也需要保护，这也符合《民法典》等法律法规的规定。而且随着立法执法动态频繁，人们对隐私保护的意识逐步增强，员工也有可能对企业收集、保护个人信息行为的合规性提出质疑，那么企业如何就员工个人信息保护开展合规工作呢？白晓萌萌就此问题咨询了专业律师，该律师对此问题做出了详细解答，为白晓萌萌开展公司内部员工信息合规工作提供了极大的帮助。

第一节 雇用中国籍员工的注意事项

《个人信息保护法》第 13 条第 1 款第 2 项规定："符合下列情形之一的，个人信息处理者方可处理个人信息：为订立、履行个人作为一方当事人的合同所必需，或者按照依法制定的劳动规章制度和依法签订的集体合同实施人力资源管理所必需。"用人单位与劳动者建立劳动关系，直至劳动关系终止，用人单位会在日常管理中接触、掌握并使用大量劳动者的个人信息。在《个人信息保护法》出台后，企业应当更加重视劳动者的个人信息保护。由于目前对于何为"实施人力资源管理所必需"尚未有更加清晰的解释，所以如何合法合规地收集、使用劳动者的个人信息应当成为企业进一步关注的重点。

具体而言，在企业雇用员工的场景中，员工信息主要分为两类。1）在应聘阶段员工默认同意被收集的信息，如员工主动提交的简历、体检报告等。在此种情况下，一般默认求职者投递简历等行为已经构成对企业收集其信息行为的同意，但若涉及向第三方披露等行为，则必须征求求职者本人的同意。2）在工作阶段随员工工作而产生的个人信息，如薪酬、工作邮件等。有些企业可能会对员工工作时间浏览的网页甚至工作邮箱进行监控，这些行为也必须征得员工本人的同意，并且要符合明示、目的明确正当等原则。

细化来讲，应当按员工进入公司的正常流程来分析每个环节可能存在的风险点，分别展开合规分析。

1. 简历投递阶段

投递简历一般是入职的第一步，简历中可能会含有姓名、联系方式、年龄、工作经历、个人照片等基本个人信息及敏感个人信息。简历中含有的信息内容一般会比较丰富，而且考虑特殊情况下简历信息泄露可能会对个人信息主体带来很多附加的损失和影响，对于简历信息的保护也应该重视。一般来讲，简历的获取渠道主要有个人信息主体主动提供、企业从第三方获取两种。

（1）个人信息主体主动提供

通过企业官方公布的招聘渠道发送简历，包括以邮件的形式、通过微信发送文件的形式以及线下提交纸质简历等方式。在此类情形下，个人信息主体一般是知晓其简历信息的去向的，主动提供的行为即视为该主体的明示授权，企业基于此情形获得的简历信息在收集环节符合合规要求，但需要注意企业提供此类招聘信息的真实性及准确性。

（2）企业从第三方获取

企业可能会从合作的第三方猎头公司或其他第三方平台获取简历。在这种情形下，企业并不会直接与用户接触，那么就需要注意此类数据来源的合法性问题。当企业从第三方猎头公司获取简历（第三方猎头公司主动提供给企业）时，应核实猎头公司获取简历的来源，以确保该公司是通过合法合规的渠道获取简历且有权向企业推送求职者的简历。

约束的方式一般是在合同增加相应条款，包括确认简历来源的合法性、明确简历信息的处理范围以及双方在个人信息保护方面的权利义务等。当企业从第三方平台获取简历（企业通过第三方平台公开的渠道下载简历）时，涉及双方签署合同的，应当在合同中补充对上述内容的规定；如果双方不需要签署合同，只是通过在线平台下载的，需要认真审阅平台隐私政策，核查隐私政策、用户协议或其他相应文件中是否对相应合规点做出了承诺，存在要点缺失情形的，建议企业不要通过该平台下载简历，避免因数据来源问题受到牵连。

需要特别提示的是，目前很多企业会建立自己的人才储备库，储存目标人员的简历。在多数情况下，存储的简历多数是属于没有去过公司面试或者不符合当时面试要求的应聘者，企业存储简历的行为并没得到个人信息主体的明示同意，会给企业带来极大的合规风险。

2. 面试阶段

这个阶段一般是应聘者去公司现场面试，所提供的信息也是应聘者在知情的情况下主动授权的，一般情况下不会存在违规的场景。但是，部分公司在应聘者应聘时会收集其人脸影像信息，并且要求应聘者填写家庭成员、背景等信息。上述信息与应聘本身并没有直接的关联性，且超过了合理必要的限度，会被认为是企业利用自身优势地位强迫应聘者提供上述信息，存在合规风险。此外，存储上述信息也会给企业带来很严重的合规风险，因上述信息属于敏感个人信息，需要单独存储及加密保护，一旦泄露，会对个人信息主体权益造成很严重的影响，企业也可能会因此面临侵权诉讼、行政处罚等后果。

建议企业仅尽到合理的审查义务，要求应聘者用于核验身份的信息应当不超过其简历信息的范围，一般来说，要求提供姓名及手机号码来验证身份是合理的。此外，面试也是获取个人信息主体授权的有效方式。例如，上文提到企业计划丰富自己的简历人才库时，可以在面试阶段当面询问应聘者是否授权同意，如果可能，则可以请应聘者进行书面授权。

受疫情的影响，通过视频会议进行面试的场景高频出现，部分招聘方会自行对招聘过程进行录制，用于后续团队内部的评估考核。此处建议在非特别必要的情况下，尽量避免此类录制行为发生，如确有特殊情况需要录制的，也应当征得应聘者的明示授权同意。

3. 入职阶段

（1）入职体检

应聘者在面试通过后，通常会被要求进行体检并提交体检报告。体检报告内含大量敏感个人信息，且此类信息一旦泄露，会对应聘者本人造成难以预估的影响和损失，因此建议，企业获取应聘者的体检报告一定要由其本人在签署书面授权的情况下获取，不能越过应聘者直接从第三方处收集。此外，建议公司在法律法规没有特殊要求的情况下，不要保存体检报告，如有必要确需保存的，应当做好技术保护工作，采用加密、单独存储等方式进行保护，并且严格控制访问权限，在合理期限内删除和销毁，避免永久存储。

（2）合同签署

在各项事宜都已确定且协商一致的情况下，企业会要求员工填写相应的身份信息表，但应以不超过前述阶段中已经了解到的信息范围为宜，且不应收集明显与该工作本身无关的个人信息。建议在员工信息表中以加粗下划线等显著标识的方式写明："您同意××××公司收集您的上述信息用于核实您的身份、建立员工个人档案（或其他目的），我们会妥善保护您的个人信息，在未经您本人授权同意的情况下，不会将您的个人信息提供给任何第三方。"并让员工以签字或者勾选的方式做出同意表示。

签署合同时，应当在合同中写明双方在个人信息保护方面的权利义务关系。例如，企业方应当承担以合法合规的方式处理个人信息、采取合理的技术手段进行安全保护、不会私自与第三方之间共享个人信息等义务；员工方应当承担确保提供的个人信息真实准确，如涉及提供第三方信息的，应承诺已经获得合法授权且不会侵犯第三方合法权益等义务。如果该员工负责的岗位是与处理数据密切相关的关键岗位，则建议在劳动合同的基础上，单独与该员工另行签署关键岗位保密协议，用于规范员工处理企业内部数据行为的合规性。

根据我国《劳动合同法》的规定，用人单位有权了解劳动者与劳动合同直接相关的基本情况，劳动者应当如实说明。用人单位根据此条款收集信息突破员工同意的界限，在实务中，这种现象还是比较普遍的，为了对此类情形进行一定的限制，《劳动合同法实施条例》进一步规定，劳动合同法中规定的职工名册应当包括劳动者姓名、性别、公民身份证号码、户籍地址及现住址、联系方式、用工形式、用工起始时间、劳动合同期限等内容。上述信息是法律法规明确要求企业应当从员工处收集的个人信息，其他类型的信息在没有法律法规特殊要求或者不具备必要合理目的的情况下，不建议再额外要求收集。

（3）规章制度

依据《个人信息保护法》，用人单位可以收集的劳动者个人信息范围仅限于与劳动关系直接相关的个人信息，如教育水平、职业技能、工作经历等。对于宗教信仰、星座血型等与劳动关系并无关联的信息，用人单位无权要求劳动者提供。

建议用人单位严格遵守最小必要原则，制定员工个人信息保护相关的制度，或在员工手册中增加专门的员工个人信息保护章节等。此外，建议企业同时制定相应的个人信息安全事件应急预案，以更好地应对劳动用工中可能会发生的个人信息安全事件。

（4）门禁打卡录入信息

为保障办公环境的安全，绝大多数公司都采用了增设门禁的方式禁止无关人员进入公司。而随着技术迅速发展，很多公司已经不再仅使用门禁卡作为进出公司的唯一凭证，而是增加了指纹打卡、面部识别等多种路径。

而对于公司采用这种方式的目的也可以理解，相比于门禁卡，上述新技术会给员工、公司提供更多的便利，员工无须每天携带门禁卡。此外，上述技术在确认员工真实身份方面的能力更强，具有极强的特定个人识别性，能够在极大程度上减小因门禁卡遗失、外借带来的风险。

但是，公司采用此类技术无疑也会加重自身的合规风险，公司在收集人脸信息、指纹信息等此类个人生物识别信息时，应当获得员工的单独同意。此外，建议企业不存储此类信息，最好可以在采集终端中直接使用个人生物识别信息实现身份识别功能，如确需存储的，也应只存储生物摘要信息，不建议存储原始信息。

多数公司的门禁系统都是由第三方负责开发和运维的，建议企业在与第三方签署的合同中明确要求对方作为数据处理者的角色，在企业限定的目的范围内处理员工的生物识别信息，采取加密存储、分级管理等措施保护个人信息的安全，企业有权对该第三方就合同的执行情况进行审计，如发现第三方保护措施不到位或存在任何违法违规情形，则企业有权单方面终止数据传输及合作。在委托关系解除后，企业有权要求第三方销毁或者按照合同约定返还此类信息，不得自行留存或将此类信息用于任何其他用途。

（5）工作中产生的信息

公司在日常的工作经营中，存在很多向第三方公司提供员工个人信息的场景（如名片制作、服务投标、形象宣传等），公司需要注意两方面的合规事宜：1）公司应当在征得员工明示同意的情况下，向第三方提供，除非法律法规另有规定；2）公司应当重点注意与第三方之间签订合同的完备性，包括双方之前角色义务关系的区分、服务范围及目的、双方的权利义务关系、合同履行完毕后信息如何处理等问题。

（6）特殊行业中对员工的监控行为

本部分的分析范围不包括法律法规强制要求需要对员工、雇员监控的情况。部分行业可能会存在公司对员工行为监控的情况，如监控其实时轨迹信息。常见的获取员工实时地理信息的行业场景包括快递、外卖、网约车等行业。快递和外卖行业监控实时位置信息，主要是为用户提供便利条件，同时也是作为核实员工工作是否符合要求的核心参考，此类情形十分普遍且符合人们的合理期待。而网约车场景获取司机的实时位置信息，除了具有上述目的外，更主要的目的是确保安全。企业收集此类信息应当事先获得用户的明示同意，并赋予员工在非工作期间关闭此类监控设施的权利，严格区分工作所需以及生活日常轨迹，避免出现侵犯隐私权或收集不必要个人信息的情况。

（7）部分特殊场景下对员工个人信息的处理

当员工存在违法情形时，公司会配合执法机关提供员工个人信息，但是公司需要在得到相关执法机关书面文件的情况下，再向该机关提供。执法机关在没有书面文件的情况下，仅通过电话等口头方式要求提供的，不建议企业直接向执法机关提供员工个人信息。涉及需要聘请外部机构（如律师事务所、会计师事务所或者其他第三方机构）协助调查的，企业应当与外部机构及其参与人员签署保密协议，并限制外部机构对此类信息的处理范围，在协助调查完成后，应当及时删除相应个人信息。

当员工存在违反企业内部制度的情形时，公司会对该员工的违规情况展开内部核查，包括但不限于对员工邮件信息、通信软件中的聊天记录、公司配发的电脑中信息等的审查，上述信息虽然都属于在公司环境中产生的，但多数也属于员工的个人信息，建议企业在员工入职前，通过劳动合同、员工手册等方式对企业具有开展内部核查的权利做出明确，让员工提前知情并做出同意授权。但在此情形下企业需要注意，应在确实发现该员工存在违反制度的情形下开展核查工作，而不能以其他不正当目的获取上述员工信息。此外，企业应当严格区分公司层面和私人层面两个不同的维度，对于员工私人设备中的信息或者私人使用的通信软件中的聊天记录等信息，不建议企业在未征得员工明确授权同意的情况下收集，否则有可能面临侵犯员工个人隐私权的风险。而怀疑员工违反内部制度也不足以成为豁免同意的例外情形，因此，建议企业在征得员工明示授权同意的基础上收集相应信息。

第二节　雇用外国籍员工的注意事项

1. 雇用欧盟员工

如果中国境内企业雇用欧盟员工的所有环节均发生在中国境内，且该员工本人亦位于中国境内，则根据 GDPR 第 3 条^㊀，该行为不属于 GDPR 的管辖范围，企业不需要进行 GDPR 合规，需要按中国法下的框架做好合规工作。

如果中国境内企业的招聘环节发生在欧盟境内或者雇用的员工本人位于欧盟境内，则根据 GDPR 第 3 条的规定，该行为属于 GDPR 的管辖范围，企业需要遵守 GDPR 的规定。

根据 GDPR 规定，企业在收集员工个人信息时，除了可以基于员工本人同意作为合法性事由外，还可以通过其他的合法事由，其中比较重要的有两条。

❑ 为履行合同之必需。企业可以根据履行劳动合同的必要收集信息。

❑ 为控制者或第三方追求的合法利益，处理是必要的（除非与数据主体利益和基本权利自由相冲突）。

但是二者都要满足合法正当必要等前提。员工均享有 GDPR 所规定的各项权利。以数据访问权为例，员工有权知晓企业收集处理其个人信息的种类、目的，即企业在收集储存员工工作信息时要明确告知用户，如工作邮件、上网记录等企业认为确有必要进行监控的信息，同时员工也有权获取正在处理的信息的副本，除此之外，员工还享有 GDPR 所规定的其他权利，本文不再一一展开介绍。而对于特殊个人资料，一般处理应该被禁止，但涉及评估雇员工作能力的处理可以允许。员工辞职后，企业除为正常经营存储信息外，其他不必要信息应予以删除，在员工要求行使删除权时，企业可以为维护自身合法权益而进行抗辩。企业将员工信息向第三方披露，如外包派遣、猎头公司等，也要事先征得员工的同意或符合其他 GDPR 的合法事由。

此外，2017 年 6 月 8 日，欧盟 29 条数据保护工作组（Article 29 Data Protection Working Group，以下简称"WP29"）发布了《职场数据处理意见》（*Opinion 2/2017 on data processing at work*，以下简称"意见"）。该意见重新评估了在新技术场景下，雇主的合法权益与雇员的隐私期望之间的平衡，为企业如何合法合规地利用新技术提供了明确指引，

㊀ GDPR, Article 3: This Regulation applies to the processing of personal data in the context of the activities of an establishment of a controller or a processor in the Union, regardless of whether the processing takes place in the Union or not.
This Regulation applies to the processing of personal data of data subjects who are in the Union by a controller or processor not established in the Union, where the processing activities are related to:
(a) the offering of goods or services, irrespective of whether a payment of the data subject is required, to such data subjects in the Union; or
(b) the monitoring of their behaviour as far as their behaviour takes place within the Union.
This Regulation applies to the processing of personal data by a controller not established in the Union, but in a place where Member State law applies by virtue of public international law.

并详细说明了维护员工的合法利益和基本权利的合法措施。

结合该意见及 GDPR 的基本要求，企业在雇用欧盟员工以及在后续对该员工的个人信息进行处理时，应当符合以下基本要求。

1）数据处理符合 GDPR 项下的基本原则，如合法性原则、最小化原则等。

2）具有合法的数据处理法律依据，例如，基于履行合同所必需、基于保护企业自身合法权益等。这里需要特别提示企业注意，在中国法环境下，目前是以征得个人信息主体同意作为处理数据的核心法律基础，企业在征得员工明示授权同意后，处理其个人信息就基本上已经符合中国法下的要求。但是，在 GDPR 体系下，在雇用关系场景中，企业以员工同意作为唯一基础处理个人信息可能会存在合规风险，因为欧盟监管机关认为，在劳动雇用场景下，雇主和员工的地位并没有处在一个平等的维度上，员工可能会迫于职位的压力或其他不得已的原因做出同意，所以该同意的意思表示可能会被认定为并非自由做出的，其有效性会受到质疑。

3）数据处理行为应具有一定的透明度。例如，企业存在采用新技术对员工进行监控的，企业有义务告知员工是否存在任何监控、监控的目的以及保证处理行为公平所必需的任何其他信息。

4）应当赋予员工拒绝接受自动化处理结果的权利。如果该决策产生的法律效果或类似后果将对该员工产生重大影响，则员工拥有不受仅基于自动处理的决策的约束的权利。

5）雇主需要制定默认的隐私设计方案保护员工的个人信息安全，以及保障其合法权益。

6）保障员工信息的存储安全。例如，对存储员工信息的数据库进行加密处理、严格控制访问权限等。

7）企业应当开展数据保护影响评估（DPIA）。特别是在使用新技术的场景，考虑到处理本身的性质、范围、背景和目的，可能对雇员的权利和自由造成高风险，因此必须进行数据保护影响评估。

8）企业可能还需遵守该员工所在成员国规定的更具体的规则，以确保更严格的隐私保护。

9）严格区分工作场景及私人生活场景，避免在员工私人生活场景或私人设备中收集员工个人信息。

需要特别提醒的是，欧盟对于违法处理员工个人信息行为的处罚较为严苛。以 H&M

的案例为例，2020年10月1日，德国汉堡数据保护局宣布，基于H&M集团过度收集员工信息、非法监控员工隐私的违法行为，决定对其处以约3530万欧元（约2.8亿元人民币）的罚款。建议公司充分重视员工个人信息的保护工作，秉持最少必要的收集原则，做好合规管控工作。

而如果中国境内企业的欧盟员工是欧盟总公司的派驻人员，则其初始个人信息均已由总公司收集完毕，派驻至分公司后工作产生的工作数据流向，一部分会留在分公司，另一部分可能会通过集团公司内部的数据进行跨境移转，企业还需要遵守GDPR项下关于数据跨境传输的一般要求。

2. 雇用美国加州籍员工

最新出台的美国加州消费者隐私法案赋予了消费者最全面的隐私保护，但这部法案目前仅针对消费者，尚未拓展到其他主体。但我们可以以此为基础，设想一下，若将双方主体拓展至员工和企业之间，则企业需要满足什么样的要求才能尽到对员工信息的合理保护义务。

首先应该确定的是适用的地域范围，根据该法案中的描述，其保护的是加利福尼亚人的权益，即无论人在何处，都受到此法案的保护。员工有权知晓收集个人信息的种类、已收集的信息是否被披露及出售，以及披露和出售的对象，有权拒绝出售个人信息、有权访问他们的个人信息。企业应当重点注意如下方面的内容。

1）信息收集。对于企业收集员工信息，按此法案的规定："收集消费者个人信息的企业应在收集时或收集前，通知消费者关于要收集的个人信息的类别以及个人信息的使用目的。"仅需要通知，而没有要求员工明示同意，这在现实场景中能否适用还有待商榷。

2）信息的删除。员工有权要求企业删除从员工处收集的信息，但存在例外，即企业有必要保护员工信息或不需要遵守员工关于数据删除请求时，可以留存数据。

3）信息披露。员工有权要求企业披露企业收集信息的种类、来源类别、共享第三方的类别、收集的具体个人信息等，法案仅要求企业如实向员工披露，而没有规定要事先征得同意。

4）选择退出权。员工有权在任何时候指示一个欲将员工个人信息出售给第三方的企业不得出售该员工的个人信息。未被员工允许的信息不得出售，企业应赋予员工清晰合理的途径行使该权利，对于已经选择不出售个人信息的员工，企业需尊重员工选择退出的决定，至少在其选择后的12个月内不得再要求员工授权出售其个人信息。

5）不得差别对待。对于行使上述权利的员工，企业不得进行差别对待。

无论是中国境内公司雇用加州公民，还是由美国总公司直接派驻，员工和企业均享有上述权利并均应承担上述义务。

3. 雇用其他国家的员工

企业应遵守中国的《网络安全法》《个人信息保护法》《劳动合同法》等相应法律法规的要求，同时对于已制定实施个人信息保护法的国家，要兼顾对该国法案的适用范围，进行相应的评估及确认。适用此场景的，还应当注意遵守该国的法律法规要求。

第三节 境外分支机构雇用员工的注意事项

1. 在欧盟境内设立关联公司

根据欧盟 GDPR 第 3 条的规定，在欧盟境内设立的公司，无论其员工是否为欧盟人员，也无论其处理行为是否发生在欧盟境内，都需要遵守 GDPR 的相应要求。因此，企业无论是雇用欧洲人还是中国人，都需要遵守 GDPR 以及当地国家的法律规定。

2. 在加州境内设立关联公司

CCPA 保护的是加利福尼亚州公民的基本权益，与企业设立的位置无关，因此中国公司在加州设立关联公司，只要雇用的是加州公民，都需要遵守 CCPA 的权利义务规定。另一种情况是，该关联公司雇用的是中国人，则仅限于公司与该雇员之间不需要遵守 CCPA 的规定，但须遵守当地劳动法的规定。

3. 在其他国家设立分支机构

企业需要事先评估当地针对员工个人信息保护，以及劳动法相关的法律法规是否存在企业无法遵守或需要耗费巨大成本才符合要求的场景。确实有上述场景的，建议采用其他方式达到战略目的，否则可能会面临巨额的罚款或承担较大的合规成本。建议企业在自身不具备相应条件的情况下，事先向外部律师或者当地顾问咨询并征求意见，据此评估是否应当设立分支机构以及设立后应当注意的风险点和建议措施。

小 结

白晓萌萌通过本章的学习，深刻认识到企业员工个人信息保护也是实现企业数据隐私合规治理的一个非常重要的领域,这一领域面临着大量丰富的场景。在落实个人信息保护的合规措施时,应当按照员工进入公司的正常流程,如人员招聘、面试、入职等来分析每个环节存在的风险点。对于某些特定行业和特殊场景,除了关注上述常规流程节点外,还应结合该等特定行业与特殊场景对员工个人信息处理的特点做针对性分析并开展合规治理。此外,企业涉及聘用境外员工,尤其是欧盟、美国加州等区域的员工或在这些区域设立分支机构、关联公司的,还应额外关注这些区域对个人信息保护的专项法律规定与监管要求,以确保不会触碰到法律与监管的"红线"。

高阶篇

见招拆招，小白化身数据合规专家应对高难场景

- 第十一章　更懂你的精准营销和个性化推荐
- 第十二章　数据要素效能发挥：数据共享与交易
- 第十三章　生物识别技术的发展：人脸识别的恐慌与合规
- 第十四章　出海业务中如何跨境传输数据才不碰雷
- 第十五章　企业上市中的数据合规：全面布局
- 第十六章　月薪10万元是个小目标：职业跨越式发展

白晓萌萌升职啦！从一名法务经理升级为数据合规专岗的法务总监啦，越来越多的业务同事和新手法务同事开始叫她"白老师"了。白老师感觉自己的责任和压力更大了，也更有了持续学习的动力和迫切感。

这不，随着公司业务的不断发展，白晓萌萌遇到了许多新的合规场景，更富有挑战性的高难问题也随之而来。

例如，为了提升老用户的黏性，公司在App产品中添加了个性化推送功能进行更精准的商业营销，法律规定通过自动化决策方式向用户进行信息推送时，应给予用户拒绝的权利，但是在实际的产品设计中应如何保证用户的这一权利呢？

为了提高商业产出能力、研发更具竞争力的新产品，公司打算与另外一家公司共享收集到的用户个人信息以开展研发活动，但因数据共享导致违反个人信息保护的判例和行政处罚通报等情况屡屡见报，应该如何帮助公司顺利且合规地完成这次企业间的数据合作呢？

业务同事希望在新开发的产品中加入人脸识别功能，可处理个人的生物识别信息是个高风险场景，应如何合法地收集使用用户人脸信息呢？

随着公司的稳步发展、事业蒸蒸日上——这里也离不开数据合规律师的保驾护航，领导告诉白晓萌萌公司计划开拓海外市场，而且要准备上市了。"出海""上市"这等大事肯定少不了数据合规律师的深度参与，那么白晓萌萌需要做哪些工作呢？

伴随着这些高难度挑战，白晓萌萌开始了新一轮的摸索与研究，并在这些丰富的业务场景的喂养下迅速成长，百炼成钢，成为富有一线场景经验的数据合规专家达人。

白晓萌萌以自身的不懈努力，从之前的新人小白成长为帮助公司成长的核心资源，全面提升公司的数据保护和利用能力，助力业务实现战略布局和长远发展。

第十一章 Chapter 11

更懂你的精准营销和个性化推荐

【场景】公司在日趋激烈的竞争环境下,希望进一步提升市场占有率,一方面增加新用户数量,另一方面提升老用户留存率,由此想到了利用已经收集的大量个人信息来"做文章"。业务部门希望通过第三方广告平台等,结合已收集的个人信息进行精准营销,吸引更多的新用户;同时,在产品中增加个性化推荐功能,提升老用户的使用黏性。然而,白晓萌萌在日常舆情监控中了解到用户诟病此类行为已久,过于精准的营销和个性化推荐使用户疑神疑鬼,甚至怀疑广告平台打开麦克风窃听用户的通话、查看用户的聊天记录,她深知应谨慎处理。于是白晓萌萌与业务部门沟通了技术实现原理、业务场景等,结合已学的数据合规知识,展开了评估与分析。

第一节 为什么广告是为我量身定做的:精准营销

白晓萌萌了解到精准营销的核心是追踪用户行为,形成用户画像,进而通过广告平台展示定向广告。本节将基于精准营销的业务流程,结合数据使用情况,分别从追踪用户行为、用户画像以及数据供应链3个方面分析精准营销的主要风险以及相应的合规建议。

1. 精准营销的定义

精准营销,即定向广告(targeted advertising)或者在线行为广告(Online Behavioural Advertising,OBA),是指通过追踪用户的在线行为,以基于用户兴趣等建立画像(profiling),

进而发送相应的定向广告。[一]

苹果在2021年4月发表了一份隐私保护文档《日常一天中你的数据》（*A Day in the Life of Your Data*）[二]，以一对父女（约翰与艾玛）的一天为例，通过生活化的场景描述了日常生活中，我们一天的行为数据如何被追踪，以及画像和精准化营销是怎么运作的。

如图11-1所示，约翰将和艾玛一起度过一天，早上用电脑查询天气、阅读新闻，并使用手机上的地图应用了解游乐场附近的交通情况。在前往过程中，手机上有4个应用程序后台收集和跟踪他们的地理位置。应用开发者会将这些数据分享或出售给第三方数据中介。

如图11-2所示，在路上，约翰让女儿艾玛在平板电脑上玩游戏，她看到了一个儿童滑板车的广告。该广告出现的原因是

图11-1　约翰计划陪女儿在游乐场玩一天（1）

广告主将约翰确定为目标人群（符合城市、收入水平、有同样年龄的孩子）。在游乐场，约翰和女儿一起自拍，并打开了美颜App，增加了兔子耳朵，该App可以访问设备上的所有照片以及元数据。约翰将照片上传到了社交App上，于是该App将当前在线活动与其广告识别符、电话号码以及其他所收集的个人信息联系在一起。在回家的路上，约翰买了冰激凌给艾玛，用信用卡支付，于是支付信息、商店位置、购买商品信息与其在线活动可以联系起来，丰富用户画像，这些数据会传递给第三方数据中介，与"约翰有个孩子"的画像标签联系在一起，向约翰的设备投放含糖食品的定向广告。

如图11-3所示，一天结束了，与约翰完全未发生交互的公司拥有了约翰和艾玛的个人信息，包括家的位置、去过的公园、浏览过的新闻、去过的商店、购物习惯等。这些个人信息都是通过大量的App及其他来源收集和追踪的。当晚上他们在智能电视上搜索儿童电影时，数据追踪、共享和定向广告的循环又将无情地开始。

[一] 精准营销一般在英国或美国采用"在线广告行为（OBA）"的概念，OBA在美国和英国的范围不同，在美国，OBA只包括跨站追踪行为以及广告，即仅指第三方OBA，而英国的定义范围包括网站或App针对其自己站内或产品内的OBA行为，即第一方OBA。在不同司法辖区内需要检索确认定义的不同范畴。

[二] Apple: A Day in the Life of Your Data, https://www.apple.com/privacy/docs/A_Day_in_the_Life_of_Your_Data.pdf。

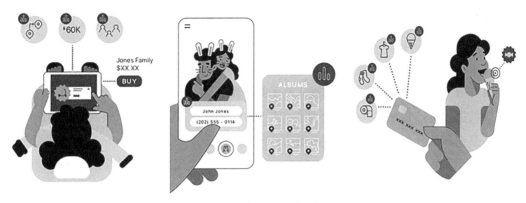

图 11-2　约翰计划陪女儿在游乐场玩一天（2）

图 11-3　约翰与艾玛观看电影持续被追踪

上述约翰和艾玛的一天充分体现了精准营销的核心问题：通过各种数据源（包括站内信息和跨站信息）收集用户的个人信息，追踪用户的行为；将用户行为归类，梳理成画像标签，形成针对该用户的用户画像；通过用户画像投放定向广告，个人信息可能在多个第三方之间流转，存在复杂的数据供应链。故本节将围绕这三个核心问题展开。

2. 用户行为追踪

（1）用户行为追踪的理解

按照苹果提供的应用程序追踪行为透明框架（App Tracking Transparency Framework），用户行为追踪是指将开发者自有收集的个人信息（包含设备数据）与其他公司的 App、网站、线下等途径收集的个人信息（包含设备数据）结合在一起，以实现定向广告或广告效果衡量的活动。例如：

- 根据从其他公司的 App 和网站收集的用户数据，在用户的应用程序中显示定向广告。
- 与数据中介共享设备位置数据或电子邮件列表。
- 与第三方广告网络共享电子邮件、广告 ID 或其他 ID 的列表，该网络使用这些信息在其他开发者的应用中重新定位这些用户或寻找类似的用户。
- 在用户的应用中放置第三方 SDK，SDK 将用户应用中的用户数据与其他开发者应用中的用户数据相结合，以投放定向广告或衡量广告效果。例如，使用分析 SDK，将其从用户的应用中收集的数据重新利用，以便在其他开发者的应用中实现定向广告。[○]

（2）识别符

之所以能实现跨设备、跨开发者等的用户行为追踪，是因为收集个人信息时采用统一的识别符（identifier），如网页服务普遍采用的第三方 Cookie，智能手机上的 App 普遍采用的设备识别符（如 MAC 地址、iOS 系统的 IDFA，Android 系统的 IMEI、GAID、OAID、Android ID）。于是各公司可以通过统一的识别符，将同一用户在不同产品、App、网站的个人信息汇聚起来，为下一步构建用户画像奠定基础。

- 网页、移动站采用的第三方 Cookie

第一方 Cookie 具有限制跨域的特征，比如网站 A 给同一个客户端颁发 Cookie（称为 Cookie A），网站 B 给同一个客户端颁发 Cookie（称为 Cookie B），但是网站 A 不能操作 Cookie B，反之亦然，则事实上阻止了跨站追踪的行为。第三方 Cookie 就是用以实现跨站追踪用户行为的功能，第三方 Cookie 是由网站所有者之外的第三方，如 Google Analytics 这样的广告营销公司提供的技术工具，帮助网站所有方获取用户与该网站的互动行为[○]，从而实现追踪以及精准营销的需求，如图 11-4 所示。所以第三方 Cookie 针对同一个客户端在不同网站分配的是同一个 ID。置于定向广告场景下，广告主的定向人群为爱好旅游的人群，用户访问旅游网站 A，该网站上存储了由广告平台 C 所存储的第三方 Cookie，用户在网站 A 的访问行为已经被传输到了广告平台 C，用户浏览新闻网站 B 时，网站 B 也存储了广告平台 C 的第三方 Cookie，此时广告平台 C 会基于用户之前访问旅游网站的行为将该用户判定为定向人群，于是在网站 B 的广告位上展示了旅游类广告。

○ 苹果开发者网站：*User Privacy and Data Use*, https://developer.apple.com/app-store/user-privacy-and-data-use/。
○ 环球律师事务所：《Cookie 合规指引（2021）》。

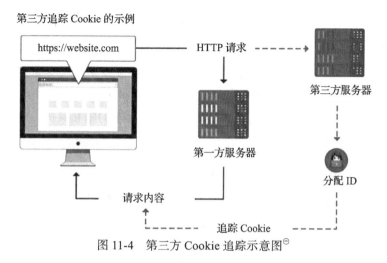

图 11-4　第三方 Cookie 追踪示意图[⊖]

因第三方 Cookie 具备跨站追踪用户的能力，可能会对用户产生较大的个人信息安全风险，故各个浏览器都以不同程度采取措施限制第三方 Cookie 机制。比如 Firefox 发布了新功能"Total Cookie Protection"，通过将第三方 Cookie 保存在"Cookie 罐"中，防止跨站追踪[⊖]。谷歌 Chrome 浏览器自 2019 年开始推出隐私沙盒，采用了联邦学习技术，将个体数据通过技术手段隐匿在有数千人的具有同样兴趣的群体中，保护个体的个人信息，同时也使定向广告商业模式持续进行。

❑ 移动智能终端设备采用的设备唯一识别符

设备唯一识别符，如 MAC 地址、IMEI（International Mobile Station Equipment Identity）、SN、IDFA（Apple's Identifier for Advertising）、OAID（Open Anonymous Device Identifier）、GAID（Google's Advertising Identifier）等，即同一个移动智能终端设备所具备的唯一识别码。由于其唯一性，所以开发者通常会将设备唯一识别符作为识别用户的标识符，用于统计用户使用习惯、优化产品功能；追踪和分析用户在线行为和活动轨迹，形成用户画像；以及用于安全风控，避免"薅羊毛""黑灰产"等行为，保障用户账号安全等。部分设备唯一识别符，如 IMEI、SN，还具备永久性，第三方 Cookie 是可以通过浏览器设置或者清除浏览器缓存等方式删除的，而此类设备唯一识别符即使恢复出厂设置，也不会发生变化，在同一个移动智能设备生命周期内具备永久的唯一性。可见，永久不变的

⊖ Australian Competition & Consumer Commission: *Digital Advertising Services Inquiry*.
⊖ Wendy Davis, *Firefox Unveils New Tool To Prevent Cookie-Based Tracking*, https://www.mediapost.com/publications/article/360835/firefox-unveils-new-tool-to-prevent-cookie-based-t.html.

设备唯一识别符对数据主体的侵入性和伤害性较大，易于被滥用，因此在国内已经开始规制，如《信息安全技术 移动互联网应用（App）收集个人信息基本规范（2020年1月征求意见稿）》第4条第h项规定App运营者不应收集不可变更的设备唯一标识符（如IMEI、MAC地址等），用于保障网络安全或运营安全的除外。

同时，移动智能终端操作系统也在持续推动移动生态的隐私保护，对设备唯一识别符采取了特殊措施，具体如表11-1所示。

表11-1 Android系统和iOS系统对设备唯一识别符采取的措施

操作系统	永久性设备唯一识别符	广告识别符 （具备设备全局唯一值特性，但允许用户重置以及关闭）
Android系统	自Android 10起，除非该应用是设备或个人资料所有者，或具备特殊权限许可，否则应用无法获取IMEI	广告识别符GAID[一]默认开启，用户可在系统中设置关闭（opt-out），但谷歌在Android开发者站公示如下使用规则： a. 仅能用于广告和用户分析 b. 尊重用户的重置和关闭的设置。虽然Android系统不会禁止读取GAID，但是要求开发者每次读取GAID前，验证用户对GAID的选择设置，用户选择关闭的，不能再基于GAID建立画像并进行定向广告投放 c. 不得与永久性设备唯一识别符相关联，除非经过用户同意 d. 在隐私政策或隐私声明中向用户告知GAID收集和使用行为
iOS系统	自iOS 6起，应用无法获取MAC地址	自iOS 14起，App需要接入应用追踪透明框架：IDFA默认不可获取，经过用户同意才可读取（opt-in） 在请求用户同意追踪的弹窗提示中，要求说明追踪的目的

综上所述，识别符对于关联用户跨站、跨App的行为以及构建画像具有重要性，反过来看，对用户的侵害和风险也会更大，因此广告业务选择识别符时，应当遵守相关法律规定以及操作系统或浏览器等的设置或规则，按照目的限制原则、最小必要原则等采用可重置、可关闭的识别符，且不绕开设置与其他永久性识别符进行关联。

（3）基于识别符收集的其他个人信息

确定识别用户的识别符后，还需要根据精准营销的需求收集数据主体的其他个人信息，如浏览行为、常去地点、搜索查询记录、订单信息、支付信息等。如图11-5所示，微软基于识别符收集了数据主体的兴趣和爱好、位置、交易、使用微软产品的方式、搜索查询和查看的内容。比如数据主体在MSN上查看了有关汽车的内容，则可能会展示有关汽车的广告。同时微软也声明了不会使用电子邮件、聊天、视频通话或语音邮件中所说的内容或文件、照片或其他个人文件来针对数据主体投放广告。

[一] 国内操作系统没有GAID，可采用OAID，具体规则应根据不同手机厂商的设置来确认。

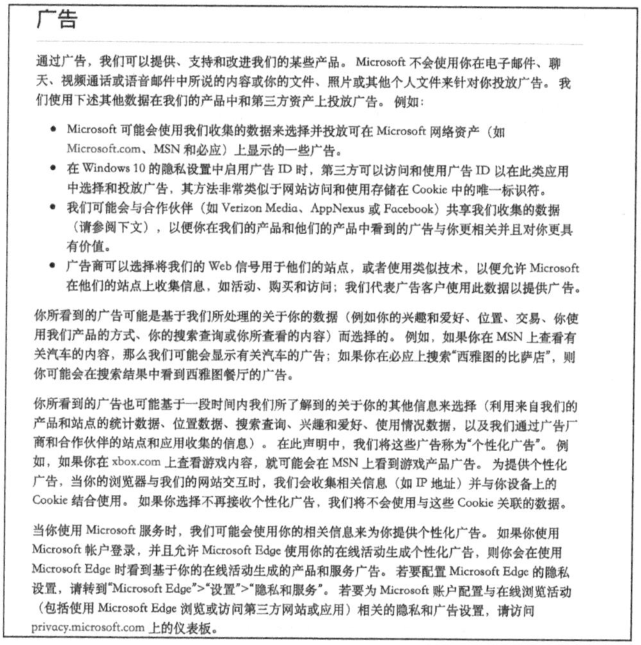

广告

通过广告，我们可以提供、支持和改进我们的某些产品。Microsoft 不会使用你在电子邮件、聊天、视频通话或语音邮件中所说的内容或你的文件、照片或其他个人文件来针对你投放广告。我们使用下述其他数据在我们的产品中和第三方资产上投放广告。例如：

- Microsoft 可能会使用我们收集的数据来选择并投放可在 Microsoft 网络资产（如 Microsoft.com、MSN 和必应）上显示的一些广告。
- 在 Windows 10 的隐私设置中启用广告 ID 时，第三方可以访问和使用广告 ID 以在此类应用中选择和投放广告，其方法非常类似于网站访问和使用存储在 Cookie 中的唯一标识符。
- 我们可能会与合作伙伴（如 Verizon Media、AppNexus 或 Facebook）共享我们收集的数据（请参阅下文），以便你在我们的产品和他们的产品中看到的广告与你更相关并且对你更具有价值。
- 广告商可以选择将我们的 Web 信号用于他们的站点，或者使用类似技术，以便允许 Microsoft 在他们的站点上收集信息，如活动、购买和访问；我们代表广告客户使用此数据以提供广告。

你所看到的广告可能是基于我们所处理的关于你的数据（例如你的兴趣和爱好、位置、交易、你使用我们产品的方式、你的搜索查询或你所查看的内容）而选择的。例如，如果你在 MSN 上查看有关汽车的内容，那么我们可能会显示有关汽车的广告；如果你在必应上搜索"西雅图的比萨店"，则你可能会在搜索结果中看到西雅图餐厅的广告。

你所看到的广告也可能基于一段时间内我们所了解到的关于你的其他信息来选择（利用来自我们的产品和站点的统计数据、位置数据、搜索查询、兴趣和爱好、使用情况数据，以及我们通过广告厂商和合作伙伴的站点和应用收集的信息）。在此声明中，我们将这些广告称为"个性化广告"。例如，如果你在 xbox.com 上查看游戏内容，就可能会在 MSN 上看到游戏产品广告。为提供个性化广告，当你的浏览器与我们的网站交互时，我们会收集相关信息（如 IP 地址）并与你设备上的 Cookie 结合使用。如果你选择不再接收个性化广告，我们将不会使用与这些 Cookie 关联的数据。

当你使用 Microsoft 服务时，我们可能会使用你的相关信息来为你提供个性化广告。如果你使用 Microsoft 帐户登录，并且允许 Microsoft Edge 使用你的在线活动生成个性化广告，则你会在使用 Microsoft Edge 时看到基于你的在线活动生成的产品和服务广告。若要配置 Microsoft Edge 的隐私设置，请转到"Microsoft Edge">"设置">"隐私和服务"。若要为 Microsoft 账户配置与在线浏览活动（包括使用 Microsoft Edge 浏览或访问第三方网站或应用）相关的隐私和广告设置，请访问 privacy.microsoft.com 上的仪表板。

图 11-5　微软隐私声明中的广告部分

基于识别符收集的其他个人信息，需要注意是否会涉及儿童的个人信息或敏感个人信息，涉及该司法辖区法律规定的特殊类型个人信息或敏感个人信息的，应当评估：在精准营销中使用特殊类型个人信息或敏感个人信息是否符合基于目的的最小必要原则，以及是否符合明示同意等数据处理的合法性基础。

3. 用户画像以及自动化决策

（1）用户画像和自动化决策的含义

根据《信息安全技术　个人信息安全规范》，用户画像（profiling）是指通过收集、汇聚、分析个人信息，对某特定自然人的个人特征，如职业、经济、健康、教育、个人喜好、信用、行为等方面做出分析或预测，形成其个人特征模型的过程。而涉及使用用户画像自动化运用到信息推送、商业营销等，会统一使用“自动化决策”。需要注意《个人信息保护法》中的自动化决策与《信息安全技术　个人信息安全规范》中的“自动化决策”不同，前者中的自动化决策是指通过计算机程序自动分析、评估个人的行为习惯、兴趣爱好或者经济、健康、信用状况等，并进行决策的活动[㊀]，相比后者，前者在定义中

㊀《个人信息保护法》第 73 条第（2）项。

删除了"对数据主体造成显著影响的（例如，自动决定个人征信及贷款额度，或用于面试人员的自动化筛选等）"，更接近于用户画像运用于个性化推荐或精准营销。所以，本书中涉及仅形成用户画像标签的行为，统一使用"用户画像"。

如图 11-6 所示，谷歌个性化广告展示的用户画像标签包括年龄、性别、兴趣等。

图 11-6　谷歌个性化广告展示的用户画像标签

如图 11-7 所示[一]，为了便于读者理解，画像标签的维度较多，常见的如性别、年龄等自然属性标签，如收藏行为等行为标签，以及进一步分析预测的兴趣标签。每个企业也可能使用其他的维度，如流失用户预测标签等。

（2）用户画像及自动化决策的透明性要求

用户画像的形成通常包括 3 个步骤：1）数据收集（即上一点论述的用户行为追踪）；2）用于识别原始数据与画像标签之间关联关系的分析；3）将关联关系应用到个体当下或未来行为的标签特征。上述步骤相对来说较为复杂，对于普通用户来说理解的难度比较大，需要符合透明性的相关要求。《个人信息保护法》中规定"个人信息处理者利用个人信息进行自动化决策应当保证决策的透明度"[二]。《网络安全标准实践指南　移动互联网应用程序（App）收集使用个人信息自评估指南》[三]中规定"如果将个人信息用于用户画

[一] 网易张长江：《24 页 PPT 详解网易大数据用户画像实践》，2020 年 9 月 21 日载于微信公众号" AI 启蒙者"，见 https://mp.weixin.qq.com/s/Yp-zrilacKs4kYWrH6b2Mw。

[二] 《个人信息保护法》第 24 条第 1 款。

[三] 《网络安全标准实践指南　移动互联网应用程序（App）收集使用个人信息自评估指南》，全国信息安全标准化技术委员会，2020 年 7 月 22 日发布。

像、个性化展示等，说明其应用场景和可能对用户权益产生的影响"。例如，《信息安全技术　个人信息告知同意指南（2020 年 1 月征求意见稿）》中规定"一般的告知内容应当包含收集、使用个人信息的目的，以及目的所涵盖的各个业务功能，例如将个人信息用于推送商业广告，将个人信息用于形成直接用户画像及其用途等。针对用户画像、广告目的应与其他目的区分进行告知"。即除了在一般性的个人信息收集告知所用于的目的（用于形成直接用户画像以及个性化商业广告）、收集的个人信息类型等以外，还要求说明应用场景以及对用户可能产生的影响。部分互联网公司会通过单独页面介绍画像和精准营销的机制等，如图 11-8 所示。

用户标签

某平台大数据融合用户娱乐、电商购物、教育、新闻资讯、通讯等多行业 10+ 产品线，构建起全域用户画像数据，目前总标签数 1000+，ID 量 URS、PHONE、IDFA、IMEI、OAID 等均达到亿级

图 11-7　某平台画像标签类型

图 11-8　某互联网公司关于广告工作原理的说明

（3）用户画像的目的限制以及汇聚使用要求

如上述论述，收集的个人信息用于形成用户画像的目的应当告知数据主体，并经过数据主体同意。而部分个人信息基于其他目的收集后发生目的变更，与其他个人信息汇聚，生成用户画像的，应当遵守目的限制与汇聚使用的合规要求。

1）将所收集的个人信息进行加工分析成为画像标签，该画像标签与识别符或其他信息结合，可以识别特定自然人的活动轨迹、兴趣偏好等，属于可以识别特定自然人的身份或反映自然人活动情况，应当认定为个人信息，同时应当遵守收集个人信息时获得授权同意的范围。特别需要注意的是，如果加工处理产生的个人信息属于敏感个人信息，则按照敏感个人信息的合规要求处置。

【案例】一项研究将 Facebook 的点赞（like）功能与有限的调查信息结合起来后，发现研究人员在 88% 准确率的情况下预测了男性用户的性取向；在 95% 准确率的情况下预测了用户的种族来源；在 82% 准确率的情况下预测了用户的宗教信仰。[1]

2）如果用于加工处理成为画像标签的个人信息超出了收集个人信息时所声称的目的具有直接或合理关联的范围，则应当再次征得数据主体的同意。是否属于合理关联范围，可以考量如下因素：

① 数据收集目的和后续处理的目的之间的关系。
② 数据收集的场景与数据主体对后续处理的合理预期。
③ 个人信息的类型以及后续处理对数据主体可能造成的影响。
④ 数据控制者为防止对数据主体的负面影响而采取的保护措施。

【案例】一些手机应用软件提供位置服务让用户找到附近有折扣的餐厅。然而，被收集的数据还用于以市场营销为目的的为数据主体建立用户画像——以识别他们的食物偏好或一般生活方式。数据主体预期了他们的数据将被用于查找餐厅，但不包括只因为应用软件识别出他们到家的时间较晚就会收到披萨外卖的广告。这种对位置数据的进一步使用可能与该数据被收集的最初目的不一致，并可能因此要求获得有关个人的同意。[2]

3）如果将不同目的所收集的个人信息汇聚融合，用以形成用户画像，则应当除了遵守目的限制要求外，还要根据汇聚融合后用于用户画像的目的，开展个人信息安全影响评估，采取有效的个人信息保护措施。

---

[1] ARTICLE 29 DATA PROTECTION WORKING PARTY: Guidelines on Automated individual decision-making and Profiling for the purpose of Regulation 2016/679.
[2]《个人信息保护法》第 73 条第 2 项。

（4）用户画像使用的限制

按照《信息安全技术 个人信息安全规范》的规定，对个人信息控制者的要求包括如下内容。

1）用户画像中对个人信息主体的特征描述，不应：
- 包含淫秽、色情、赌博、迷信、恐怖、暴力的内容。
- 表达对民族、种族、宗教、残疾、疾病歧视的内容。

2）在业务运营或对外业务合作中使用用户画像的，不应：
- 侵害公民、法人和其他组织的合法权益。
- 危害国家安全、荣誉和利益，煽动颠覆国家政权、推翻社会主义制度，煽动分裂国家，破坏国家统一，宣扬恐怖主义、极端主义，宣扬民族仇恨、民族歧视，传播暴力、淫秽色情信息，编造、传播虚假信息，扰乱经济秩序和社会秩序。

3）除了为达到个人信息主体授权同意的使用目的所必需外，使用个人信息时应消除明确身份指向性的信息，避免精确定位到特定个人。例如，为准确评价个人信用状况，可使用直接用户画像⊖，而用于推送商业广告目的时，宜使用间接用户画像⊜。

（5）自动化决策的公平、公正以及用户权利实现

将用户画像运用于自动化决策，应当保证结果公平、公正，不得对个人在交易价格等交易条件上实行不合理的差别待遇。在精准化营销中避免利用算法手段对用户的价格敏感度等进行价格歧视或出现其他不公平的现象。在本章第三节将具体阐述算法的含义、运用和风险，算法因其局限性，在实际运用中可能会对用户的权益造成影响，因此法律赋予了用户可以选择不针对其个人特征的选项或者拒绝的方式，如图11-9所示。尤其是对个人权益有重大影响的决定，个人有权要求数据控制者予以说明，并有权拒绝仅通过自动化决策的方式做出决定。

（6）自动化决策应当进行个人信息保护影响评估

根据《个人信息保护法》的规定，对于利用个人信息进行自动化决策的，需要进行个人信息保护影响评估，并对处理情况进行记录。⊜个人信息保护影响评估应当包括下列内容：个人信息的处理目的、处理方式等是否合法、正当、必要；对个人权益的影响及

⊖ 《信息安全技术 个人信息安全规范》定义3.8：直接使用特定自然人的个人信息，形成该自然人的特征模型，称为直接用户画像。
⊜ 《信息安全技术 个人信息安全规范》定义3.8：使用来源于特定自然人以外的个人信息，如其所在群体的数据，形成该自然人的特征模型，称为间接用户画像。
⊜ 《个人信息保护法》第55条。

安全风险；所采取的保护措施是否合法、有效并与风险程度相适应。个人信息保护影响评估报告和处理情况记录应至少保存3年。○

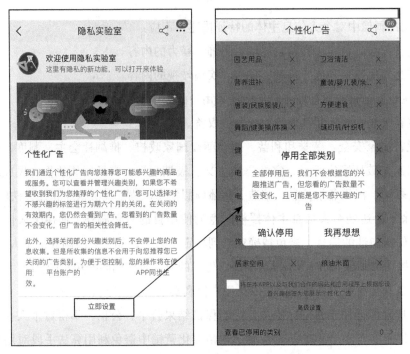

图 11-9　某平台个性化广告的退出机制

4. 数据供应链

根据广告投放的参与方来区分，如图 11-10 所示，广告可以分为以下几类。

1）广告主直接向广告发布者（即广告展示的网站或 App 等）投放广告，其中可能包含数据管理平台（Data Management Platform，DMP）○，一般由广告主或广告发布者提供，另外还可能包括广告归因服务商（即统计广告投放效果的广告服务商），个人信息在几个有限的参与方内传输。

2）程序化广告，是指通过程序化方式购买广告，通过广告需求方平台、媒介方平台以及广告信息交换平台等提供的信息整合、数据分析等服务进行有针对性的发布○，个人

○ 《个人信息保护法》第 56 条。
○ 数据管理平台：是指提供给广告主、广告发布者、广告需求方平台、媒介方平台等数据管理工具，以实现存储、管理、分析数据的功能，具体包括定向人群圈选、广告投放效果分析等功能。
○ 《互联网广告管理暂行办法》第 13 条。

信息将在众多的参与方之间传输，构成复杂的数据供应链，同时带来较高的个人信息安全风险。除了数据管理平台和广告归因服务商外，拍卖方式不同，参与方数量也不同（见图 11-10），程序化广告又可分为以下几类。

- 公开竞价（一般都是实时竞价，也称实时竞价广告）：参与方包括众多的广告主、广告发布者以及多个需求方平台（Demand-Side Platform，DSP）[一]和媒介方平台（Supply-Side Platform，SSP）[二]。
- 私有化竞价购买（即在有限固定的广告主和媒介方之间进行公开竞价）：参与方包括有限的广告主和广告发布者，以及少于公开竞价的需求方平台和媒介方平台。
- 私有程序化购买（即将固定广告位提供给固定广告主，由广告主通过程序化方式购买）：参与方包括固定的广告主和广告发布者，以及需求方平台和媒介方平台（后二者不参与竞价，但协助广告展示）。

程序化和非程序化广告交易的渠道

	程序化交易			非程序化交易
	公开竞价	私人市场	程序化保障	直接交易
描述	通过对所有广告商开放的实时竞价进行广告交易	仅向选定的广告商提供的邀请竞价	广告发布者和广告商之间直接协商的交易和程序化交付的交易	广告发布者和广告商之间直接谈判达成的交易
参与广告发布者的数量	（多个）	（两个）	（一个）	（一个）
参与广告商的数量	（多个）	（两个）	（一个）	（一个）
涉及的广告技术	需要多个 SSP 和 DSP 在公开竞价中运行和投标	涉及多个 SSP 和 DSP（但比公开竞价少）	SSP 和 DSP 不参与拍卖或竞价过程，但可能参与最终的交付	SSP 和 DSP 不参与

图 11-10　广告按照参与方数量分类[三]

[一] 根据《互联网广告暂行管理办法》第 14 条的规定，广告需求方平台是指整合广告主需求，为广告主提供发布服务的广告主服务平台。广告需求方平台的经营者是互联网广告发布者、广告经营者。

[二] 根据《互联网广告暂行管理办法》第 14 条的规定，媒介方平台是指整合媒介方资源，为媒介所有者或者管理者提供程序化的广告分配和筛选的媒介服务平台。

[三] Australian Competition & Consumer Commission: *Digital Advertising Services Inquiry-Interim Report*, 28 January 2021.

（1）程序化广告的运作机制

以参与方最多的实时竞价程序化广告为例，说明程序化广告的运作机制和数据流，具体如图 11-11 所示。

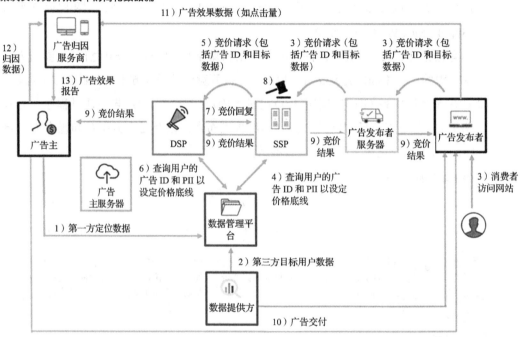

图 11-11　实时竞价程序化广告简化数据流图

1）在公开竞价之前，广告主可能将其第一方数据（用户追踪行为的原始数据）发送到数据管理平台，形成用户画像，以实现定向广告。

2）第三方数据提供方可能也会贡献第三方数据到广告主或广告发布者的数据管理平台，完善用户画像，帮助需求方和供应方的定向广告。

3）当一个用户 A 访问广告发布者的网站或 App 时，竞价请求从广告发布者的网站或 App 发送到媒介方平台。

4）媒介方平台通过其数据管理平台，根据用户 A 的识别符进行匹配，提取用户 A 的画像标签，从而设定竞价价格。

5）媒介方平台设定底价，发送竞价请求给需求方平台，竞价展示广告。

6）需求方平台通过其数据管理平台，查询用户 A 的识别符以及其他个人信息，以决定是否回应竞价和竞价价格。

7）需求方平台发送其竞价请求的回应（含竞价价格）到媒介方平台，开始实时竞价。

8）媒介方平台进行实时竞价。

9）媒介方平台将竞价结果返回给需求方平台，需求方平台将结果传递给广告发布者服务器以及广告主。

10）赢得竞价的广告主发送广告物料到广告发布者。

11）广告发布者将广告投放效果数据（如用户浏览广告时长、广告曝光时长、用户的广告点击行为）发送给广告归因服务商。

12）广告主将其网站或 App 内的用户行为数据等（如用户是否基于广告跳转而购买）发送给广告归因服务商。

13）广告归因服务商将数据进行整合，然后将广告效果报告发送给广告主。

（2）程序化广告与个人信息

如上所述，在程序化广告过程中，包括第一方数据收集、数据管理平台形成画像、竞价请求以及广告浏览点击行为等均包含个人信息，在多个主体间发生传输。下面具体阐释其中两个环节的个人信息。

1）数据管理平台提供的人群圈选等功能。

数据管理平台通常提供和制作画像标签，通过用户行为追踪形成用户画像已经在上文论述。在此基础上，数据管理平台可提供圈选人群的功能，选择精准营销的目标人群，进而投放定向广告。如图 11-12 所示，可以选择画像标签属于高活跃度、近 30 天购买次数大于 3、性别为女的人群。画像标签也属于个人信息，同时，针对特定特征选择的人群，其个人信息泄露后更容易遭受诈骗等损失，所以需要关注数据管理平台的个人信息保护责任。

2）竞价请求中包含的个人信息。

每个竞价请求中的信息可能不一样，但是大部分都包含如下内容：

☐ 竞价请求的唯一标识。

☐ 用户的 IP 地址。

☐ Cookie ID（限于网页）。

☐ 用户 ID。

☐ 标识用户浏览器和设备类型的用户代理字符串。

☐ 用户的位置。

182 ❖ 高阶篇　见招拆招，小白化身数据合规专家应对高难场景

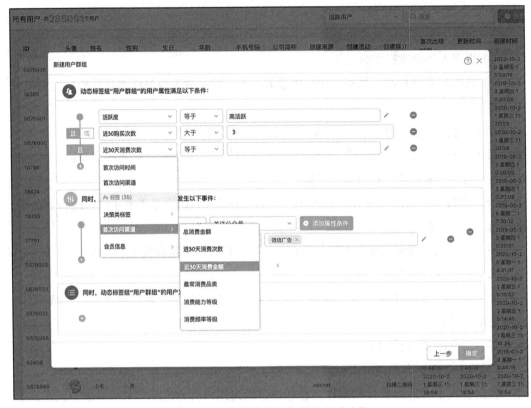

图 11-12　数据管理平台圈选人群功能

- 用户的时区。
- 用户系统的语言。
- 设备类型。
- 与用户有关的其他信息（可能有所不同）。
- 以及与用户的受众群体相关的信息。⊖

上述数据包含了识别用户的用户 ID、Cookie ID、设备相关信息、位置信息以及画像标签，属于可识别自然人的身份。

竞价请求将发送给所有媒介方平台，媒介方平台再发给所有需求方平台，进而发给

⊖ 洪延青等：英国 ICO《广告技术和实时竞价的更新报告》中译文（DPO 社群出品），2019 年 7 月 15 日载于微信公众号"网安寻路人"，见 https://mp.weixin.qq.com/s?__biz=MzIxODM0NDU4MQ==&mid=2247486624&idx=1&sn=c68d926f536cfbb68b1c54981910be17&chksm=97eab14aa09d385c38f3b063249512791b4526165384fcc34e88f292f24b0f200a20d035c3dd&mpshare=1&scene=1&srcid=0716OwkOripTDmUOYKy56Lz1%23rd。

所有广告主，最终竞价请求中的个人信息以"广播"的方式传输给了大量与用户并不发生交互的平台，因此，应明确告知数据主体所有的数据接收方、与接收数据方签订数据保护协议并监督其履行数据保护义务等，同时应注意数据接收方如何告知数据主体间接收集的个人信息以及竞价请求中的个人信息是否有保留的必要性等。以上几方面均需要在合规评估和处置中注意。

（3）数据供应链各方是数据控制者还是数据处理者？

如本书前面所述，数据控制者和数据处理者在个人信息保护中的义务和责任是不同的，数据控制者对数据处理活动承担完全责任，数据处理者仅在违反法定义务或者实施超出数据控制者指示的处理行为时，才承担责任。因此，在数据合规前，首先需要区分数据供应链中的各方是数据控制者还是处理者，然后根据各自的义务进行合规排查与处置。

数据控制者与数据处理者的主要区别在于谁决定了数据处理活动的目的、处理方式及个人信息类型。在精准化营销实践操作中，各个参与方（广告主、广告发布者、媒介方平台、需求方平台、数据管理平台、广告归因服务商）可能因客户需求、公司定位、提供服务类型等有所不同，是属于数据控制者还是数据处理者不能一概而论，需要根据数据处理的目的、处理方式和个人信息类型仔细判断。如下是仅在给定场景下的法律地位分析，作为读者的辅佐思考。

【案例1】广告主将其自有网站和App内收集的用户行为（包括用户的浏览行为、加购行为），通过数据管理平台形成画像标签，圈选出符合其再营销的需求人群的识别符（在7日内有加购行为且每天活跃的用户），发送给广告发布者投放定向广告。广告发布者将广告投放效果数据发送给广告归因服务商，广告归因服务商进行效果评估，发送投放转化效果给广告主。在此场景下，广告主为控制者，单独决定营销的目的和收集、使用个人信息的类型。数据管理平台和广告归因服务商均为数据控制者。

【案例2】数据管理平台A公司使用第三方Cookie，在不同网站收集用户行为，构建用户画像，同时提供需求方平台的服务，不同的广告主可以在A公司的平台上使用该份用户画像，在平台上圈选目标人群，直接进行投放，广告主无法获得任何的个人信息，只能获得A公司提供的汇总报告，包括曝光量和点击量，不涉及任何个体的信息。在此场景下，A公司自行决定了收集何种个人信息、如何形成用户画像，以及精准营销的目的，A公司更倾向于数据控制者。

在精准营销的整个数据活动中，数据控制者应当履行如下义务。

1）向用户履行告知义务（包括形成画像和精准营销）并经过用户同意（或者确保合

作方采取相应措施征得用户同意,比如通过广告发布者获得用户的同意)。当涉及敏感个人信息时,应当经过数据主体的单独同意。

2)保障用户权利的实现,包括提供不针对其个人特征的选项或者向个人提供便捷的拒绝方式,以及若通过自动化决策方式做出对个人权益有重大影响的决定时,个人有权要求个人信息处理者予以说明,并有权拒绝个人信息处理者仅通过自动化决策的方式做出决定。

3)涉及汇聚处理个人信息的,遵守目的限制要求,同时针对形成用户画像的,遵守用户画像的限制性要求。

4)对于形成用户画像进行自动化决策的,应当保证决策的透明度和结果公平、公正,不得对个人在交易价格等交易条件上实行不合理的差别待遇,且进行个人信息保护影响评估。

5)对委托数据处理者的行为进行个人信息保护影响评估,以签订合同或者其他方式监督数据处理者的处理行为,并准确记录委托处理行为等。

数据处理者应当严格按照数据控制者的要求处理个人信息,转委托发生时,应当征得数据控制者的同意,协助响应用户行使权利和处理安全事件,以及在委托处理结束后,删除或返还相关的个人信息。

第二节 为什么互联网产品总能"猜你喜欢":个性化推荐

个性化推荐和精准营销具有异曲同工之妙,精准营销是为了吸引用户的注意力,争取转化为销售,个性化推荐也是为了在信息过载的时代,让用户找到自己感兴趣的内容或服务,争取更多注意力。所以,个性化推荐和精准营销在实现原理上具有相通性,均是基于用户画像,同时通过算法进行投放或推荐。从合规的视角而言,个性化推荐与精准营销相比有所不同,比如前者的数据供应链相对简单,更多使用的是其第一方收集的个人信息。本节将在第一节的基础上,分析个性化推荐的特殊合规要求。

1. 个性化推荐的应用和实现原理

个性化推荐的核心在于联系用户和信息(包括商品、内容、服务等),对于用户而言,帮助用户找到感兴趣的信息;对于企业而言,帮助企业将信息推送到可能感兴趣的用户面前,增加用户黏性,提升营收。据数据分析,Netflix 上三分之二被观看的电影来自个性化推荐,Google 新闻上 38% 的点击来自个性化推荐。个性化推荐被广泛运用于各个互联网业务场景，包括音乐推荐、信息流推荐、商品推荐、外卖店铺推荐等。如图 11-13 所示，某音乐平台根据用户的过往听歌记录，提供了每日推荐、私人 FM、推荐歌单、私人定制等功能。

个性化推荐的实现原理简单来说，是通过用户画像来设定人群特征，再加上算法模型，决策选出相应的该用户感兴趣的信息。以图 11-14 为例，根据该用户的画像标签：90 后、喜欢伤感歌曲和喜欢周杰伦，选出其感兴趣的歌曲，结合点击率预估模型（即预测提供给用户的歌曲用户会不会点击），就形成了每日推荐等推荐栏目。算法模型的类型比较多，包括基于相似的人、基于相似的信息等。总而言之，个性化推荐是用户画像和算法模型相结合，以个性化展示为结果。

2. 个性化推荐的合规指引

个性化推荐中的用户画像以及形成用户画像的行为追踪，可参考本章第一节的内容。本节的合规指引侧重于个性化展示部分。个性化推荐在我国相关立法以及国家标准中的描述不一致，例如《关于开展 App 违法违规收集使用个人信息专项治理的公告》中的定向推送、《信息安全技术　个人信息安全规范》中的个性化展示以及《个人信息保护法》中的自动化决策。

图 11-13　某音乐平台的个性化推荐

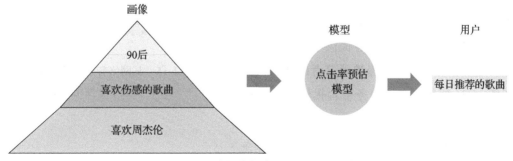

图 11-14　个性化推荐音乐的原理示意

（1）透明度

除了用户行为追踪、用户画像需要满足透明性要求外，个性化展示也需要满足。按照《信息安全技术 个人信息告知同意指南（2020年1月征求意见稿）》附录E中个性化推荐场景下的告知同意，应当告知用户如下信息：

1）个性化推荐功能是否会对个人信息主体的权益或自主决策造成影响。

2）个性化推荐功能的原理或实现方式。

3）个性化推荐功能的提供方。

4）告知管理个性化推荐功能的方式。

5）如提供采用非个性化推荐的同类功能，则可以告知进入或开启该功能的方式。

以图11-15为例，在隐私政策中说明了使用了什么类型的个人信息，展示了为推荐算法建模、进行用户行为分析及用户画像，提取数据主体的浏览记录、搜索偏好、行为习惯等相关特征，同时告知管理个性化推荐、非个性化推荐的方式。

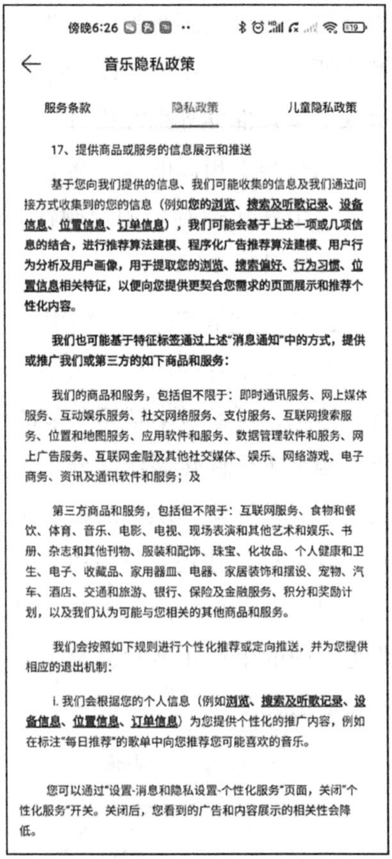
傍晚6:26

音乐隐私政策

服务条款 隐私政策 儿童隐私政策

17、提供商品或服务的信息展示和推送

基于您向我们提供的信息、我们可能收集的信息及我们通过间接方式收集到的您的信息（例如**您的浏览、搜索及听歌记录、设备信息、位置信息、订单信息），我们可能会基于上述一项或几项信息的结合，进行推荐算法建模、程序化广告推荐算法建模、用户行为分析及用户画像，用于提取您的浏览、搜索偏好、行为习惯、位置信息相关特征，以便向您提供更契合您需求的页面展示和推荐个性化内容。**

我们也可能基于特征标签通过上述"消息通知"中的方式，提供或推广我们或第三方的如下商品和服务：

我们的商品和服务，包括但不限于：即时通讯服务、网上媒体服务、互动娱乐服务、社交网络服务、支付服务、互联网搜索服务、位置和地图服务、应用软件和服务、数据管理软件和服务、网上广告服务、互联网金融及其他社交媒体、娱乐、网络游戏、电子商务、资讯及通讯软件和服务；及

第三方商品和服务，包括但不限于：互联网服务、食物和餐饮、体育、音乐、电影、电视、现场表演和其他艺术和娱乐、书册、杂志和其他刊物、服装和配饰、珠宝、化妆品、个人健康和卫生、电子、收藏品、家用器皿、电器、家居装饰和摆设、宠物、汽车、酒店、交通和旅游、银行、保险及金融服务、积分和奖励计划，以及我们认为可能与您相关的其他商品和服务。

我们会按照如下规则进行个性化推荐或定向推送，并为您提供相应的退出机制：

i. 我们会根据您的个人信息（例如浏览、搜索及听歌记录、设备信息、位置信息、订单信息）为您提供个性化的推广内容，例如在标注"每日推荐"的歌单中向您推荐您可能喜欢的音乐。

您可以通过"设置-消息和隐私设置-个性化服务"页面，关闭"个性化服务"开关。关闭后，您看到的广告和内容展示的相关性会降低。

图11-15 某网络音乐产品的隐私政策中关于个性化展示的描述

（2）显著区分个性化展示和非个性化展示

应当显著区分个性化展示的内容和非个性化展示的内容，显著区分的方式包括但不限于：标明"定推"等字样，或通过不同的栏目、版块、页面分别展示等[一]。

（3）退出机制

针对电子商务服务，根据消费者的兴趣爱好、消费习惯等特征向其提供商品或者服务的搜索结果的，应当同时向该消费者提供不针对其个人特征的选项，尊重和平等保护消费者的合法权益[二]。如图11-16所示，电子商务平台提供了个性化内

[一] 《信息安全技术 个人信息安全规范》第7.5 a）条。

[二] 《电子商务法》第18条。

容推荐的开关,以及搜索时可选择通用排序。

图 11-16　某电子商务平台提供的个性化内容推荐开关

针对新闻信息推送服务,在向个人信息主体推送新闻信息服务的过程中使用个性化展示的,应:

1)为个人信息主体提供简单直观的退出或关闭个性化展示模式的选项。

2)当个人信息主体选择退出或关闭个性化展示模式时,向个人信息主体提供删除或匿名化定向推送活动所基于的个人信息的选项。㊀

需要注意的是,虽然《信息安全技术　个人信息安全规范》仅对电子商务服务和新闻信息推送服务做出了个性化展示退出机制的明确规定,但是《个人信息保护法》

㊀ 《信息安全技术　个人信息安全规范》第 7.5 c)条。

对于通过自动化决策方式向个人进行信息推送、商业营销的，都要求同时提供不针对其个人的选项，或者向个人提供更便捷的拒绝方式。

更进一步地说，自动化决策方式做出对个人权益有重大影响的决定，如贷款申请时，个人有权要求数据控制者予以说明，且有权拒绝仅通过自动化决策的方式做出决定。

（4）画像维度等自主控制机制

在向个人信息主体提供业务功能的过程中使用个性化展示的，宜建立个人信息主体对个性化展示所依赖的个人信息（如标签、画像维度等）的自主控制机制，保障个人信息主体调控个性化展示相关程度的能力⊖。如图11-17所示，某电子商务平台提供了长按商品后可选择对商品不感兴趣和屏蔽更多同类，来实现后台画像维度管理。

部分平台以用户标签管理平台的方式来控制画像关联维度，用户可以查看并自主添加。如图11-18所示，Twitter根据用户的行为标记出用户兴趣爱好等特征。

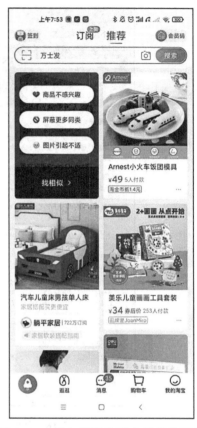

图11-17 某电子商务平台提供的画像维度控制功能

（5）自动化决策的公平、公正

如上一节提到的，自动化决策应当保证结果的公平、公正，不得进行大数据杀熟等不合理的差别待遇。个性化推荐更类似于第一方定向广告，更多地使用自有平台收集的用户行为，形成用户画像，结合算法模型，实现其业务内的内容、产品、服务等推荐。因此，个性化推荐在合规上应当考虑用户行为追踪的收集合规性、形成画像以及个性化推荐的使用限制、自动化决策的要求，保障透明性与用户可控制权。

⊖ 《信息安全技术　个人信息安全规范》第 7.5 d) 条。

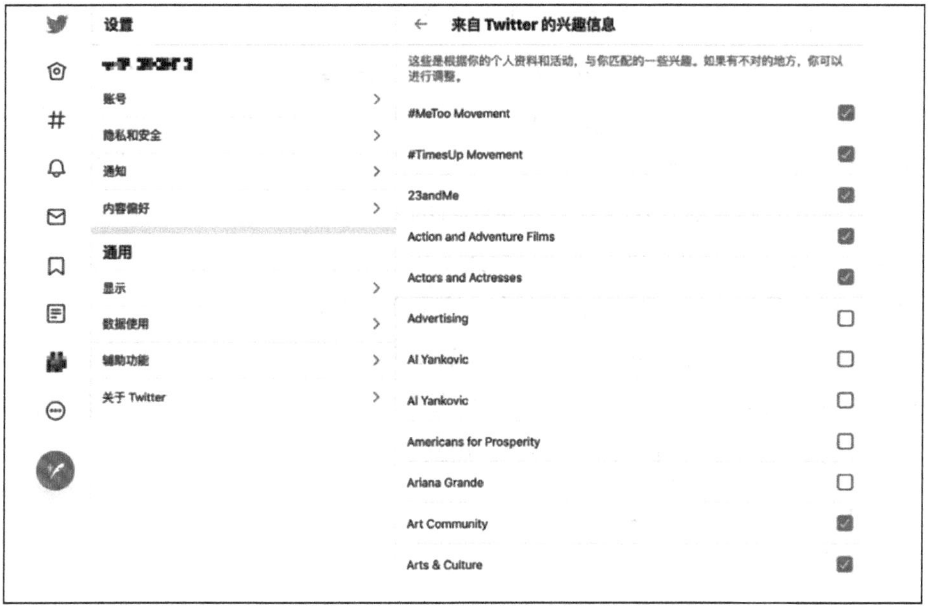

图 11-18　Twitter 提供的画像标签管理功能

第三节　解开算法中的你和我

在本章第一节和第二节中频繁提到了"算法",这是除了数据本身外,实现个性化最重要的因素之一。随着大数据时代的到来,算法几乎充斥在我们每天的日常生活中,包括上班路线的导航、外卖餐点的推荐、输入法的用词、搜索引擎的结果、婚恋应用的对象匹配等,都依赖于"算法"的运转。但是这两年算法也面临了大量的口诛笔伐,如《外卖骑手,困在系统里》一文开始引发对算法公平性和伦理的重要关切与讨论。因此,白晓萌萌为了深入分析精准营销和个性化推荐背后的算法逻辑,对算法从定义、在数据合规领域的风险和处置方式进行了深入的学习和理解。

1. 理解算法是什么

在分析算法的风险以及规避风险机制前,我们需要先理解什么是算法。简单来说,算法就是有输入、输出的解决问题的计算步骤[⊖],即当有固定的输入后,经过模型计算能得出固定的输出,类似于数学公式。而算法的复杂性就在于模型,建立模型是数据科学

⊖ 吴晶辰:《算法通识课 16 讲》之第 01 讲"本质:到底什么才是算法"。

家或者数据分析师的主要工作：理解需要解决的问题，设计数据模型，通过算法解决问题。对于算法模型这个复杂的数学问题，普通用户理解起来很困难。

目前使算法问题变得更为复杂的原因是当前更多算法模型采用机器学习，不再是人来选择策略、设计模型、解决问题，更多的是由机器自己学习并做出相应的反应。机器学习算法就是人们制定的、让计算机自主学习的一系列算法。例如，机器学习算法界的经典案例——2012年美国明尼苏达州一位父亲起诉塔吉特超市一案。因为该超市给他上高中的女儿展示婴儿衣服、婴儿床的广告，而事实证明他女儿真的怀孕了。塔吉特超市的机器学习算法通过消费记录，将消费者的消费习惯进行分类，找到某些行为和生活中大事件的关联。机器学习算法学习的是复杂事物之间的复杂关系，不一定是因果关系，很多时候甚至是人很难理解的关系。因此，加剧了算法的"黑盒"性质[一]。

2. 理解算法带来风险的本质

（1）算法所带来的风险

算法在给我们带来了高效且美好的智能生活外，也如一把双刃剑给我们带来了一系列风险。

1）算法歧视和大数据杀熟。

例如，COMPAS软件（提供替代性制裁矫正犯罪管理画像）是运用算法依据累犯和犯罪职业特征相关行为和心理结构设计的犯罪嫌疑人风险预测评估软件。纽约"为了人民"（ProPublica）组织在调查中发现一款名为COMPAS的软件存在种族歧视的倾向。在该软件做出的高风险错误判定中，黑人数量是白人的两倍以上。换句话说，两倍于白人的黑人被预测为高风险人群[二]。

部分电商或旅游平台收集用户数据，分析消费习惯，认为某些用户对平台的黏性高，因此提高了价钱，以谋取更多的利益。例如，大数据杀熟第一案，原告是某旅行网站的"钻石会员"，花费2889元的"会员价"预定了退房日挂牌价仅1300元的客房。随后，她以该旅行网站采集其个人非必要信息，进行"大数据杀熟"等为由起诉到法院，法院判决该旅行网站赔偿原告订房差价，并按房费差价部分的3倍支付赔偿金总计4777.48元。

2）算法操纵。

例如，北大博士陈某干了半年骑手，写出论文《"数字控制"下的劳动秩序》，提到

[一] 吴晶辰：《算法通识课16讲》之第14讲"机器学习，机器到底在学什么"。
[二] 张凌寒，李荣：《美国纽约算法监管遇挫启示录》，第502期《法治周末》11版。

了外卖平台的算法核心为三层,第一层是平台给骑手派单,并告诉他们应该如何送;第二层,消费者评估骑手的表现好坏;第三层是平台根据消费者的评价来决定奖惩[1]。将外卖骑手的顺路性、位置、方向作为算法模型中的一个特征,操控了外卖骑手的路线以及收入。

3)信息茧房和回声效应。

算法系统根据用户的个人信息和阅读行为,精准化过滤我们"不感兴趣""不认同"的信息,固化知识获取的渠道和类型,带来"信息茧房"效应,造成网络时代的信息闭塞,极易加剧舆论危机产生的风险并诱发舆论暴力,造成回声室效应[2]。正如《过滤泡:互联网对我们的隐秘操纵》一书中提到的,"新一代的网络过滤器通过观察你可能喜欢的事物,来推断你的好恶,它们是一种预测引擎,不断地去创造和完善一整套关于你的理论:你是谁、你下一步会做什么、你要什么,从而为我们每个人打造了一个独特的信息世界。它从根本上改变了我们接触观念和信息的方式"[3],从而强化了心理学上的"确认偏差",即我们不断看到那些我们倾向于看的东西,去相信我们愿意相信的观点,形成一种固有的成见。

(2)算法带来风险的本质

如果我们希望对算法进行规制,那么需要了解产生这些风险的本质是什么。如上所述,算法仅是有输入、输出的解决问题的计算过程,那么如何背负上述的"罪责"?

某专业人士举了一个例子,很好地解释了算法本身没有好坏,其实背后都是设计者的思想。比如机器学习领域有一个经典的算法,叫K临近算法。该算法用于肿瘤恶性判断时,会将新肿瘤的特征与数据库里和它相近的几种肿瘤进行比较,如果10种相近,其中8种为良性,2种为恶性,则可以预判该种肿瘤恶性的概率为20%。但若将K临近算法用于简历评分,若参数之一是性别,则当姓名更偏男性化时,简历评分就更高,这就是歧视[4]。

算法没有好坏的根本原因如下。

---

[1] 杨净:《北大博士干了半年外卖骑手,写出AI伦理论文登上顶刊,"系统知道一切"》,2021年5月8日,载于微信公众号,见 https://mp.weixin.qq.com/s/o6uh5tSrR5_CIOxusJAgIA。
[2] 顾伟,郭弘,陈朝铭:《人工智能算法的法律审视及规制》,2021年6月19日载于微信公众号"上海市法学会 东方法学",见 https://mp.weixin.qq.com/s/61fzFc0SXRcg65HIH_A5WA。
[3] 方师师:《方师师:过滤泡对我们的隐秘操纵》,2021年8月8日载于澎湃网,见 https://www.thepaper.cn/newsDetail_forward_9655584。
[4] 吴晶辰:《算法通识课16讲》之第01讲"本质:到底什么才是算法"。

1）算法仅在意目标和指令，而无法对解决问题负责。以外卖系统为例，"时间控制"就是它最重要的目标，把时间作为参数，在这个意义上调整整个算法，然后算法不断地深度学习，所以算法会不断地把时间的水分挤出来⊖，包括多联单的地理位置的顺路性、外卖骑手的路况熟悉程度等。所以算法只是执行人的指令，但不理解实际所需解决的问题，只有人可以使用算法来解决问题。

2）算法不能对数据负责。算法是需要输入的，数据科学领域有一句话"Garbage in, Garbage out"，如果构建模型输入的数据有偏见或歧视，则算法必然会带有这样的影响。例如，微软的聊天机器人 Tay 上线第一天就学会了脏话和种族歧视，因为直接吸收了现实生活中存在的歧视等不平等现象。

从上述原因分析可知，规制算法的核心在于规制构建算法的人，保障输入的数据、使用的算法模型以及所要解决的问题等的合规性。

3. 算法在数据合规领域中的合规指引

（1）算法的法律规制

算法的法律规制和道德约束涉及多个方面，除了隐私数据合规，还包括互联网信息服务安全、劳动者权益、产品赔偿责任、人工智能伦理等。

1）互联网信息服务安全。

国家网信办发布了《互联网信息服务算法推荐管理规定（征求意见稿）》，首次提出了对互联网信息服务领域算法推荐的具体规制；该规定的正式版本《互联网信息服务算法推荐管理规定》（以下简称《算法推荐管理规定》）于 2021 年 12 月 31 日由国家网信办公布，并于 2022 年 3 月 1 日起正式实施。此外，2021 年 9 月 29 日，国家网信办、中宣部、教育部、科技部等九部委印发《关于加强互联网信息服务算法综合治理的指导意见》（以下简称《算法综合治理指导意见》），提出要利用三年左右时间，逐步建立治理机制健全、监管体系完善、算法生态规范的算法安全综合治理格局。《算法综合治理指导意见》和《算法推荐管理规定》体现了互联网信息服务算法风险防控的几个方向。

第一，首次提出算法分级分类治理，对算法实施精准治理。类似欧盟对人工智能基于风险进行分级来管理的思路，我国也开始对算法进行分类分级治理，并据此提出了算

⊖ 竺晶莹：《算法与活法：当你不再被需要》，2020 年 11 月 8 日载于百家号，见 https://baijiahao.baidu.com/s?id=1682748200501440266&wfr=spider&for=pc。

法备案制度，明确算法备案的范围。国家网信部门建立分类分级管理制度，根据算法推荐服务的舆论属性或者社会动员能力、内容类别、用户规模、算法推荐技术处理的数据重要程度、对用户行为的干预程度等对算法推荐服务提供者实施分类分级管理。

第二，开展算法安全评估机制，以高效识别高风险算法。正如本节前述，算法有很大的不可解释性以及复杂性，因此在《算法综合治理指导意见》中明确提出了要组建专业技术评估队伍，深入分析算法机制机理，评估算法、部署和使用等应用环节的缺陷与漏洞，研判所产生的风险并提出相应的措施建议。

第三，提出严厉打击违法违规行为，着力解决网民反应强烈的算法安全问题，维护互联网信息服务算法安全。

第四，强化算法对舆论的正确导向性，防范算法的滥用，防止算法干扰社会舆论、打压竞争对手、侵害网民权益等。要求坚持主流价值导向，积极传播正能量，促进算法应用向上向善。算法推荐服务提供者应当加强信息内容管理，在重点环节积极呈现主流价值导向的信息内容。

第五，以强化企业主体责任制为重要的规制方法。企业应建立算法安全责任制度和科技伦理审查制度，健全算法安全管理组织机构，加强风险防控和隐患排查治理，提升应对算法安全突发事件的能力和水平。企业应强化责任意识，对算法应用产生的结果负主体责任。算法推荐服务提供者应当建立健全算法机制机理审核、科技伦理审查、用户注册、信息发布审核、数据安全保护和个人信息保护、反电信网络诈骗、安全评估监测、安全事件应急处置等管理制度和技术措施。

第六，保证公开透明。督促企业及时、合理、有效地公开算法基本原理、优化目标、决策标准等信息，做好算法结果解释。算法推荐服务提供者应当以显著方式告知用户其提供算法推荐服务的情况，并以适当方式公示算法推荐服务的基本原理、目的意图、主要运行机制等。

2）劳动者权益保障。

如上述外卖骑手的深度报道所述，算法运用与劳动者权益维护之间的权衡已成为亟需解决的议题。2021年7月经国务院同意，人力资源社会保障部、国家发展改革委、交通运输部、应急部、市场监管总局、国家医保局、最高人民法院、全国总工会共同印发《关于维护新就业形态劳动者劳动保障权益的指导意见》，规定"督促企业制定修订平台进入退出、订单分配、计件单价、抽成比例、报酬构成及支付、工作时间、奖惩等直接涉及劳动者权益的制度规则和平台算法，充分听取工会或劳动者代表的意见建议，将结果公示并告知劳动者",强调了算法应当听取劳动者的意见,并公示及告知。《算法推荐管理规定》明确提出"算法推荐服务提供者向劳动者提供工作调度服务的,应当建立完善平台订单分配、报酬构成及支付、工作时间、奖惩等相关算法,履行劳动者权益保障义务"。

3)产品责任。

人工智能的普遍使用,如自动驾驶等可能造成人员损伤,从而引入了产品安全方面的立法规制。比如,欧盟人工智能白皮书中提到,欧盟产品安全立法核心关注点是产品投入市场后,软件是否可以单独作为一个产品,甚至人工智能作为服务是否能被纳入产品安全的规制范围内;将包括人工智能在内的软件集成到产品中,能够在产品及系统的生命周期内持续调整其功能,会带来在系统投入市场之初尚不明显或尚未显露的新风险,在此种情形下,产品安全相关立法无法规制此部分风险。

4)科技伦理。

如图11-19所示,机器学习算法是通过大量的历史数据训练,寻求相关关系,得出模型,进而预测未知属性。其不同于人类归纳总结为规律后进行约束,更不可能受到人类伦理的约束,因此算法规制中也提到了伦理约束,强调以人为本等。

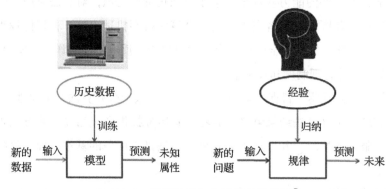

图11-19 机器学习与人类思考的类比[⊖]

(2)算法的隐私数据合规规制

仅从数据合规角度来分析算法的合规性,以意大利数据保护机构因外卖平台Foodiho违反GDPR规定处以260万欧元来拆解。其中与算法有关的违反GDPR规定的情形如下。

⊖ 傅一平:《我在高中讲大数据》,2021年8月9日载于微信公众号"与数据同行",见https://mp.weixin.qq.com/s/DHhBP84cxJDGgwM5qHqx9g。

1）违反 GDPR 第 13 条的信息提供义务。首先，未明确告知骑手存在自动化处理的行为，在监管机构检查过程中发现会使用算法对骑手的表现进行打分，直接影响骑手接单；其次，也没有明确告知算法的逻辑以及可能对骑手产生的重要影响。

2）违反 GDPR 第 5 条的公平原则。算法评估最初得到的分数是一个默认值，随后根据以下特点和权重进行调整：a. 客户反馈，大拇指向上或向下的大拇指，占比 15%；b. 商家，占比 5%；c. 在需求旺盛的时段工作，占比 35%；d. 交付的订单，占比 10%；e. 生产力，占比 35%。调查发现，该平台使用算法自动惩罚骑手，如果他们的评分低于某一水平，就将他们排除在工作机会之外，这是一种歧视，而且没有机会进行人工审查，也没有能力质疑这一决定[一]。

3）违反 GDPR 第 22 条的自动化决策。Foodiho 的表现算法系统和配送系统均采用了自动化决策，基于履行合同所必要的例外，但是没有提供恰当的措施保障数据主体的权利和合法利益，至少应当提供给骑手表达其观点和反对决策结果的权利。

除此之外，还有是否采取数据影响保护评估以及进行相应的处理记录。

结合此案例以及 EDPB 对不公平算法发表的意见、FTC 人工智能和算法的合规性框架，算法的数据合规集中于自动化决策的合规规制。

（3）算法的数据合规指引

如上分析，算法的数据合规指引侧重如下几点。

1）自动化决策的合规要求。例如，《个人信息保护法》规定要求经过个人信息影响保护评估，保证决策的透明度和结果公平、公正，不得对个人在交易价格等交易条件上实行不合理的差别待遇。通过自动化决策方式向个人进行信息推送、商业营销，应当同时提供不针对其个人特征的选项，或者向个人提供便捷的拒绝方式。通过自动化决策方式做出对个人权益有重大影响的决定，个人有权要求个人信息处理者予以说明，并有权拒绝个人信息处理者仅通过自动化决策的方式做出决定。

2）个人信息保护的基本原则合法正当、诚信、最小必要、公开透明地落地实施于数据输入、算法模型设计以及算法运用。即用于模型训练数据的采集应当保证最小化且在明确且合理的目的范围内，保证算法运用的合法性和公平性，不会构成对用户的歧视，并以简洁、易懂的方式充分告知用户算法模型的存在以及基本逻辑，不得通过误导、欺

[一] 洪延青：《意大利因骑手算法歧视问题对两个食物配送公司处以高额罚款》，2021 年 8 月 5 日载于微信公众号 "网安寻路人"，见 https://mp.weixin.qq.com/s/-8JDxhAEI_6crFOyOiSHcg。

诈、胁迫等方式处理个人信息。在算法推荐服务领域，具体应当遵守如下规定。

　　a. 保证合法性。算法推荐服务提供者应当定期审核、评估、验证算法机制机理、模型、数据和应用结果等，不得设置诱导用户沉迷或者过度消费等法律法规或者违背伦理道德的算法模型；应当加强信息安全管理，建立健全用于识别违法和不良信息的特征库，完善入库标准、规则和程序。发现未作显著标识的算法生成合成信息的，应当作出显著标识后，方可继续传输。发现违法信息的，应当立即停止传输，采取消除等处置措施，防止信息扩散，保存有关记录，并向网信部门和有关部门报告。发现不良信息的，应当按照网络信息内容生态治理有关规定予以处置。

　　b. 保证公平性。算法推荐服务提供者应当加强用户模型和用户标签管理，完善记入用户模型的兴趣点规则，不得将违法和不良信息关键词记入用户兴趣点或者作为用户标签并据以推送信息内容，不得设置歧视性或者偏见性用户标签。

　　c. 保证透明性。算法推荐服务提供者应当以显著方式告知用户其提供算法推荐服务的情况，并以适当方式公示算法推荐服务的基本原理、目的意图、主要运行机制等。

　　d. 保证用户权益。应当加强算法推荐服务版面页面生态管理，建立完善人工干预和用户自主选择机制。应当向用户提供不针对其个人特征的选项，或者向用户提供便捷的关闭算法推荐服务的选项。用户选择关闭算法推荐服务的，算法推荐服务提供者应当立即停止提供相关服务。算法推荐服务提供者应当向用户提供选择、修改或者删除用于算法推荐服务的用户标签的功能。用户认为算法推荐服务提供者应用算法对其权益造成重大影响的，有权要求算法推荐服务提供者予以说明并采取相应改进或者补救措施。同时，针对特殊群体要提供保障其依法享受权益的特殊要求，如针对未成年人的服务，应当履行未成年人网络保护义务，便利未成年人获取有益身心健康的信息；如针对老年人，应当按照国家有关规定提供智能化适老服务。此外，应当设置便捷有效的用户申诉和公众投诉、举报入口，明确处理流程和反馈时限，及时受理、处理并反馈处理结果。

　　e. 保护未成年人/老年人权益。算法推荐服务提供者向未成年人提供服务的，应当依法履行未成年人网络保护义务，并开发适合未成年人使用的模式、提供适合未成年人特点的服务等。算法推荐服务提供者向老年人提供服务的，应当保障老年人依法享有的权益，充分考虑老年人出行、就医、消费、办事等需求，按照国家有关规定提供智能化适老服务，依法开展涉电信网络诈骗信息的监测、识别和处置，便利老年人安全使用算法推荐服务。

小　结

通过本章的学习，白晓萌萌理解了精准营销背后的核心问题，包括Cookie和设备识别符，据此积累用户数据，形成用户画像，进而进行精准营销和个性化推荐。广告行业更会涉及复杂的数据供应链关系，例如对于第三方主体的法律性质的认定及其对应的义务和风险防控。形成用户画像和个性化推荐的重要部分之一是算法。但算法尤其是机器学习算法，增强了算法的黑盒性质。同时算法涉及多个领域的合规规制，其中在运用算法时应着重自动化决策方面的合规要求梳理。

第十二章

数据要素效能发挥：数据共享与交易

【场景】 白晓萌萌在 SDK 合规以及精准化营销合规中了解到个人信息会在不同的企业之间流转，涉及数据共享，甚至随着数据被定义为生产要素后，数据交易也在逐步涌现。然而因数据共享与交易导致违反个人信息保护的行政通报等情况屡屡发生，更有甚者，因共享产生了大量的数据而被纳入反垄断的监管。数据交易和共享仿佛在数据价值开发强烈诉求与合规风暴之间角力。业务同事带着一肚子疑问来咨询白晓萌萌：如何设定数据共享与交易的红线，有没有更多的技术和行业解决方案？

第一节 数据共享与交易的困境

白晓萌萌将问题进行了拆解，首先应当准确把握数据的特性，以判断数据共享与交易的宏观准线是允许还是禁止，进而分析数据共享和交易如此举步维艰的核心困境是什么，以及是否有合规准则，当前甚为火热的隐私计算和大数据交易所是否可以成为通行的解决方案。

1. 数据生产要素

2020 年 4 月 9 日，《中共中央、国务院关于构建更加完善的要素市场化配置体制机制的意见》提出加快培育数据要素市场，将数据列为与土地、资本、劳动力等并列的生产要素，并对数据要素市场提出了方向：推进政府数据开放共享；提升社会数据资源价值，培育数字经济新产业、新业态、新模式；加强数据资源整合和安全保护，探索建立统一规范的数据管理制度，完善数据产权制度，制定数据隐私保护制度和安全审查，完善数据分类分级保护制度，加强对政务数据、企业商业秘密和个人数据的保护。可见，国家层面对数据的价值予以高度重视，同时强调个人数据的保护，也提出了产权制度、管理制度等，为要素市场化提供基础，即在保障个人信息的基础上推动数据共享和交易。

在经济学中，生产要素是指进行社会生产经营活动所需的各种基本资源，数据作为生产要素能创造大量价值。数据要素的价值在于重建了人类对客观世界理解、预测、控制的新体系、新模式。人类认识世界通过观察分析、总结规律、预测未来，而数据出现后有了更客观的方式记录，类似于数字孪生的概念，通过算法等人工智能的方式提供更科学的预测，以替代人类之前的经验决策。如图 12-1 所示，通过基于"数据+算力+算法"对客观世界进行状态描述、原因分析、结果预测和科学决策，进而把正确的数据在正确的时间传递给正确的人和机器，以信息流带动技术流、资金流、人才流，实现资源的最优配置⊖，进而提升其他生产要素的价值。

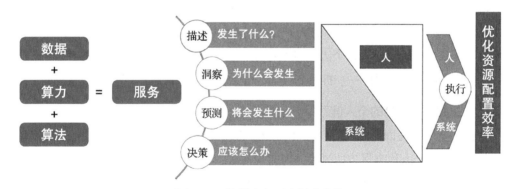

图 12-1　数据生产要素创造价值

2020 年 5 月，中共中央、国务院发布《关于新时代加快完善社会主义市场经济体制的意见》，其中再次强调要"加快培育发展数据要素市场，建立数据资源清单管理机制，完善数据权限界定、开放共享、交易流通等标准和措施，发挥社会数据资源价值。推进数字政府建设，加强数据有序共享，依法保护个人信息"。数据共享与交易是数据生产要素背景下的必然趋势，促进整个企业和行业协同发展。

⊖　安筱鹏：《数据要素如何创造价值》，2021 年 3 月 17 日载于微信公众号"谈数据"，见 https://mp.weixin.qq.com/s/l8qON9TSiUrIN3svSxuo9w。

2. 数据孤岛问题

从另一角度来看，正因为数据具有极高的价值，而相关基础设施和制度缺失，导致各企业甚至是同一企业内的不同部门间构筑起高高的城墙，成为一座座数据孤岛，数据之间无法共享、交易，无法实现价值最大化。

正如中国人民银行科技司司长李伟提到的数据孤岛，有数据不能用的原因在于以下几点。

1）不愿共享。多数机构都将数据作为战略资源，认为拥有数据就拥有客户资源和市场，主观上不愿共享。笔者在此基础上认为是数据的产权机制不成熟，未划分所有权、使用权等，也未进行成熟的价值评估，数据共享或交易双方无法相互信任。

2）不敢共享。数据涉及个人信息保护、商业秘密甚至国家安全，共享可能存在法律风险，客观上带来了障碍。

3）不能共享。由于各机构数据接口不统一，不同机构的数据难以互连互通，严重阻碍数据开放共享，导致数据资产相互割裂，自成体系[一]。

总而言之，数据共享和交易的障碍主要是：① 数据共享或交易双方之间的信任困局；② 数据共享或交易涉及的个人信息保护合规风险；③ 数据质量、数据标准统一等数据治理问题。数据治理问题不因个人信息而特殊，属于其他专业领域问题，本书不予讨论。下面将信任困局和合规风险一一拆解。

3. 数据共享与交易的个人信息保护合规

数据共享与交易因增加了参与主体，当个人信息流转到接收方后可能会超出传输方的控制，增加了个人信息保护的风险，因此《刑法》《民法典》《个人信息保护法》《网络安全法》《信息安全技术　个人信息安全规范》等均有规定，不得非法买卖、提供他人个人信息，若构成非法提供和非法获取个人信息，则将处以侵犯公民个人信息罪，根据情节严重程度处以三年以下有期徒刑或者拘役，并处或者单处罚金；或处三年以上七年以下有期徒刑，并处罚金。

总之，在共享与交易环节，个人信息保护合规的核心内容在于保障用户对其个人信息的共享和交易享有控制权（包括透明性、知情同意、用户权利实现等）、对合作双方的可归责性、明晰合作双方在数据共享和交易的责任、保障共享与交易的个人信息安全。

[一] 李伟：《央行李伟：数据治理之困、之道、之术》，2019年12月6日载于腾讯网，见 https://new.qq.com/omn/20191206/20191206A0ANWT00.html。

（1）保障用户对其个人信息的共享和交易享有控制权

1）对数据提供方的合规要求。

a. 向第三方提供其处理的个人信息的，应向个人信息主体告知接收方的名称或姓名、联系方式、处理目的、处理方式和个人信息的种类，并取得个人信息主体的同意，如图 12-2 所示。

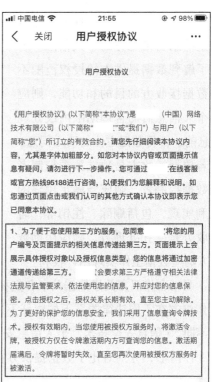

图 12-2　个人信息提供给第三方时的告知同意页面

b. 共享、转让敏感个人信息前，除上述内容外，还应向个人信息主体告知涉及的敏感个人信息类型、数据接收方的身份和数据安全能力，并事先征得数据主体的明示同意；涉及儿童个人信息的，应当以显著、清晰的方式告知儿童监护人，并征得儿童监护人的同意。

c. 依合作双方的法律关系，要求数据接收者协助响应数据主体的权利或帮助个人信息主体了解数据接收方对个人信息的存储、使用等情况，以及个人信息主体的权利，如访问、更正、删除、注销账户等。从产品机制上也可以为用户提供撤回对数据接收方的授权，以及告知授权使用的个人信息类型，如图12-3所示。

2）对数据接收方的合规要求。

a.有间接获取第三方数据的，应告知数据主体来自第三方的个人信息。若接收方了解到数据提供方的授权范围不能涵盖数据接收方的目的和功能，则应在获取个人信息后的合理期限内或处理个人信息前，征得数据主体的明示同意。

b.若数据接收方是独立数据控制者或共同数据控制者，则应当满足用户的相关权利实现，包括删除、注销等；若数据接收方是受托处理方，则应协助数据传输方响应数据主体实现用户权利。

图12-3 撤回提供个人信息给第三方的授权页面

（2）明晰合作双方关于数据共享和交易的责任

合作双方在不同法律关系下的责任不同，相应地，在数据共享和交易时的尽职责任也有所不同。《信息安全技术　个人信息安全规范》中列入委托处理、共享或转让、第三方接入3种情形，分别对比了数据提供方在不同法律关系下的义务和责任分配，具体如表12-1所示。

表12-1 数据提供方在不同法律关系下的义务和责任分配

义务类型	委托处理	共享或转让①	第三方接入
个人信息安全影响评估	√	√	√
告知同意		√	核验第三方获取同意的有效性
对接收方进行监督	√		√
记录（共享情况）	√	√	√
发生安全事件及时终止共享	√	√	√
签署合同	√	√	√
实现用户权利	√	协助数据主体了解	督促第三方提供

①此处"转让"仅指非因收购、兼并、重组、破产等的转让。

从上述义务和责任分配来看，在委托处理场景下，主责任人是数据提供方；在共享或转让场景下，数据提供方和接收方各自按照其行为承担相应责任；在第三方接入场景下，主责任人是数据接收方，提供方更类似于平台责任。

《个人信息保护法》中对于委托处理的要求是，数据控制者与处理者约定委托处理的目的、期限、处理方式、个人信息的种类、保护措施以及双方权利义务，并对处理者的个人信息处理活动进行监督[一]，且需要提前进行个人信息保护影响评估并对处理情况进行记录，相比《信息安全技术　个人信息安全规范》，进一步明确了合同应当约定的内容，以及对个人信息保护影响评估的记录。同时，《个人信息保护法》中提到了"向他人提供"，包含了"委托处理"和表12-1中的"共享或转让"，如上所述，需要履行告知和征得用户同意的义务。

（3）合作双方的可归责性

1）对数据提供方的合规要求。

a. 对于提供个人信息给数据接收方，事先开展个人信息保护影响评估，并依评估结果采取有效的保护数据主体的措施；涉及儿童个人信息的，委托第三方处理或者转移给第三方，应自行或委托第三方机构进行安全评估。上述评估内容应当涵盖接收方是否具备相应的数据安全能力。

b. 准确记录共享情况，包括共享日期、规模、目的以及接收方基本情况等，如图12-4所示[二]。

c. 在实际运行过程中持续监测共享情况，发现数据接收方违反法律法规要求或双方约定处理个人信息的，应立即要求数据接收方停止相关行为，且采取或要求数据接收方采取有效补救措施（如更改口令、回收权限、断开网络连接等）控制或消除个人信息面临的安全风险；必要时，个人信息控制者应解除与数据接收方的业务关系，并要求数据接收方及时删除从个人信息控制者获得的个人信息。

2）对数据接收方的合规要求。

a. 在委托处理的场景下，数据处理者应按照约定处理个人信息，不得超出约定的处

[一]《个人信息保护法》第21条。
[二] 星辰大海团队：《数字化时代，企业应如何对数据供应商开展尽职调查？》，2020年2月2日载于微信公众号"互联网合规君"，见 https://mp.weixin.qq.com/s?__biz=MzA5NjgwOTQyMA==&mid=2649316965&idx=1&sn=a592af7e00de23bac0f54ad3499b9a74&chksm=88b786c6bfc00fd0f9100bf727cea96864375b2866dffec062d8d17272d99210db22375a8e3d&mpshare=1&scene=1&srcid=&sharer_sharetime=1580641621271&sharer_shareid=2edc3e5bbff1d8dda3d44516222292a6c%23rd。

理目的、处理方式等处理个人信息；委托合同不生效、无效、被撤销或者终止的，数据处理者应将个人信息返还数据控制者或者予以删除，不得保留。未经数据控制者同意，数据处理者不得转委托他人处理个人信息。[一]

第三方数据共享

序号	是否嵌入第三方代码	插件传输个人信息	场景描述	个人信息类型	个人信息字段	第三方机构名称	数据是否去标识化传输
1	是	否	统计用户的pv和uv	个人基本信息	无	×××有限公司	否
2	是	否	统计接口错误日志和访问速度	个人基本信息	无	×××有限公司	否
3	是	是	用于风控数据收集和建模	个人基本信息	手机号	×××有限公司	否
4	是	是	用于用户在第三方平台预订飞机票、火车票、酒店	个人基本信息	姓名 手机号	×××有限公司	否
5	是	是	用于用户在第三方平台办理信用卡	个人基本信息	用户ID	×××有限公司	是
6	是	否	用于淘宝授权	个人基本信息	设备信息	×××有限公司	是
7	是	否	微信分享	个人基本信息	设备信息	×××有限公司	是
8	是	否	发送离线消息	个人基本信息	设备信息	×××有限公司	是
9	是	是	用于用户提现	个人基本信息	姓名 手机号 身份证号	×××有限公司	否
10	是	是	订单支付	个人基本信息	用户ID	×××有限公司	否

图 12-4 记录数据共享情况示意

b. 接收方应当在提供方告知且征得个人信息主体同意的处理目的、处理方式和个人信息的种类等范围内处理个人信息。接收方变更原先的处理目的、处理方式的，应重新取得个人同意。[二]

c. 对数据提供方进行尽职调查：包括要求数据提供方说明个人信息来源，并对其个人信息来源的合法性进行确认，并且注意用户的授权同意范围是否包括转让、共享、委托处理等。在实践中，可以绘制数据流图，以用户提供个人信息为起点，以数据接收方获得个人信息为终点，记录每一手共享的个人信息的类型、共享同意征得的方式、同意范围以及相应的证明文件（包括隐私政策、数据共享协议等），便于排查个人信息来源的

[一]《个人信息保护法》第22条。
[二]《个人信息保护法》第23条。

合法性以及是否有超授权范围等瑕疵。

d. 接收方间接收集的个人信息不应超出其目的的最小必要范围。

（4）保障共享与交易的个人信息安全

数据提供方和数据接收方均应根据风险等级采取适当和必要的安全保障措施，避免个人信息被未经授权地访问、篡改或泄露等，如采取去标识化、加密传输、访问权限控制等，也可以采取联邦学习、安全多方计算等隐私计算方式。以上海市地方标准《数据去标识化共享指南》为例，该标准提出去标识化的"商业驱动、技术支撑、法律保障"三位一体流通架构和利用过程的外部监控机制相结合的综合安全解决方案和指引（如图 12-5 所示）。具体而言，其在去标识化技术方面要求域内匿名（在安全域内采取将信息主体标识（符）进行技术处理，形成对应的标记，该标记不可逆且可抗密码分析，除生成标记的共享主体之外无法复原）、标识隔离（各个共享主体的同一信息主体的标记各不相同）、关联控制（只有经过数据共享评估合格后才可以进行标记间的关联）以及有据可查（标记生成、受控重标识的过程有据可查，便于溯源）。

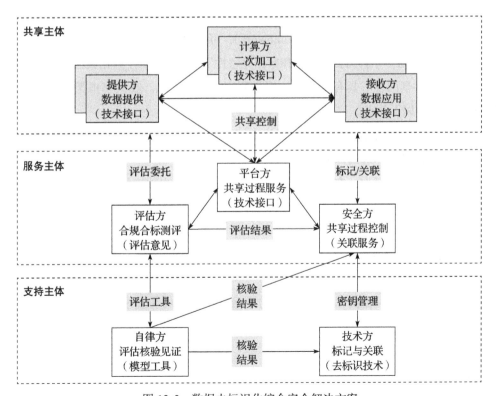

图 12-5 数据去标识化综合安全解决方案

4. 数据共享与交易的信任困局

如此前所述，合作双方的信任更是数据流通的障碍，正如信息经济学的阿罗悖论所说的："信息（数据）与一般商品迥然有异，它有着难以捉摸的性质，买方在购买前因为不了解该信息（数据）而无法确定信息的价值，而买方一旦获知该信息（数据），就可以复制，从而不会购买，故而信息（数据）是无法完全市场化的。"究其原因，与数据的本质有很密切的关联。首先，数据价值密度比较低，需要经过分析挖掘后成为"小"数据才有较高的价值，比如形成规律可预测的数据，自然比结构各异、大量噪声的原始数据更有价值，而这点在数据需求方没有深入了解时是难以判断的。其次，数据价值的大小可能与数据量以及数据需求方自身场景有密切关系，而这点又是数据提供方无法准确预估的。再次，数据价值评估当前没有准确和公认的评估方法。

关于克服双边信任困局的途径目前正在探索过程中，本书简单介绍几种，读者可以从这些方面考虑。

（1）合作双方基于信任的数据共享框架

新加坡个人数据保护委员会为了解决数据共享的信任和合规障碍，制定了《可信数据共享框架》（Trusted Data Sharing Framework），可信原则包括"透明性""可访问""标准化""公平与道德""问责制""安全和数据完整性"。其中与信任最相关的是"透明性"，要求参与数据共享的各方具有开放性，提供所有必要的信息。在共享框架中的"数据共享策略"中要求以下几点。

1）建立数据共享潜力和数据价值评估。

❑ 自有数据盘点：对内部数据进行分类。

❑ 评估数据共享潜力：在一般情况下，数据需求方会主动接洽数据提供方请求共享，但是数据提供方也可以主动分析公司内部数据价值环节，用于寻求与数据需求方的潜在合作。

2）数据估值的方法。

3）理解可能的数据共享模型。

❑ 双方：数据单一流向（从数据提供方向数据使用方）/ 双方相互共享。

❑ 多方：三方或以上的数据进行共享，信任可以直接建立在多方之间，也可以通过第三方数据服务提供商建立。

❑ 分散式：数据服务提供商使用"区块链"技术。

4）确定是否聘用第三方数据服务提供商。

数据服务提供商可以提供诸如数据准备、数据共享或数据分析等多种服务，有效加快数据使用效率、增进各方数据共享的信任。

虽然我国企业无法直接适用该共享框架，但是合作双方如果可以建立起双方透明，并且对数据本身进行深入盘点和价值利用场景的磋商等，将有助于建立双方互信的合作关系。

（2）第三方交易平台

2021年3月31日，北京国际大数据交易所正式成立，以培育数据交易市场、释放数据要素价值为核心，其从功能定位上具备纾解数据共享和交易桎梏的作用。北京国际大数据交易所具备如下功能[一]。

1）数据信息登记服务。

建立北京市统一的数据管理规则和制度，建立以信息充分披露为基础的数据登记平台，明晰数据权利取得方式及权利范围。

2）数据产品交易服务。

以公开公平公正为核心，建立数据产品交易规则和业务规范，建立数据确权工作机制，形成价值评估定价模型，健全报价、询价、竞价、定价机制，构建高效的交易服务流程，搭建区块链数据产品交易系统。数据产品范围包括商业数据、数据分析工具、数据解决方案等。交易类别主要有以下4类：一是数据产品所有权交易，主要为数据分析工具、数据解决方案的产权转让；二是数据产品使用权交易，即在不改变数据产品所有权的前提下，通过交易访问权限，实现对数据的使用；三是数据产品收益权交易，即对数据产品产生的未来收益进行交易，主要为数据资产证券化产品；四是数据产品跨境交易，交易模式为协议转让、挂牌、应用竞赛等。

3）数据运营管理服务。

制定数据中介服务机构运营管理制度，严格数据中介服务机构准入，培育专业的数据中介服务商和代理人。建立全链条数据运营服务体系，为市场参与者提供数据清洗、法律咨询、价值评估、分析评议、尽职调查等服务。

4）数据资产金融服务。

探索开展数据资产质押融资、数据资产保险、数据资产担保、数据资产证券化等金融创新服务。

[一] 《北京国际大数据交易所设立工作实施方案》第5条"服务内容"。

5）数据资产金融科技服务。

深入挖掘安全多方计算在数据安全、数据应用等方面的作用，探索数据所有权和使用权的合理剥离，实现"数据可用不可见"，促进数据资产化、产品化。

北京国际大数据交易所通过产权登记、评估定价、交易规则、第三方运营管理以及隐私计算能力等多方位解决了产权不明晰、价值评估互相不认可、个人信息安全合规等问题。

（3）隐私计算

隐私计算是一种由两个或多个参与方联合计算的技术和系统，参与方在不泄露各自数据的前提下，通过协作对他们的数据进行联合机器学习和联合分析。如图12-6所示，在隐私计算体系架构下，参与方的数据明文不出本地，在保护数据安全的同时实现多源数据跨域合作。常见的应用技术路径包括联邦学习、安全多方计算和可信计算等，此外，区块链也是隐私计算的重要补充㊀。

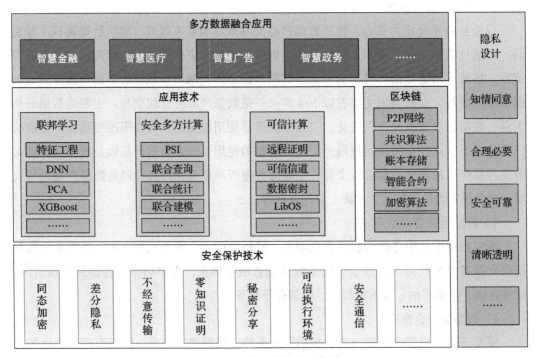

图12-6　隐私计算体系架构

㊀《腾讯隐私计算白皮书2021》第8页，2021年5月2日载于腾讯网，见 https://new.qq.com/omn/20210502/20210502A06BL700.html。

联邦学习是一种分布式机器学习技术和系统,这些参与方通过安全算法协议进行联合机器学习,可以在各方数据不出本地的情况下,联合多方数据源建模和提供数据模型推理和预测服务[一]。以图12-7所示的羊吃草模型为例。在传统的数据分析情况下,羊想要吃到草,需要将三块草地的草割下来送给羊,正如大量不同源的数据喂给模型,以提升模型的推理和预测能力;而在联邦学习模型下,羊可以跑到三块草地上,分别吃到各自的草,正如联邦学习下的原始数据不脱离本地,由模型部署到各自的数据源去建模、提升。

解决"羊吃草问题"的新思路

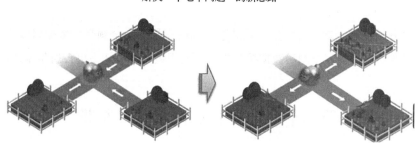

图 12-7　联邦学习模型示意图

安全多方计算是参与方将明文形式的数据加密或转化后再提供给其他方,任何一方都无法接触到其他方的明文形式的数据,从而保证各方数据的安全[二]。如百万富翁问题,在比较两个富翁谁更富有时,安全多方计算不需要知道两个富翁准确的财富金额却能得到正确的结论。

可信计算是基于硬件的可信执行环境(Trusted Execution Environment,TEE)中执行代码来保护数据应用中隐私安全的技术之一。基于TEE的隐私保护方案不受算法和网络限制,安全性完全依赖于TEE自身的安全性,在实际使用中需要信任TEE硬件厂商或平台服务商。[三]

隐私计算虽然实现了多方协作计算过程中对输入数据的隐私保护,但是原始数据、计算过程和结果均面临着可验证性问题。而区块链因其共享账本、智能合约、共识机制

[一]《腾讯隐私计算白皮书 2021》第 10 页,2021 年 5 月 2 日载于腾讯网,见 https://new.qq.com/omn/20210502/20210502A06BL700.html。

[二]《腾讯隐私计算白皮书 2021》第 12 页,2021 年 5 月 2 日载于腾讯网,见 https://new.qq.com/omn/20210502/20210502A06BL700.html。

[三] 中国信通院:《隐私保护计算与合规应用研究报告(2021 年)》,2021 年 3 月载于中国信息通信研究院网站,见 http://www.caict.ac.cn/kxyj/qwfb/ztbg/202104/t20210401_372713.htm。

等技术特性，可以实现原始数据的链上存证核验、计算过程关键数据和环节的上链存证回溯，确保计算过程的可验证性①。所以，区块链是隐私计算的重要组成部分，隐私计算确保数据可用不可见，区块链保证可验证和可信。

隐私计算虽然在一定程度上解决了部分个人信息保护的风险，比如隐私计算保证原始数据留存本地不被访问，保障了数据不被泄露以及一定程度上的数据最小化要求，但是对于知情同意、用户权利实现等合规机制不能实现一劳永逸。进一步来说，个人信息保护影响评估基于当前的情境以及采取的措施评估分析风险，而不是采用了隐私计算就获得了"免死金牌"。隐私计算更大程度上是解决了合作双方信任的障碍，因为只要原始数据不脱离数据提供方的控制，就不会发生一旦共享数据所有权被完全剥夺、数据接收方可能再倒手盈利等问题，以及脱离控制后数据接收方如何使用数据不可知不可控所带来的高风险。

第二节　平台企业有数据垄断"原罪"吗

数据是战略资源，各企业以反不正当竞争等救济途径捍卫自身的数据权利以及带来的经济利益。随着一个平台沉淀的数据越来越多，将面临平台经济反垄断监管的风险，白晓萌萌未雨绸缪，先行制定反垄断风险的红线，提供给企业管理层作为战略制定和实施的参考。

1. 平台的定义

《国务院反垄断委员会关于平台经济领域的反垄断指南》（以下简称《反垄断指南》）提出的"平台"是指互联网平台，是指通过网络信息技术，使相互依赖的双边或者多边主体在特定载体提供的规则下交互，以此共同创造价值的商业组织形态。平台具有两个特点。

1）平台是双边或多边市场的生态企业，可以将双边或多边通过平台的服务连接起来，形成一个生态系统。例如，国家市场监督管理总局对某集团行政处罚决定书所述的："网络零售平台服务市场属于双边市场，服务平台内经营者和消费者两个群体，其显著特征是具有跨边网络效应，使双边用户对网络零售平台服务的需求具有紧密关联。"②因为互联网平台通常是以免费+增值为基本业务逻辑，通过免费模式增加用户流量，通过广告、游戏、电子商务等方式盈利，所以通常会涉及双边或多边市场。平台作为连接纽带，对

---

① 《腾讯隐私计算白皮书 2021》第 17 页，2021 年 5 月 2 日载于腾讯网，见 https://new.qq.com/omn/20210502/20210502A06BL700.html。
② 国家市场监督管理总局行政处罚决定书国市监处（2021）28 号。

多个市场或行业产生影响，易于产生天然"垄断"趋势。

2）互联网平台经济规模效应和边际成本递减的特性，容易使其成为反垄断法关注的对象。如果一个产品或者服务的长期平均价格随着产量的增加而逐步下降，这种产品或者服务的生产就存在规模经济，与网络相关的产品或者服务具有规模经济优势。互联网行业固定成本巨大，边际成本很低，没有地理限制，基于平台研发带来路径依赖，随着规模的增加，边际成本降低，分摊固定成本，从而不断提高利润。不断提高效率和避免重复投资的社会要求，必然带动互联网企业走向规模经济。㊀

2. 平台经济领域的监管重点

2020年堪称平台经济领域的反垄断元年，大事记如下。

- 2020年1月，国家市场监督管理总局发布《〈反垄断法〉修订草案（征求意见稿）》，在市场支配地位认定上对平台经济反垄断问题做出回应。

- 2020年11月11日，国家市场监督管理总局发布了《关于平台经济领域的反垄断指南（征求意见稿）》，旨在预防和制止平台经济领域垄断行为，引导平台经济领域经营者依法合规经营，促进线上经济持续健康发展。该指南的正式版本已经于2021年2月7日由国务院反垄断委员会发布。

- 2021年4月6日，国家市场监督管理总局对某集团做出处罚，认定其违反《反垄断法》，处以182亿元人民币罚款。

- 国家市场监督管理总局、网信办、税务总局等三部门召开互联网平台企业行政指导会后，2021年4月14日，百度、京东、字节跳动等互联网平台发布《依法合规经营承诺》。

- 2021年8月20日，《个人信息保护法》通过，对大型平台设定了类似"守门人"的机制要求，强化其个人信息保护责任。

- 2021年10月29日，国家市场监督管理总局发布了《互联网平台落实主体责任指南（征求意见稿）》，明确互联网平台经营者应当遵守反垄断领域的法律、法规、规章等规定，不得从事垄断协议、滥用市场支配地位等垄断行为。互联网平台经营者在实施经营者集中前，应根据有关法律法规履行申报义务，在获得有关部门批准之前，不得实施集中。

㊀ 王素远：《互联网平台经济反垄断市场界定问题刍议》，2021年3月20日载于微信公众号IPRdaily，见 https://mp.weixin.qq.com/s/4XV6oTj7tLbPQv7VoQIHig。

总而言之，对于平台经济的反垄断监管重点，正如习总书记于 2021 年 3 月 15 日下午主持召开中央财经委员会第九次会议，在会上发表重要讲话所强调的，我国平台经济发展正处在关键时期，要着眼长远、兼顾当前，补齐短板、强化弱项，营造创新环境，解决突出矛盾和问题，推动平台经济规范健康持续发展。会上指出平台经济有利于提高全社会资源配置效率，推动技术和产业变革朝着信息化、数字化、智能化方向加速演进，有助于贯通国民经济循环各环节，也有利于提高国家治理的智能化、全域化、个性化、精细化水平。总体态势是积极的，但是应当进一步规范行为，促进公平竞争，反对垄断，要健全完善规则制度，加快健全平台经济法律法规，及时弥补规则空白和漏洞，加强数据产权制度建设，强化平台企业数据安全责任。①监管重点更客观的理解是兼顾平台经济发展带来的规模效应和创新成果以及公平竞争和强化数据安全责任。与数据合规相关的平台反垄断规制应当准确把握主基调，不可草木皆兵，结合日常数据合规工作落实与反垄断监管行为要求，增强内部控制和提前防控。

3. 平台企业反垄断规制与个人信息的关系

在进行数据合规工作的数据反垄断风险防控之前，需要提前理解平台经济领域反垄断与个人信息的内在关系。

（1）平台企业积累大量个人信息，影响相关市场支配地位的认定

正如本章第一节所述，数据是生产要素，对企业发展有战略性意义。在评定涉案企业是否具有相关市场的支配性地位时考虑了数据的影响作用。根据《反垄断指南》的规定，总结为如下影响。

1）积累大量的个人信息可能会影响经营者控制市场能力，以及其他经营者对该经营者在交易上的依赖程度，同时也可能成为其他经营者进入相关市场的壁垒。

因平台企业积累大量的个人信息，结合其双边或多边市场特性，将产生网络效应和锁定效应。如德国联邦卡特尔局（Federal Cartel Office, FCO）对 Facebook 收购 WhatsApp 的合并审查中所论述的，如图 12-8 所示②，Facebook 对用户具备直接网络效应（即基于身

---

① 《习近平：我国平台经济发展正处在关键时期》，2021 年 3 月 15 日载于微信公众号"中央政法委长安剑"，见 https://mp.weixin.qq.com/s/oSQBRWZcs3CUc48nNlHVeQ。

② 万江，孟洁：《反垄断监管下的互联网平台数据采集和处理》，2020 年 2 月 8 日载于微信公众号"环球律师事务所"，见 https://mp.weixin.qq.com/s?__biz=MzA4MDEzMTcwNg==&mid=2651425504&idx=1&sn=11f9fa0ed1b75b1eec4e87b922dc5cd3&chksm=8455c9f5b32240e3d12b9be40fee42c6aeb0d97584dbce86f80230fe3c076e3946e2d62ae66b&mpshare=1&scene=1&srcid=&sharer_sharetime=1582019733441&sharer_shareid=2edc3e5bbff1d8dda3d4516222292a6c%23rd。

份的网络效应),社交网络随着用户数量的增加提升了吸引力,因为社交产品的核心是提高用户进行精准沟通的可能性。同时,Facebook 也在广告市场等其他市场产生了间接网络效应,因为用户量足够多就能吸引更多的企业投放广告或参与到其生态中。此处,个人信息发挥着更重大的作用,由于积累了足够多的个人信息,通过算法推荐等实现精准广告投放,愈发加深了其间接网络效应,从而产生了锁定效应,用户和平台内经营者、广告主很难离开 Facebook 的平台,提升了其控制市场能力以及上下游经营者对其的依赖。FCO 认为 Facebook 在个人信息的利用和广告市场上的影响力,构成了其他企业进入相关市场很高的壁垒。

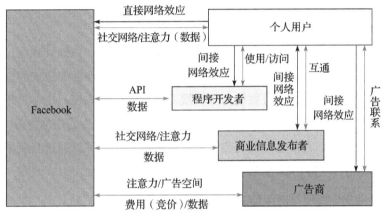

图 12-8 Facebook 相关市场结构图

2)平台企业积累的个人信息构成了技术条件的证明材料。

掌握和处理相关数据的能力作为考量平台技术条件的因素之一,以及结合其他财力和技术条件判断能够以何种程度促进该经营者业务扩张或者巩固、维持市场地位等。如国家市场监督管理总局在某集团行政处罚决定书中所认定的:"……二是当事人具有先进的技术条件。当事人凭借进入网络零售平台服务市场的先发优势,积累了大量的平台内经营者和消费者,拥有海量的交易、物流、支付等数据,对比其他竞争性平台优势明显。当事人具有先进的算法,能够通过数据处理技术实现个性化搜索排序策略,针对性满足消费者需求,并精准监测平台内经营者在其他竞争性平台上的经营情况。"⊖

(2)基于增加个人信息数量和规模目的的并购,引发经营者集中审查

目前互联网行业尤其是平台型经济,倾向于增加所掌握的个人信息数量(包括不同数

⊖ 国家市场监督管理总局行政处罚决定书,国市监处(2021)28 号。

据主体的同一类数据或者是同一数据主体的不同方面数据）和提升其发挥数据价值的目的所启动的并购行为。该并购可能本身并不会增加平台企业的市场份额，但是可能会增加其影响市场的能力，甚至将一个市场的数据影响力拓展到另一个市场。在经营者集中竞争影响方面，明确需要考量经营者在相关市场的市场份额、经营者对市场的控制力、经营者掌握和处理数据的能力（如对数据接口的控制能力）、相关市场的集中度（如现有竞争者数量和市场份额）、经营者集中对市场进入的影响（如其他经营者在并购后获得数据的难度以及用户基于数据迁移的转换成本等）、经营者集中对技术进步的影响（如在技术和商业模式等创新方面的竞争），以及经营者集中对消费者的影响等，以此来判定经营者对市场的影响力和其他经营者进入市场是否形成壁垒。

（3）借助所收集的个人信息易于进行垄断行为

平台企业可通过其所收集的大量个人信息，并通过分析、刻画和预测，准确把握用户喜好，用于"大数据杀熟"行为；也可以因个人信息迁移难度大造成的锁定效应，剥削性收集更多的个人信息，这可被视为降低服务质量的一种表现；也可以超出授权范围使用平台内经营者所收集的个人信息，进而增强对平台内经营者的控制能力。

另外，基于大量个人信息及其他类型数据投喂的算法，可以通过自我学习和自动调价等方式，引发自我优待、算法共谋等垄断行为。

4. 平台企业的数据反垄断风险防控

在厘清平台企业反垄断规制与个人信息的关系后，进而分析作为平台企业怎么看待因积累大量个人信息而带来的反垄断风险防控思路。如上所述，积累个人信息的数量仅是反垄断的滥用支配地位、垄断协议和经营者集中评估的因素之一，不因数据规模而被认定为所谓的"数据垄断"原罪，更应该理性判断怎么规制利用反竞争手段去使用数据。

（1）平台企业不因积累大量个人信息而必然构成数据垄断

1）数据的非独占性、时效性和可替代性，决定了拥有个人信息的数量不能带来绝对的竞争优势。

数据的使用具备非独占性，一个独立的数据源可被多个企业所收集和使用，并不会发生彼此之间的干扰。比如，用户的地理位置信息可以同时被地图业务用于定位导航，被美食类业务用于推荐附近美食，被电子商务类业务用于确定当前位置可售商品。

数据的价值通常与数据的时效性有关系，例如，同一个用户的兴趣标签、购物趋势等，长期可能是会发生变化的。比如，谷歌的搜索结果能根据当前页面上用户的浏览行为、点击行为等实时调整下一屏搜索结果的内容。所以数据的时效性也会影响数据的价值，不因数据量大而必然产生较大的竞争优势。

数据通常也具备相互替代性，对于实现对一个用户某方面的洞察，不一定仅能依靠一种数据来源。例如，判断用户的年龄，可以使用身份证号的出生年月日，也可以通过用户的浏览习惯、购物习惯等行为模式进行预测。所以独占某些数据不必然带来绝对的市场竞争力。

2）数据的价值需要经过转化才可以成为竞争力。

更进一步来说，数据需要经过转化才能成为竞争力，正如国家市场监督管理总局对某集团行政处罚决定书所述的，"网络零售平台服务借助大数据分析和算法等技术手段，可以汇总分析消费者偏好等市场需求信息，为消费者'画像'，使平台内经营者能够精准匹配目标客户，并通过营销推广将商品推送给更多潜在消费者，降低其对消费者针对性搜索和匹配成本，提升商品供应对消费者需求的匹配速度和程度"⊖，平台只有将数据通过分析、算法模型等方式，结合平台商业模式和流量分配等，才能将数据转化为平台的竞争力。更有学者将数据和平台经济的关系总结为图12-9所示的"数字平台作为海量、多元实时的数据集合体，借助算法操作实现基础数据的价值转换，平台、数据和算法的交叉产生跨市场的地位，以驱动数据市场竞争的新局面"。⊖

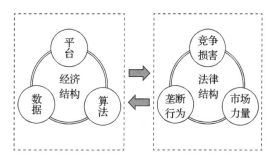

图12-9　数据平台的三维经济结构

3）规模经济不必然会造成垄断且影响创新。

正如上文所述，平台经济通常具备规模经济的特征，所谓规模经济效应，即产量越大，产品的平均成本越低，因而降价的空间越大。科技公司的固定成本有数据中心、服务器等硬件设备以及各种各样的软件，在相当大的程度上也包括了技术人员和管理人员的薪酬。假如开发和维护一个互联网平台需要50人的团队，无论用户数量是20人还是

⊖ 国家市场监督管理总局行政处罚决定书，国市监处（2021）28号。
⊖ 杨东，臧俊恒：《数字平台的反垄断规制》，2021年3月9日载于微信公众号"网络法实务圈"，见https://mp.weixin.qq.com/s/A-tLovOZ-hL0EFmkqHdG3Q。

20万人，这50个技术人员一个都不能少。人工成本在传统行业中一般属于可变成本，对科技公司则是固定成本。[一]规模经济的优势不在于抬高价钱来获得更多的利润，而是利用其成本优势。比如打车行业在炽热征战中都是采用降价、优惠等策略吸引更多的用户。

在竞争性市场与创新关系方面有一个经典理论——熊彼特理论（约瑟夫·熊彼特），该理论认为："更少的竞争会增加创新者的创新后奖励，从而提升他们参与研发的动力。即使市场中的价格竞争水平不高，试图取代领先供应商的企业之间的创新竞争（争夺市场的竞争），也会激励当前的市场领导者在创新方面进行投资以维其市场地位。"[二]所以，平台经济构成的规模经济并不必然构成垄断，甚至可能因其"垄断性利益"而鼓励更多企业创新。

因此，平台企业并不因拥有大量数据而构成必然的垄断的原罪。

（2）平台企业的数据反垄断风险梳理

当理解了平台企业不具备数据垄断原罪时，我们应当更为理性地看待个人信息带来的特有风险防控，具体包括如下。

1）守门人义务。

欧盟《数字市场法（草案）》为在数字领域充当"守门人"的平台引入了一系列严苛的规则。守门人要求控制着至少一个所谓的"核心平台服务"，并且在欧盟多个国家拥有持久的庞大用户基础的公司，可以基于持久且庞大的用户基础，在全球数字市场（至少欧洲数字市场）占据或预期占有稳固和领先的地位，因此在事实上拥有制定规则的能力。对守门人提出了不得强制合并使用数据、不得自我优待、不得拒绝交易等义务。

《个人信息保护法》第58条明确规定，提供重要互联网平台服务、用户数量巨大、业务类型复杂的个人信息处理者应当额外履行：第一，按照国家规定建立健全个人信息保护合规制度体系，成立主要由外部成员组成的独立机构对个人信息保护情况进行监督；第二，遵循公开、公平、公正的原则，制定平台规则，明确平台内产品或者服务提供者处理个人信息的规范和保护个人信息的义务；第三，对严重违反法律、行政法规处理个人信息的平台内的产品或者服务提供者，停止提供服务；第四，定期发布个人信息保护

[一] 许小年：《大型科技公司构成垄断了吗？》，2021年2月25日载于微信公众号"中欧北京"，见 https://mp.weixin.qq.com/s/fdu_N5nhuZCtbA1pMoP_WQ。

[二] 保罗·尼豪尔，彼得·范·克莱恩布昌格尔：《创新在竞争法分析中的角色》，韩伟等译，法律出版社，2020年。

社会责任报告，接受社会监督。针对超级数据平台提出了更高的个人信息保护义务。

2）规避滥用市场支配地位的行为。

平台企业因数据的参与，会更容易实施滥用市场支配地位的行为，因此在日常数据合规工作中要注意规避可能被认定为滥用市场支配地位的行为。

❑ 拒绝交易和限定交易

具有市场支配地位的平台企业，无正当理由拒绝、限定与交易相对人进行交易，排除、限制市场竞争，可能构成滥用市场支配地位。对此项分析，需要确定其中数据参与的情况，比如可能通过平台规则、数据、算法、技术等方面的实际设置限制或者障碍的方式实现，同时更注重对反垄断法保护目的的分析，该反垄断规制的不是行为而是原则，核心是是否构成了对市场竞争的排除和限制。比如利用算法进行搜索降权迫使二选一的行为，不一定采取反垄断规制，但仍然可能通过《电子商务法》《反不正当竞争法》等进行规制。

❑ 搭售或附加不合理交易条件

具有市场支配地位的平台企业，可能滥用市场支配地位，无正当理由实施搭售或者附加不合理交易条件，排除、限制市场竞争，其中考虑因素包括强制收集非必要用户信息。因此，在评估收集个人信息时，严格遵循最小必要原则，充分告知用户并征得其同意。例如，2019年2月6日，德国联邦卡特尔局（Bundeskartellamt）对Facebook涉嫌滥用市场支配地位行为做出处罚。在这起案件中，德国联邦卡特尔局认为Facebook通过用户协议条款，迫使用户同意Facebook收集和使用用户在其他平台（包括Facebook旗下的Whatsapp/Instagram平台以及嵌入Facebook插件的第三方网络平台或手机App）的数据，构成垄断行为。

❑ 差别待遇

具有市场支配地位的平台企业，可能滥用市场支配地位，无正当理由对交易条件相同的交易相对人实施差别待遇，排除、限制市场竞争。分析是否构成差别待遇，可以考虑以下因素：基于大数据和算法，根据交易相对人的支付能力、消费偏好、使用习惯等，实行差异性交易价格或者其他交易条件。因此在运用用户画像提供差异化服务时，应当评估其实施策略的正当性，避免构成大数据杀熟。《个人信息保护法》对自动化决策的规定中，不限定于大数据杀熟的实施主体要求具备市场支配地位，只要是利用个人信息进行自动化决策的，就不得对个人在交易价格等交易条件上实行不合理的差别待遇。

3)规避垄断协议——算法共谋。

《反垄断指南》在认定垄断协议时明确指出,除了书面和口头达成的协议、决定外,"其他协同行为是指经营者虽未明确订立协议或者决定,但通过数据、算法、平台规则或者其他方式实质上存在协调一致的行为,有关经营者基于独立意思表示所作出的价格跟随等平行行为除外"㊀。这对于实践产生了较大的争议,通过算法实现主观意思联络的行为应当被纳入垄断协议规制,然而如果仅是采用了动态调价算法后实质上达到了协调一致的结果,与平行行为如何区分,尚无准确的结论和实践案例,需要进一步观察未来变化。在实务中,建议对动态调价算法进行分析和评估,尤其是参考其他竞争对手的定价逻辑,避免落入故意实现协同一致的目的。

4)注意经营者集中申报。

据国家市场监管总局官网 2020 年 12 月 14 日消息,根据《反垄断法》规定,市场监管总局对三起未依法申报违法实施经营者集中案进行了调查,并于 2020 年 12 月 14 日依据《反垄断法》第 48 条、49 条做出处罚决定,对他们分别处以 50 万元人民币罚款的行政处罚。

平台经济给经营者集中申报带来了新的考验,经营者集中申报从营业额等客观申报条件增加了难度,《反垄断指南》明确说明了将根据行业惯例、收费方式、商业模式、平台经营者的作用等区分计算营业额,同时指出了未达到申报标准,但按照规定程序收集的事实和证据表明该经营者具有或者可能具有排除、限制竞争效果的,国务院反垄断执法机构应当依法进行调查。于是,基于增加数据掌握和控制能力等意图的并购行为,需要考量是否纳入经营者集中审查申报中。

谷歌于 2020 年 6 月 15 日向欧盟通报了拟收购 Fitbit 的交易,欧盟委员会于 2020 年 8 月 4 日宣布,已对谷歌收购 Fitbit 公司的提议展开深入调查。委员会强调,拟议的交易将进一步加强谷歌在在线广告市场的市场地位,增加谷歌可用于其广告个性化的数据量。此次交易为谷歌提供的数据优势将加大谷歌竞争对手在网络广告市场扩张的障碍。通过增强谷歌提供的个性化广告的数据优势,竞争对手将更难与谷歌的在线广告服务相抗衡。为了表示自己的收购行为不会带来这些不利影响,谷歌做出了承诺:谷歌不会将从欧洲经济区用户的腕戴式可穿戴设备和其他 Fitbit 设备收集的健康数据用于谷歌广告,包括搜索广告、展示广告和广告中介产品。

㊀ 《反垄断指南》第 5 条。

因此，在基于数据寻求更大竞争优势的并购中，及时按照规定进行经营者集中申报，同时采取必要的措施保障用户利益，避免对市场竞争产生过多的影响。

小　　结

白晓萌萌深入理解了互联网平台的双边市场以及规模经济特征，理解因数据、算法、流量等带来的技术实力以及对上下游市场等的影响，易于被认定为市场支配地位。尽管平台企业不因拥有大量的个人信息而背负"垄断原罪"，但更应该警惕数据作为生产要素被用于垄断行为，提前规避滥用市场支配地位、形成垄断协议以及未进行经营者集中申报等风险。

Chapter 13 第十三章

生物识别技术的发展：人脸识别的恐慌与合规

【场景】随着人脸识别技术的成熟与应用场景的拓展，公司也希望试水人脸识别技术。比如通过人脸识别技术来拓展业务，通过人脸识别业务来实现对线下业务的用户群体特征的分析以及定向营销；通过人脸识别技术来实现访客和员工进入办公场所的门禁和监控功能。白晓萌萌在初步检索中了解到人脸识别在法律、司法解释、国家标准中均有规定，案例层出不穷，更是在央视3·15晚会上曝光人脸识别技术的运用，因此开始审慎地梳理在业务中使用人脸识别技术的数据合规义务和实操指引。

第一节 辨析人脸识别技术及其应用场景

白晓萌萌初步检索后，难以从相关法律法规中直接提取人脸识别技术相关的数据合规要求，因此她认为应当将人脸识别技术相关问题映射到数据合规相关法律要求的范畴，前提是需要准确界定人脸识别技术具体所指为何，以及在数据合规中涉及的法律概念是什么，进而界定人脸识别的数据合规义务。

1. 人脸识别技术及其原理

人脸识别技术的实质是生物识别技术，通过人脸图像的特征值来预测两张脸的相似度，试图验证或确定某个人的身份。比如劳某枝案，背负7条人命的重犯劳某枝在逃脱抓捕后整容，改头换面并改变身份生活20年，结果被摄像头检测到并识别出与国家通缉犯的相似程度达到了 97.33%，这迅速引起了警方的注意，先对劳某枝进行暗访。警方确认其身份后，再对其进行抓捕。在该案中，警方通过将天眼所拍摄到的视频中的人脸与国家通缉犯库中的图片进行对比，确定了劳某枝的身份，就是典型的人脸识别技术应用。

（1）人脸识别系统的运行步骤

简单来说，人脸识别系统的运行步骤可以分为如下几步。

1）人脸检测。检测图像中是否包含人脸最常用的方法之一是利用人脸肤色与周围环境颜色的差异，将人脸与背景区分开来；若图像中存在人脸，则系统将返回检测到的人脸矩形边界的 4 个坐标值㊀。

2）人脸特征提取。对图像中的人脸进行定位，常用的关键位置的点为左右眼、左右嘴角和鼻子这 5 个人脸特征点，以及包括嘴唇和面部轮廓构成的 68 个人脸特征点。进而对人脸特征进行提取，通常用于判断性别、年龄等场景。根据人脸特征的时间可变性，可以将人脸特征分为永久性的人脸特征（如五官）和暂时性的人脸特征（如皱纹）㊁。

3）人脸比对并匹配。根据匹配模式不同，如图 13-1 所示㊂，可以分为如下两种㊃。

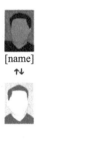

a）人脸验证　　　　　　　　b）人脸识别

图 13-1　人脸验证与人脸识别

㊀ 杨丹：《人脸识别技术研究综述（二）：技术缺陷和潜在的偏见》，2020 年 9 月 8 日载于微信公众号"网安寻路人"，https://mp.weixin.qq.com/s?__biz=MzIxODM0NDU4MQ==&mid=2247489343&idx=1&sn=d146ae24861166ea1ac01a5f99452aef&chksm=97eaaad5a09d23c329956b28aae999ab269f9b85a90dca84bdf352a32937cc2f913def99f166&scene=21#wechat_redirect。

㊁ 同脚注㊀。

㊂ 杨丹、黄章令：《理解人脸识别系统》，2020 年 5 月 20 日载于公众号"网安寻路人"，https://mp.weixin.qq.com/s?__biz=MzIxODM0NDU4MQ==&mid=2247488747&idx=1&sn=72481ca7c42f317838d9632d7cc8e95e&chksm=97eaa901a09d2017f0958a96aabf1e0d8cfb3b9e25f0c09d0d166bcf42ee9dd601e54bfe7466&scene=21#wechat_redirect。

㊃ 同脚注㊂。

a. 人脸验证试图检验或验证身份，即 1∶1 匹配过程。将检测到的人脸图像与系统中预备要比对的已知人脸进行比对，以预测他们是否相同。例如，一个系统通过验证身份以便授予某人访问安全区域的权限。

b. 人脸识别试图预测身份，即 1∶N 匹配过程。将检测到的人脸图像与系统内的已知人脸进行对比，以查看是否找到匹配项。

（2）人脸识别系统的关键要素

人脸系统投入运行之前，需要做好如下几项工作。

1）训练系统。其实人脸识别技术采用的也是机器学习算法，需要大量输入数据去训练人脸识别模型。

【案例】深圳某技术股份有限公司首次公开发行股票并在科创板上市申请文件的审核问询函中，被要求说明视觉人工智能技术的初始训练、迭代更新、模型训练所需的大量数据的具体来源。发行人说明发行人的初始训练主要集中在客户新需求驱动的新算法的研发，其数据来源主要包括在经员工授权统一的前提下，向员工采集、向专业数据供应商采购。

2）创建注册数据库。已知身份和人脸添加到注册数据库中。将人脸识别采集的未知图像发送给系统与注册数据库中的人脸进行比对，以试图验证或预测该人脸的身份。因系统和用途不同，注册数据库来源不同，如驾照和签证图片⊖。

3）设置匹配阈值。匹配阈值是用来判断是否匹配的基线值，该阈值是可调整的。当一个需要检测的图像进入人脸识别系统后，该系统会将该需要检测的图像与注册数据库中的样本进行匹配，得出一个匹配分数，如果该匹配分数高于匹配阈值，则可判定为人脸验证通过或输出相应识别一致的人名或对象列表。图 13-2 所示匹配阈值的高低将影响验证的结果。

匹配阈值较低时，误报率更高——该人会在未经授权的情况下被验证

匹配阈值较高时，漏报率更高——该人无法验证自己的身份

图 13-2　匹配阈值高低对验证结果的影响

⊖ 杨丹，黄章令：《理解人脸识别系统》，2020 年 5 月 20 日载于公众号"网安寻路人"，https://mp.weixin.qq.com/s?__biz=MzIxODM0NDU4MQ==&mid=2247488747&idx=1&sn=72481ca7c42f317838d9632d7cc8e95e&chksm=97eaa901a09d2017f0958a96aabf1e0d8cfb3b9e25f0c09d0d166bcf42ee9dd601e54bfe7466&scene=21#wechat_redirect

正如此前某演员子女在社交平台上发布的一条动态,她用自己的脸打开了妈妈的手机,因此引发了大家对人脸识别安全性的质疑,其实发生这个现象有多个原因,其中一个重要的原因可能是匹配阈值过低,导致误报率高。

2. 人脸识别的应用场景

《信息安全技术　人脸识别数据安全要求(征求意见稿)》将人脸识别的应用场景分为3类:人脸验证、人脸辨识与人脸分析。

(1)人脸验证

人脸验证是指将采集的人脸识别数据与存储的特定自然人的人脸识别数据进行比对(1∶1比对),以确认特定自然人是否为其所声明的身份。对应上述人脸识别系统关键步骤中人脸比对并匹配中的人脸验证。

人脸验证的典型应用场景为火车站、飞机场验证人证一致。在互联网领域常见的是扫脸解锁、扫脸支付等。如图 13-3 所示[⊖],iPhone X 开始启用 faceID 支持通过人脸识别解锁手机。

(2)人脸辨识

人脸辨识是指将采集的人脸识别数据与已存储的指定范围内的人脸识别数据进行比对(1∶N 比对),以识别特定自然人。对应上述人脸识别系统关键步骤中人脸比对并匹配中的人脸识别。

人脸辨识比较受大家关注的是公共执法领域,如上文所述的劳某枝案的识别和追踪罪犯。商业领域较多发生在零售门店,如 2021 年 3·15 晚会曝光案例:销售门店安装具有人脸识别功能的摄像头,在消费者进店后自动抓取消费者的人脸识别信息,通过 AI 等技术分析消费者的性别、年龄,并记录其到店次数等信息,同时生成与该消费者唯一对应的 ID 编号。门店根据上述数据,分析消费者的消费倾向,待其再次到店后,制定不同的营销策略和报价方案[⊜]。

图 13-3　iPhone X 启用 faceID 通过人脸识别解锁手机

⊖　面容 ID,介绍来自苹果官方网站:https://www.apple.com.cn/privacy/control/。

⊜　沈志君及其团队:《泰和泰研析 | 3·15 个人信息保护特辑(一)——谁在偷我的"脸"?门店人脸识别数据合规三宗"罪"》,2021 年 3 月 17 日载于微信公众号"泰和泰律师",见 https://mp.weixin.qq.com/s/k0M6frM1FsWnuUJi8IKW1g。

(3) 人脸分析

人脸分析是指不开展人脸验证或人脸辨识，仅对采集的人脸图像进行统计、检测或特征分析。对应上述人脸识别系统关键步骤中的人脸特征提取。

人脸分析的典型应用包括公共场所人流量统计、体温检测、图片美化等，也包括对情绪、倾向等方面的预测与洞察。斯坦福大学研究员米哈·科辛斯基（Michal Kosinski）在《自然》杂志旗下期刊《科学报道》（Scientific Reports）上发表了一项新研究：通过人脸识别准确分析政治倾向。研究人员总结了一些面部特征，包括稳定的特征（如面部结构）和短期的特征（如表情、妆容、面部毛发、头部方向等）。他们将人脸识别算法应用在志愿者的照片上，比较自由派和保守派人士的面部特征，进而预测其政治倾向。结果显示，人脸识别正确区分政治倾向的准确率高达72%，而人类区分的准确率仅为55%[一]。

总而言之，人脸识别技术在现代社会得到了大范围的运用，甚至可以说改变了我们的很多生活习惯和方式。但是技术发展不完善以及规制要求滞后于技术发展，也引发了人们很大的抵触和质疑。本书在厘清了人脸识别系统的运行步骤以及关键技术后，梳理了典型的应用场景，为其后映射到数据合规领域的要求以及基于场景出发的合规梳理奠定良好的基础。

第二节 映射人脸识别的数据合规要点

人脸识别的规制要求自2021年开始有了大范围的发展，包括2021年4月公布的《信息安全技术 人脸识别数据安全要求（征求意见稿）》（简称《人脸识别数据安全要求》）、2021年7月公布的《最高人民法院关于审理使用人脸识别技术处理个人信息相关民事案件适用法律若干问题的规定》（以下简称《人脸识别司法解释》），2021年8月公布的《个人信息保护法》也明确规定了人脸识别相关条款。

如上所述，人脸识别技术的本质是生物识别，因此数据合规要求应当围绕生物识别数据合规要求，以及特殊规定适用于人脸识别相关数据的数据合规要求展开。

1. 人脸识别的数据合规要点

（1）特定目的和充分必要性

根据《个人信息保护法》的规定，生物识别信息属于敏感个人信息，因此只有在具

[一] 石悦欣，冯群星：《人脸识别可分析政治倾向！继同性恋检测后，斯坦福又有新研究》，2021年1月15日载于微信公众号"AI前哨站"，见 https://mp.weixin.qq.com/s/IdiZHJkrWNYNxritffbDsg。

有特定的目的和充分的必要性时，才可以处理人脸识别信息。在衡量收集、使用人脸识别信息时，需要从场景出发判定特定目的和充分必要性。

【案例】《南方都市报》曾于2020年11月22日报道，售楼处安装人脸识别系统，未经消费者同意且未做显著提醒，即收集并存储其面部数据用以帮助房企判断某个购房者是什么类型、是谁的客户、佣金应该发给谁等问题。人脸识别系统还将消费者区分为不同类型，给予不同的优惠力度，有"价格和服务歧视"之嫌疑。于是南京市房管局启动了对售楼处安装人脸识别系统的检查工作，这在全国尚属首例。㊀

（2）公开并遵守人脸信息处理规则

根据《个人信息保护法》和《人脸识别司法解释》的规定，处理人脸识别信息应当告知用户如下信息，并公开处理规则并予以遵守：

1）个人信息处理者的名称或者姓名和联系方式。
2）处理的目的、方式和个人信息的种类、保存期限。
3）个人行使权利的方式和程序。
4）处理敏感个人信息的必要性以及对个人权益的影响。

【案例】2020年12月1日，江苏省镇江市公安局京口分局网安大队会同辖区九里街派出所对公寓楼的人脸识别系统进行例行检查。在检查过程中，公安机关发现某楼宇安装的人脸识别系统存在数据泄露、丢失的安全隐患。经查，在采集人脸信息过程中，物业公司仅口头告知收集业主的人脸信息、姓名、手机号、家庭住址等个人信息用于安保门禁，但并未明示人脸信息的存储、传输、提供等处理情况。该物业公司存在没有告知业主收集、使用人脸信息目的、方式、范围的问题。

（3）应征得自然人或其监护人的单独同意

处理敏感个人信息应当取得个人的单独同意；法律、行政法规规定处理敏感个人信息应当取得书面同意的，从其规定。㊁

在收集人脸信息前，一方面应单独征得个人信息主体的明示同意，且确保明示同意是其在完全知情的基础上自主做出的；另一方面，应单独向个人信息主体告知收集、使用人脸信息的目的、方式和范围，以及存储的时间等，而不是与其他个人信息处理规则一同告知。

㊀ 新浪财经：《南京要求售楼处拆除"人脸识别系统"，全国尚属首例！》，2020年11月30日，见https://baijiahao.baidu.com/s?id=1684786092022895325&wfr=spider&for=pc。

㊁《个人信息保护法》第29条。

【案例】某国外卫浴品牌因门店违法收集人脸识别信息被罚50万元。行政处罚决定书明确指出当事人在2020年2月至2021年3月期间在门店安装了摄像设备，该摄像设备会自动抓取到店人员的人脸信息，并通过软件系统将收集到的人脸信息图片上传到万店掌租用的阿里云服务器，再经过算法筛出门店员工及重复进店的顾客，达到去重的目的。当事人据此来精准统计客流，方便制定销售策略。但是在收集消费者人脸信息时，并未取得消费者明示或授权同意。截至2021年3月15日，当事人共抓取了2 202 264条人脸信息。上海市静安区市场监督管理局认定，其构成经营者未经消费者同意收集消费者个人信息的违法行为。

（4）不得"强迫"用户同意使用人脸识别

根据《人脸识别司法解释》，信息处理者不得强制处理人脸信息，保证用户的自主选择权。

1）信息处理者不得要求自然人同意处理其人脸信息才提供产品或者服务（但是处理人脸信息属于提供产品或者服务所需的除外）。

2）信息处理者不得以与其他授权捆绑等方式要求自然人同意处理其人脸信息。

3）信息处理者不得强迫或者变相强迫自然人同意处理其人脸信息。㊀

同时，针对近年来更加广泛使用的小区住宅、办公楼人脸门禁，《人脸识别数据安全要求》等标准中提到过"应同时提供非人脸识别的身份识别方式，并提供数据主体选择使用"，但是该标准的法律效力较低，且仍处于征求意见阶段，参考价值有限。此外，《杭州市物业管理条例（修订草案）》第44条第6款也曾规定，物业不得强制业主通过指纹、人脸识别等生物信息方式使用共用设施设备，保障业主对共用设施设备的正常使用权。本次《人脸识别司法解释》首次清晰地规定在物业服务应用场景下，不得强迫个人使用人脸识别方式，且在个人不同意时，应提供其他合理验证方式，确保给予自然人充分的选择权利。例如，采取人脸识别方式作为进入小区、公寓、办公楼门禁方式的同时，要为有异议的个人提供其他核验身份的选项，如出入证、IC卡、手动登记等多元化的选择。

【案例】以"人脸识别第一案"为例，被告杭州某公园在未与原告郭某进行任何协商，亦未征得其同意的情况下，发送短信告知郭某未注册人脸识别将无法正常入园。在原告郭某上门咨询求证时，该公园的工作人员明确告知其不注册人脸识别将无法入园，

㊀ 《最高人民法院关于审理使用人脸识别技术处理个人信息相关民事案件适用法律若干问题的规定》第4条。

而未告知存在其他的入园方式。被告的行为存在未经当事人同意强制收集人脸信息，并强制使用人脸识别的行为，剥夺了个人信息主体的选择权。在二审判决中，法院最终也认定该公园欲利用收集的照片扩大信息处理范围，超出事前收集目的，表明其存在侵害郭某面部特征信息之人格利益的可能与危险，应当删除包括郭某办卡时提交的照片在内的面部特征信息。

（5）事前进行个人信息保护影响评估

在处理个人人脸识别信息前，应当进行个人信息影响评估，并对处理情况进行记录。应当评估处理目的、方式等是否合适、正当、必要，这点在人脸识别处理的评估里尤其重要，以及对个人权益的影响和安全风险，相应的保护措施是否合法、有效并与风险程度相适应。

（6）采取应有的技术措施确保收集、存储的人脸信息安全

《个人信息保护法》处理人脸识别信息的前提是采取严格的保障措施。《人脸识别司法解释》第2条第5款也同样规定了未采取应有的技术措施或者其他必要措施确保其收集、存储的人脸信息安全，致使人脸信息泄露、篡改、丢失，属于侵害自然人人格权益的行为。这一点在此前的国标《信息安全技术　个人信息安全规范》《人脸识别数据安全要求》等文件中均有所体现。对此，企业可以注意在收集、存储人脸信息时，采取以下技术措施。

1）加密存储和传输人脸识别数据。

2）采用物理或逻辑隔离方式分别存储人脸识别数据和个人身份信息。

3）原则上不应存储原始人脸信息（如样本、图像等），可采取的措施包括但不限于：仅存储个人生物识别信息的摘要信息；在采集终端中直接使用人脸信息实现身份识别、认证等功能；在使用面部识别特征等实现识别身份、认证等功能后，删除可提取个人生物识别信息的原始图像。

（7）不应违规或违约向他人提供人脸信息

《人脸识别司法解释》第2条第6款规定了，违反法律法规或者双方约定，向他人提供人脸信息的行为属于侵权行为。对此，《人脸识别数据安全要求》在企业如何操作方面有着更详细的规定，能够为企业在向他人提供人脸信息时提供一定参考。

1）原则上不应共享、转让人脸识别数据。

2）因业务需要，确需共享、转让的：

☐ 应开展个人信息保护印象评估。

- 单独告知数据主体共享或转让的目的、接收方身份、接收方数据安全能力、数据类别、可能产生的影响等相关信息。
- 征得数据主体的书面授权。

3）原则上不应进行委托处理，确需委托处理的，应在委托处理前审核受委托者的数据安全能力，并对委托处理行为开展个人信息保护影响评估。

因此，在与第三方签订数据处理协议时，需要注意在协议中明确要求供应商采取措施确保数据安全，且不得存储原始个人生物识别信息，并定期对人脸的相关数据进行删除处理，不得公开披露人脸数据信息。

【案例】此前的明星健康宝照片泄露事件就属于违规向他人提供人脸信息的行为。明星使用健康宝拍照是为进行人脸识别满足防疫要求，显然没有将（素颜）照片公之于众、广泛传播的意思。而被泄露的健康宝信息中包含明星人脸图片、姓名、身份证号、电话号码等，该等信息实际已落入法律对"个人信息"的定义。无论是《民法典》第1038条还是《刑法》第253条，都提供了明确的法律保护，规定任何人均不得非法收集、使用、加工、传输他人个人信息，不得非法买卖、提供或者公开他人个人信息。

（8）在宾馆、商场等经营场所和公共场所使用人脸识别技术进行人脸验证等应遵守相关法律法规

《人脸识别司法解释》第2条第1款明确了在公共场合收集个人信息时，如未明确按照法律法规的要求使用人脸识别技术进行人脸验证、辨识或者分析，则存在侵权行为。《个人信息保护法》明确规定：在公共场所安装图像采集、个人身份识别设备，应当为维护公共安全所必需，遵守国家有关规定，并设置显著的提示标识。所收集的个人图像、身份识别信息只能用于维护公共安全的目的，不得用于其他目的；取得个人单独同意的除外。因此，对于公共场所收集人脸识别信息，有明确的目的限制，即公共安全目的，以及需要有显著的提示标识。《信息安全技术 个人信息处理中告知同意的实施指南》也对此进行了规定，即在汽车站、火车站、地铁站、机场、商场等公共场所收集人脸信息时，个人信息控制者应以显著方式向个人信息主体进行展示告知。例如，在摄像头安装显著处张贴告知，提示"此处摄像头用于人脸识别，以便实现×××目的。我们承诺会保护您的人脸等信息安全，详情可咨询收银台或扫描二维码"。

（9）保护死者个人信息权益

《个人信息保护法》规定：自然人死亡的，其近亲属为了自身的合法、正当利益，可以对死者的相关个人信息行使本章规定的查阅、复制、更正、删除等权利；死者生前另有

安排的除外。《人脸识别司法解释》第 15 条规定，自然人死亡后，信息处理者违反法律、行政法规的规定或者双方的约定处理人脸信息，死者的近亲属依据《民法典》第 994 条请求信息处理者承担民事责任的，适用本规定，对具体应当如何落实操作提供了进一步的明确规定，弥补了立法空白；同时，增加的这条规定也充分体现了人文关怀，具有进步意义。

（10）人脸分析涉及深入情绪等私密角落

当前人脸识别的相关规定都侧重人脸辨析和人脸识别，较少涉及人脸分析部分。因为当前技术发展和实际运用还尚未大范围地触及人脸分析。然而，如果涉及人脸分析，而且触及情绪、性取向、政治取向等方面的话，从数据合规角度来说，对个人信息主体的影响会更大，需要更慎重。借鉴欧盟数据保护监管机构（EDPS）的面部情绪识别的观点，因为面部情绪识别是通过人脸分析来评估内部情绪，触及了人们最私密的角落，所以其对如何证明使用场景的必要性和充分性提出了很大的挑战，也对准确性和公平性有了更高的要求[一]。

【案例】亚马逊为所有送货车辆配备 AI 摄像头系统——Driveri，监控司机的所有行为。在行车过程中，摄像头会始终处于打开状态，并时时监督驾驶员的肢体语言、车辆速度，甚至是否有睡意。然后，系统使用"自动口头警报"来告知驾驶员是否检测到违规行为。在海外论坛 reddit 上，不少民众都表达了对亚马逊此举的担忧。最受关注的一条评论指出，不止亚马逊，美国邮政 UPS 的配送卡车也曾经试图采取同样的监控系统，但是被工会阻止了。[二]对于道路安全的诉求要求通过人脸分析和肢体分析的侵入方式是否必要充分，成了一个很大的疑问。

2. 民事责任的承担和举证责任

除了了解上述人脸识别信息处理的数据合规要求外，还应清晰了解民事责任的承担和举证责任等，从而为企业在诉讼中提供更好的应对方案。《个人信息保护法》和《人脸识别司法解释》对法律责任、诉讼中的举证责任等均有细化的规定。

（1）明确信息处理者应承担的侵权责任和违约责任

《人脸识别司法解释》明确规定了处理人脸信息有违反规定的行为，应当认定为属于侵害自然人人格权益的行为，同时应当适用《民法典》第 998 条的规定，并结合案件具

[一] 林奕，杨丹：《人脸识别 | EDPS 关于面部情绪识别的观点》，2021 年 6 月 7 日载于微信公众号"网安寻路人"，见 https://mp.weixin.qq.com/s/b7e4b1pkgDHXWtuSVfL7tw。

[二] Mickey：《你的每个哈欠老板都知道！被 AI 摄像头全天盯紧，亚马逊快递小哥不干了》，2021 年 3 月 21 日载于微信公众号"大数据文摘"，见 https://mp.weixin.qq.com/s/ywFyJFIJwQqwUxfYWsmjLw。

体情况综合考量受害人是否为未成年人、告知同意情况以及信息处理的必要程度等因素。

《人脸识别司法解释》还对侵权责任进一步细化，其中第 7 条明确主张多个信息处理者处理人脸信息侵害人格权益情形时，该自然人可就多个信息处理者按照过错程度和造成损害结果的大小主张承担侵权责任，人民法院对其依法予以支持；且在符合《民法典》规定的相应情形下，如该自然人主张多个信息处理者承担连带责任，人民法院依法予以支持。

针对违约责任部分，《人脸识别司法解释》第 11 条规定了信息处理者采用格式条款与自然人订立合同，要求自然人授予其无期限限制、不可撤销、可任意转授权等处理人脸信息的权利，该自然人依据《民法典》第 497 条请求确认格式条款无效的，人民法院依法予以支持。进一步规定了信息处理者违反约定处理自然人的人脸信息，该自然人请求其承担违约责任的，人民法院依法予以支持。该自然人请求信息处理者承担违约责任时，请求删除人脸信息的，人民法院依法予以支持；信息处理者以双方未对人脸信息的删除做出约定为由抗辩的，人民法院不予支持。

（2）扩大个人信息主体的救济方式

《人脸识别司法解释》扩大个人信息主体的救济方式，进一步保护了个人信息主体的权利。

首先，《人脸识别司法解释》第 9 条明确了个人信息主体被侵害时，申请人格权侵害禁令的事由，即自然人有证据证明信息处理者使用人脸识别技术正在实施或者即将实施侵害其隐私权或者其他人格权益的行为，不及时制止将使其合法权益受到难以弥补的损害，向人民法院申请采取责令信息处理者停止有关行为的措施的，人民法院可以根据案件具体情况依法做出人格权侵害禁令。

其次，《人脸识别司法解释》第 8 条新增了个人信息主体可以主张财产损害赔偿及为制止侵权行为所支付的合理开支。

再次，《人脸识别司法解释》明确了若属于公益诉讼的相关规定，是可以提起相应公益诉讼的。

【案例】2021 年 7 月 30 日，广东省人民检察院公布广东省个人信息保护检察公益诉讼典型案例，其中，针对广东省江门市某住宅小区违规设置"人脸信息识别"门禁系统存在泄露个人信息风险案件，检察机关采用"公开听证＋检察建议"的方式督促行政机关依法履职，推动建立监管协作机制，保护业主个人信息安全。㊀

㊀ 广东省个人信息保护检察公益诉讼典型案例，2021 年 7 月 30 日载于微信公众号"广东检察"，见 https://mp.weixin.qq.com/s/EyJT84kXMCCCvNVZMuG9kA。

(3) 明确信息处理者举证责任倒置义务

《个人信息保护法》对个人信息处理者的举证责任进行了明确的规定，即个人信息处理者不能证明自己没有过错的，应当承担损害赔偿等侵权责任。在实践中，一直存在因为举证困难而导致个人信息主体难以得到有效的权益保护。为改善这一困境，对被侵权的个人信息主体进行更好的救济，因此规定了个人信息处理者的举证责任倒置义务。《人脸识别司法解释》第6条也再一次明确了信息处理者举证责任倒置义务，即当事人请求信息处理者承担民事责任的，信息处理者主张其行为符合《民法典》第1035条第一款规定情形的，应当就此所依据的事实承担举证责任。信息处理者主张其不承担民事责任的，应当就其行为符合《人脸识别司法解释》第6条规定的情形承担举证责任。

因此，企业在进行人脸信息处理活动时，应当确保得到个人信息主体的单独明示同意，并依照法律法规进行处理活动，保留处理记录，做到能够自证合规，以应对未来可能的诉讼风险。

(4) 处理人脸信息的免责事由

《人脸识别司法解释》第5条规定了处理人脸信息的免责事由。具体而言，信息处理者主张为应对突发公共卫生事件，或者紧急情况下为保护自然人的生命健康和财产安全所必需而处理人脸信息的；为维护公共安全，依据国家有关规定在公共场所使用人脸识别技术的；为公共利益实施新闻报道、舆论监督等行为在合理的范围内处理人脸信息的；在自然人或者其监护人同意的范围内合理处理人脸信息的；或者为符合法律、行政法规规定的其他情形而处理人脸信息的，人民法院对此均依法予以支持。

例如，公交车防疲劳驾驶检测系统会收集司机的人脸信息，主要目的是保障公共安全，实时提醒司机避免在开车时出现犯困、注意力不集中的现象，从而避免危害公共安全的严重后果。在这种情况下，使用人脸识别的情形符合《民法典》第1036条第3款"为维护公共利益或者该自然人合法权益，合理实施的行为，行为人不承担民事责任"的规定，也符合《人脸识别司法解释》第5条第3款的规定，因此人脸信息处理者无须承担民事责任。

小　结

白晓萌萌深入学习本章后，了解到人脸识别的运行方式主要是将人脸图像识别为特征,然后与注册数据库中的人脸进行比对,包括人脸验证和人脸辨析两种类型。人脸识别的准确性取决于多种原因,包括训练系统、匹配阈值等。人脸识别的本质是生物识别信息,映射到数据合规要求中,应当保证充分必要、告知以及单独同意,同时提供安全保障措施、进行个人信息保护影响评估、谨慎处理数据分享和委托处理等。同时,对于人脸分析的场景,尤其是涉及情绪、性取向等,应当更谨慎处理充分必要和准确性等问题。《人脸识别司法解释》和《个人信息保护法》对于人脸识别信息的合法使用边界、法律责任、举证责任和救济方式等均有所规定,为人脸识别信息处理的保护提供了清晰的法律规则,应当予以深入了解。

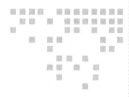

第十四章 Chapter 14

出海业务中如何跨境传输数据才不碰雷

【**场景**】公司启动了扬帆出海计划，拓展海外市场。公司运维部门咨询白晓萌萌：应当部署几个数据中心，哪个国家的个人信息应当存储在哪个国家的数据中心？白晓萌萌一头雾水，运维部门负责人语重心长地解释道："该问题牵扯了公司巨大的成本投入，动辄千万级，各国的存储服务的能力不同，存储成本不同。一旦确定数据中心及数据存储规则，短期内将很难调整，否则会带来很高的迁移费用，对服务稳定性的影响也很大。"白晓萌萌心中一凛，开始梳理各国跨境传输合规机制，规避跨境传输之"雷"。

第一节 第一道雷：数据本地化

经过白晓萌萌初步检索，赫然发现如《LinkedIn在俄罗斯因本地化存储问题被禁》等新闻，她认为首要解决的是判断目标市场国是否有数据本地化的要求。本节将拆解数据本地化的不同类型，进而提供具有独创性的排查清单，以准确识别数据本地化的具体合规要求以及相应的规划。

1. 数据本地化的定义

根据2020年经济发展与合作组织（Organization for Economic Co-operation and Development，OECD）发布的《数据本地化趋势及挑战报告》，数据本地化是指直接或间接规定数据必须在特定的管辖范围内专门或非专门存储或处理的强制性法律或行政要求[1]。

从定义上即可了解到，各国对于数据本地化的具体要求有所不同，涉及数据类型、本地化严格程度等方面。从要求数据本地化的数据类型上来说，可以分为如下两类。

1）个人数据（或个人信息）。这也是最常见的要求本地化存储的数据类型。

2）行业内的重要数据。如医疗健康行业（如澳大利亚）、银行业（如中国）、保险业（如中国）、征信业（如中国）、交通（如中国）、电子支付（如土耳其）、地图数据（如韩国）、网络信息服务（如越南）等。[2]

从数据本地化的严格程度上来说，可以分为如下两类。

1）本地化处理，即所有或主要数据处理活动应当在境内的数据中心进行。

2）本地化存储，即存储应当在境内的数据中心进行，通常仅在境内的数据中心保存一个数据副本。

同时，各国对数据本地化违规的处罚力度以及执法尺度等均有所不同，有的国家规定违反后果是禁止提供服务，这对于企业实践来说风险更大，因此需要提前排查。

2. 数据本地化要求的排查方法

例如，俄罗斯制定如表 14-1 所示的排查清单，以便准确识别目标市场国的数据本地化要求。

表 14-1　数据本地化要求的排查清单

问题	回复
什么类型的数据适用数据本地化要求	俄罗斯公民的个人数据 难点在于仅根据网上行为怎么判断该用户为俄罗斯公民，当前监管机构未曾给出相应的指南
什么类型的数据控制者或数据处理者应遵守数据本地化要求	所有数据控制者以及经数据控制者授权的所有数据处理者
数据本地化要求针对的处理行为包括什么	所有数据处理活动，包括存储、计算、汇总、分析、修改和提取等行为，均应在俄罗斯境内的数据中心进行，即在俄罗斯境内的数据中心包括最新、最完整的数据，而非仅是存储一个数据副本

---

[1] OECD, *Data localisation trends and challenges: considerations for the review of the privacy guidelines*, OECD (April.4, 2021), https://www.oecd-ilibrary.org/deliver/7fbaed62-en.pdf?itemId=/content/paper/7fbaed62-en&mimeType=pdf.

[2] 洪延青：构建数据跨境流动安全评估框架：实现发展与安全的平衡（二），载自微信公众号"网安寻路人"2021年4月5日，见 https://mp.weixin.qq.com/s?__biz=MzIxODM0NDU4MQ==&mid=2247484243&idx=1&sn=6b6a822357beff81bc817677c33ae55e&chksm=97eabeb9a09d37af51c1020039e00da88a48e6cd4136ece98873028d3eaa8329c71e60bc7eb1&scene=21%23wechat_redirect。

（续）

问题	回复
是否有数据本地化的报告义务	是 应当向俄罗斯数据保护机关 Roskomnadzor 报告数据控制者以及本地化存储的数据中心位置
如果不履行数据本地化要求，数据控制者的服务是否会被禁	是 俄罗斯数据保护机构 Roskomnadzor 或数据主体均可提起法院诉讼，根据法院裁决，Roskomnadzor 可以联系主机或接入服务商断开相应服务，以禁止违反数据本地化要求的数据控制者继续在俄罗斯境内提供服务。如 LinkedIn 因未履行数据本地化要求而在俄罗斯境内被禁
如果不履行数据本地化要求，是否会处以罚款以及罚款金额为多少	单次违反，对公民处以 3 万卢布以上 5 万卢布以下，对法人实体负责人处以 10 万卢布以上 20 万卢布以下，对法人处以 100 万卢布以上 600 万卢布以下的行政罚款 数次违反，对公民处以 5 万卢布以上 10 万卢布以下，对法人实体负责人处以 50 万卢布以上 100 万卢布以下，对法人处以 600 万卢布以上 1 800 万卢布以下的行政罚款 Facebook 以及 Twitter 因违反数据本地化要求被分别处以 400 万卢布的罚款[一]

通过上述排查清单，可以得出目标市场国数据本地化的具体要求和处罚力度，据此可以与企业运维等部门沟通，相应予以规划。

首先，确定数据本地化范围界定的方式，将发现该类数据作为触发数据本地化流程的起点。比如以俄罗斯为目标市场，根据上述排查清单确定俄罗斯公民的数据需要进行本地化处理的，则制定规则界定何种类型属于俄罗斯公民数据，比如填写社保号，一旦纳入该范围的数据则自动进入本地化处理流程。

其次，确定数据本地化处置方式（即本地化存储或本地化处理），若属于本地化存储，则该数据可以根据相应的跨境传输合规机制传输到境外数据中心进行处理后，回传数据副本至境内的数据中心；若属于本地化处理，则该数据应当传输到境内数据中心进行处理、存储等，是否可以将副本传输到境外，请按照本章第二节进行排查。

第二节　第二道雷：跨境传输合规机制

白晓萌萌在了解排查数据本地化要求后，下一步需要回答运维部门咨询的"是否可

[一] *Facebook and Twitter fined for violation of requirements for the personal data localization*, International Lawyers Network (Apr.4, 2021), https://www.ilnipinsider.com/2020/03/facebook-and-twitter-fined-for-violation-of-requirements-for-the-personal-data-localization/。

以将数据合法传输到境外"问题,于是进一步排查跨境传输的合规机制。本节将重点阐述跨境传输合规机制与数据本地化要求的衔接关系以及常见的跨境传输合规机制。

1. 跨境传输的定义

根据 OECD 发布的《关于隐私保护和个人数据跨境流动的指南(2013)》,数据跨境传输是指"个人信息的传输跨越了国家边界"[⊖]。各国对于跨境数据流动或跨境数据传输,采用了不同的用语,如"向境外传输""向第三国提供"等。通俗来讲,跨境数据流动就是当数据在一个国家境内(传输国)产生后被传输到另一个国家(接收国)。因此,跨境数据流动需要关注数据产生自哪个国家、存储于哪个国家的数据中心以及接收方的数据中心位于哪个国家。另外,跨境数据流动限制对象并不在于传输方与接收方的关系,即使同一集团内不同公司或者同一公司均受该限制。

数据跨境传输在不同国家法律规定以及执法中的差异通常体现在个人信息的范围以及传输的范围。个人信息的定义各国有差异,这在第六章已阐释,此处不再赘述;而跨境传输的范围包括如下内容。

1)将存储个人信息的物理介质从传输国传输到接收国。例如,一家土耳其公司员工 A 将公司客户的个人信息存储于移动硬盘,乘坐飞机将移动硬盘从土耳其运送至英国。

2)将个人信息以电子形式从传输国传输并存储于接收国的数据中心。例如,一家希腊公司为日本用户提供服务,将日本用户的个人信息存储在希腊的数据中心。

3)从接收国访问或浏览存储在传输国数据中心的个人信息。例如,一家法国公司仅向欧盟用户提供服务,个人信息存储于法国境内,一家俄罗斯公司作为数据处理者,其员工访问了存储于法国境内的数据中心的个人信息。

鉴于可能存在范围上的差异,而该差异可能导致合规方案有较大的不同,需要提前排查传输国的相关法律规定以及监管机构的指南等。

2. 跨境传输合规机制与数据本地化的关系

在相关研究成果中,通常将跨境传输合规机制与数据本地化要求一并分析,以评估数据跨境流动的限制性。数据跨境流动机制分类方法多样,在"世界经济论坛"组织的一次讨论中集合了世界各地的机构、智库、学术界领袖等智慧,以该论坛白皮书中所撰

⊖ *Recommendation of the Council concerning Guidelines governing the Protection of Privacy and Transborder Flows of Personal Data* (2013): definition (e), OECD (April.5, 2021), http://www.oecd.org/sti/ieconomy/oecd_privacy_framework.pdf.

写的第一章《监管跨境数据流——国内良好做法》中总结的分类方法来叙述[一]，如图14-1所示，可分为如下几类。

1）无条件的流动机制：数据可自由跨境流动，无特殊要求。

2）有条件的流动机制：当接收国或数据接收方满足某些条件时，可以跨境传输至目的地国或目的地国内特定的接收方。此为当前各国个人数据保护法的普遍规定。

3）本地存储要求：某些数据只要满足在境内存储副本的要求，即可以将数据传输到境外。

4）本地处理要求：某些数据的主要处理行为必须在境内的数据中心进行。

5）禁止数据传输：某些数据必须在境内存储、处理和访问，与本地处理要求的差异是不允许将数据副本传输到境外。

图 14-1　跨境数据流动的不同机制

上述分类对于研究数据流动的限制程度，以及相应的动因和造成的后果是有意义的。然而，从企业出海业务合规实践而言，可能会使合规落地规划更为复杂。因为在不同限制机制下，企业跨境传输的合规机制存在重叠与差异，如表14-2所示。在本地处理要求与禁止数据传输两种模式下，第一步合规机制是相同的，即在目标市场国设立数据中心，而第二步是有差异的，即在禁止数据传输机制下禁止建立与境外数据中心的传输通道，而在本地处理要求机制下进一步判断境内数据中心与其他哪个国家的数据中心可建立传输通道。

[一] 对外经济贸易大学金融科技实验室：《前沿译文 | 探索数据流动的国际管治——塑造未来贸易与国际经济》，载自微信公众号"数字经济与社会"，2021年4月5日，见 http://mp.weixin.qq.com/s?__biz=MzUyNTcyMDI4NQ==&mid=2247486614&idx=1&sn=458ae649986f04ee0de1d6837d6b9b54&chksm=fa188324cd6f0a3223cfdd0730f06f9222bd178bb033de448f17484e0a7840beeba325e59f51&mpshare=1&scene=1&srcid=&sharer_sharetime=1580738000476&sharer_shareid=2edc3e5bbff1d8dda3d4516222292a6c%23rd。

表 14-2　数据跨境流动机制下的数据本地化要求与跨境传输的对比

数据跨境流动机制	无条件的流动机制	有条件的流动机制	本地存储要求	本地处理要求	禁止数据传输
是否要求建立境内数据中心	×	×	√	√	√
是否允许跨境传输	√	√	√	√	×

所以，从实操层面，本书将数据本地化与跨境传输拆为两个合规排查步骤，先确认是否需要在境内建立数据中心，再判断是否可以将数据传输到境外。

以目标市场国为俄罗斯举例：第一步进行数据本地化排查，如本章第一节所述，确认应当在俄罗斯境内建立数据中心，且应当向俄罗斯数据保护机构报告境内的数据中心地址等；第二步进行跨境传输合规机制排查，选择可传输的境外数据中心。根据俄罗斯《个人信息保护法》第12条规定，符合如下条件的目的地国或特定的数据接收方，可以建立境外传输通道。

1）目的国是欧洲委员会《个人数据自动化处理时个人保护公约》的公约国之一及其他经数据保护机构批准的充分维护数据主体权利的国家名单之一。

2）目的国或接收方是符合俄罗斯联邦国际条约规定的情况。

3）数据主体以书面形式同意跨境传输的。

4）数据主体作为合同当事人履行合同的。

5）未取得数据主体的书面同意，但为保护数据主体或他人的生命、健康和其他切身利益。

6）为维护俄罗斯联邦宪法制度原则，保障国防和国家安全，以及为保障运输系统安全稳定运行，在运输系统方面保护个人、社会和国家的利益不受非法干涉，联邦法律因上述事由规定的情况。

企业根据上述条件选择符合跨境传输合规机制的目的地国或数据接收方，确定接收数据的数据中心，并建立安全的传输通道。

3. 跨境传输合规机制的常见类型

世界各国跨境传输合规机制规定有所不同：部分国家（如美国）除了特殊数据类型外，没有明确的数据跨境传输限制条件，属于无条件的流动机制；绝大多数国家（如欧盟）采取的是同等保护水平，即目的国能达到与传输国同等保护水平，或数据接收方能采取合理保障措施确保与存储于传输国有同等保护水平。各国也不同程度地规定数据跨境传输的例外情形，如数据主体同意跨境传输至目的国等。部分国家将跨境传输的条件和跨境传输的例外情形区分开，比如欧盟 GDPR 规定了充分性认定和合理的保障措施作为跨境传输的条件，同时规定了跨境传输的例外，当无法适用跨境传输的条件时，可以考虑是否符合例外。然而，从企业合规角度而言，无论是跨境传输的条件还是例外情形，均属于依据法律规定可以进行境外传输，所以本章统一列为跨境传输合规机制。

表 14-3 列举了重要的国际市场国家的数据跨境传输合规机制（包含例外条件），使读者形象化地理解各国合规机制规定的复杂性，并可以将此作为出海业务多国市场排查跨境传输合规机制的工具。

表 14-3　重要国际市场国家的数据跨境传输合规机制对比

跨境传输合规机制	欧盟	日本	新加坡	印度
充分性认定的第三方国家或国际组织	√	√	√	
国际协定或国际条约	√	√	√	
数据主体同意跨境传输	√	√	√	√
履行合同义务	√		√	
数据主体的重大利益	√		√	
基于保护公共利益	√			
标准合同条款及类似条款（SCC）	√	可以通过保障与日本个人数据保护法同等保护水平的合同实现跨境传输	√	仅要求签署合同
有约束力的企业规则（BCR）	√	√ 欧盟认可的 BCR 集团内机构可以通过保障与日本个人数据保护法同等保护水平的隐私声明或内部制度实现跨境传输	√	
公共机构之间的协议以及行政安排	√			
经批准的行为准则或认证	√	√ CBPR 认证		

据此，本章重点阐释多数国家法律中规定的跨境传输合规机制，便于读者理解。但是各国对于同一跨境传输的合规机制规定有所不同，具体适用时应当检索传输国的具体法律规定。

（1）同意

绝大多数国家都将数据主体同意作为数据跨境传输的合规机制之一。

1）"同意"的一般构成要件。

该同意首先要符合传输国法律对"同意"的一般构成要件。以欧盟 GDPR 规定为例，"同意"应当符合如下一般性构成要件⊖：自愿做出的；具体的；知情的；数据主体依照其

⊖ EU General Data Protection Regulation (Regulation (EU) 2016/679), article 4（11）。

意愿通过声明或明确肯定的行为，做出明确的意思表示。同时，数据主体有权随时撤回其"同意"。

2）满足跨境传输例外条件之"同意"的特殊要求。

以欧盟 GDPR 规定为例，特殊要求包括如下 3 点。

a. 同意应当是明确的。即在一般构成要件中的"毫不含糊"基础上提出了更高的要求，应当是明确同意，因为与存储在境内相比，该跨境传输将存在无法享受境内同等保护水平的风险。

b. 该同意针对的是具体的或特定的数据传输。若收集数据时无法预知未来的跨境传输行为，则应当针对特定的跨境传输行为获取用户相应的同意。

【案例】一家欧盟的公司收集客户的个人信息用于特定目的（如交付货物），在收集个人信息时并未考虑到跨境传输。多年后，该家公司被一家非欧盟公司收购了，该公司希望将客户的个人信息传输到欧盟以外的收购方公司进行处理，则该公司试图使用收集个人信息时获得的同意作为跨境传输例外条件的同意是不成立的。所以，该家公司需要在跨境传输之前获得针对跨境传输行为的具体的同意。

c. 数据控制者或处理者应当详细告知用户：

❑ 传输到第三国或国际组织，以及欧盟是否做出充分性决定。

❑ 在采取跨境传输合规机制下，获取个人信息及其副本和相应的安全保障措施。

❑ 若传输到第三国的接收方，则告知个人信息的接收者或接收者类别。

在告知上述详细信息后，尤其是数据主体在充分知悉缺乏充分的保护水平和适当的保护措施可能带来的风险后，仍然明确同意的，则可以将个人信息转移到第三国或国际组织。

部分国家法律在此基础上规定以书面形式做出同意，也有要求数据接收方使用跨境传输的数据仅限于获取用户同意时向用户告知的目的。所以，虽然绝大多数都将"同意"作为跨境传输合规机制，但合规需要根据该国法律规定进行实施落地。

如上所述，"同意"作为跨境传输的例外条件，在部分国家适用的门槛较高，且可能被用户撤回跨境传输的"同意"，将影响业务的稳定性。所以，从合规角度，不建议优先考虑"同意"作为跨境传输的合规机制。

（2）履行合同义务之必要

履行合同义务之必要是另一个较为常见的跨境传输合规机制。多数国家规定，如果履行合同的必要条件是必须将个人信息跨境传输，数据控制者可以进行跨境传输。通常履行合同义务之必要的适用范围包括数据控制者与数据主体签订合同；基于数据主体的要求；第三方基于数据主体的利益与数据控制者签订的合同。

该机制的核心是必要性测试，即跨境传输本身与合同义务履行之间具备密切和实质的联系，而非跨境传输基于数据控制者的商业考量，更多的是跨境传输是数据控制者无法决定而必须发生的或数据主体要求的。

【案例】一家集团公司出于商业目的，将集团内不同国家的关联公司的薪资发放、人力资源管理等职能集中到第三国来处理。因为跨境传输本身与雇用合同发放薪资并无必要性关联，不能适用履行合同之必要来进行跨境传输。故相比之下，这家公司应考虑将标准合同条款和有约束力的公司规则作为合规机制。

【案例】一家旅行社与数据主体签订了出境游的服务合同，这家旅行社需要将数据主体的个人信息传输给境外的酒店、航空公司以及其他提供合同内服务的海外运营者。在此情形下，跨境传输本身是合同履行之必要。

履行合同义务之必要机制需要经过严苛的必要性测试，因此具体适用场景相对有限，一般仅限于境外服务类或者是数据主体主动要求跨境传输的情形。

（3）重大利益

多数国家在保护数据主体或第三方的生命、健康及其类似重大利益（Vital Interest）情形下允许必要的跨境传输。但是也有部分国家对重大利益情形的适用做出限制，例如，数据主体在紧急情形下无法做出同意或者理性判断数据主体将予以同意。

企业可基于此进行跨境传输的，限于当在境外数据主体生命健康等遇到紧急危险时，可以传输其个人用药记录等；也可在发生紧急自然灾害时跨境传输数据主体或亲属的相关信息，以帮助了解受害者的位置、状况，采取相应的救助。

但注意该合规机制不得用于非针对特定个人的特定紧急事项的一般性医药研究且在后续某个时间才会产生结果的情形，该合规机制更多是用于紧急情况下的临时性传输合规机制，而非持续、稳定地传输个人信息。

（4）公共利益

多数国家基于重大的公共利益时，允许必要的个人信息进行跨境传输，该机制通常用于公共机构，但是也不排除企业适用。各国对于重大的公共利益的理解认定差异相对比较大，但是一般来说，对自然人基本权利的损害、公共安全等，应当规定于相应的法律规定中，同时需要与个人的隐私保护相权衡。

其中需要谨慎处理的是基于公共利益的调查活动要求进行数据跨境传输，应当更多咨询该国数据保护机关。比如，根据欧盟 EDPB 指南，仅仅基于打击恐怖主义要求进行跨境传输，是不必然适用公共利益的跨境传输合规机制的，还需要考量是否明确规定于传输国的法律规定中，以及传输国与接收国间是否基于国际合作的互惠精神签订了相关的国际协定或公约等。

（5）充分性认定

充分性认定（Adequacy Decision）是指由传输国对接收国进行个人信息保护方面的评估，并由授权机关批准是否与传输国具备同等保护水平。跨境传输的实质风险在于个人信息传输到了境外，而境外的法律和执法是否给予数据主体同等的保护水平。而充分性认定解决了该层担忧。因此，若接收国被传输国认定为充分性认定，则个人信息可以进行跨境传输，且不需要再采取更多的保障措施。通常充分性认定机制采用白名单机制，接收国若在白名单内，则个人信息可以自由传输。

如第五章第一节所介绍的，目前欧盟认定十多个白名单国家和地区，包括安道尔、阿根廷、加拿大（限定于受加拿大《个人信息保护及电子文档法案》约束的商业主体）、法罗群岛、格恩西岛、马恩岛、日本、泽西岛、新西兰、瑞士、乌拉圭、英国和韩国。

需要注意，GDPR 要求欧盟委员会至少每四年对充分性认定进行一次复核，以及持续监测第三国或国际组织的发展变化是否影响已经做出的充分性认定。

而且，在充分性认定的前提下，欧盟也允许数据主体对个人信息传输给充分性认定的第三国或国际组织提出申诉，以及监管当局对认定有效性向法院提出诉讼，由法院审查充分性认定的有效性。欧盟公民 Schrems 在 2013 年 6 月向爱尔兰数据保护机关提出申诉，要求禁止或暂停将其个人信息基于 Facebook 从爱尔兰传输给美国，因为他认为美国法律和相关操作没有办法保护其个人信息不受公共当局的监视活动影响，欧盟法院裁定欧盟委员会关于安全港协议的充分性认定无效（Schrems I 案）。美国商务部和欧盟委员会于 2016 年签署隐私盾协议，实现个人信息的跨大西洋传输。与此同时，Schrems 案件仍在持续，Schrems 再次因 Facebook 将个人信息传输至美国向爱尔兰数据保护局提出申诉，最终于 2018 年 4 月被移交至欧盟法院。2020 年 7 月，欧盟法院裁定欧盟—美国隐私盾协议无效，理由是美国国内法的规定，特别是允许美国公共当局为国家安全目的获取从欧盟转移到美国的个人信息，导致了对个人信息保护的限制，而这些限制并没有以满足"基本相当"于欧盟法律规定的方式加以实施，而且这一立法并没有赋予数据主体在法院针对美国当局的可诉权利。

因此，接收国属于白名单内的，仍需持续关注充分性认定的有效性。

(6）标准合同条款

标准合同条款是指由监管机构提供的一套跨境传输的标准合同条款，若跨境传输的双方直接签署该条款，则通过合同义务将等同于传输国个人信息保护的义务约束到合同相对方（即数据接收方）。标准合同条款机制通常不需要监管机构的另行审批。部分国家也认可通过合同将个人信息保护义务约束到合同相对方，但是可能并没有官方出具的相应标准合同条款，需要另行经过监管机构的其他措施，如备案等，在采用前，需要检索目标市场国的相关法律规定。

因适用标准合同条款的便捷性和低成本，多数公司采用该机制实现跨境传输的合法性。然而，欧盟法院 CJEU 在数据保护专员诉 Facebook 爱尔兰和 Maximillian Schrems 案（以下简称"Schrems II 案"）中，虽然认可了欧盟委员会批准的标准合同条款作为向美国传输欧盟个人信息的合法机制，但是提出了如果第三国的法律或操作等影响了该合规机制对于实质等同保护水平的有效性，则数据输出方应当对上述情况进行核实，并酌情考虑与第三国数据接收方进行合作，且法院允许数据输出方采取补充措施以达到实质等同的保护水平。EDPB 提供了《关于为确保遵守欧盟个人数据保护水平而采用的对数据跨境转移工具补充措施的建议》（*Recommendations 01/2020 on measures that supplement transfer tools to ensure compliance with the EU level of protection of personal data*），以帮助数据输出方评估第三国和确定必要的适当补充措施。

EDPB 指出在评估第三国的法律和实践时，需要基于对跨境传输情况的摸底排查分析适用的法律，评估第三国的法律是否会阻碍实现数据主体的基本权利，尤其是公共当局有权获取个人信息的法律，如果该法律规定是民主社会必要和相称的，则不会影响标准合同条款保障的有效性，但如果不符合必要和相称，个人无法得到救济的，则需要采取补充措施。EDPB 说明补充措施应当基于评估第三国的法律和实践存在保护不足的部分予以补足，可以采取技术措施、组织措施等，如在当地法律允许的情况下，定期公布政府获取个人信息的透明性报告或摘要以及所提供的答复。

至此，采用标准合同条款机制进行跨境传输仍需要针对接收国进行评估以及采取补充措施（如需要），运用成本有所提高，对第三国的评估和补充措施的有效性具备不确定性。

（7）国际协定或公约

1）APEC CBPR 体系（Cross-Border Privacy Rules）。

在 APEC 隐私框架下建立的跨境传输隐私保护规则体系 CBPR，是专门针对跨境流动的运转比较成熟的机制。该体系旨在确保在不同法律要求下，持续性的个人信息跨境自由流动，同时建立一个自愿性的问责机制，以切实保护个人信息和隐私。CBPR体系由如下部分组成。

a. APEC经济体需要官方加入CBPR体系，当前官方加入的经济体包括澳大利亚、加拿大、日本、墨西哥、菲律宾、新加坡、韩国、美国等。

b. 上述经济体的企业可以获得第三方认证，证明其内部控制机制和管理要求等符合APEC隐私框架以及CBPR要求。企业可以通过该认证实现在认可国家的跨境传输。例如，新加坡于2020年6月修订个人信息保护法，将符合CBPR认证和PRP认证（Privacy Recognition for Processors System）㊀作为提供了与新加坡个人信息保护法同等保护水平，可以合法地进行跨境传输㊁。

c. CBPR体系包含执法，由加入经济体的相关机构对于错误陈述获得CBPR认证的情况以及不满足CBPR要求的企业进行执法。同时，第三方认证机构也为被认证的企业提供争议解决机制。

2）多边及双边数据协定。

世界各国都开始认识到数据是战略性资源，而且未来的世界贸易将包括数据贸易，因此部分国家积极地在推进多边和双边数字贸易协定或者战略伙伴协定等，其中包含了跨境传输和数据本地化的要求，应当予以关注。

以智利、新加坡、新西兰达成的《数字经济伙伴保护协定》（digital economy partnership agreement）为例，其第4.3条约定："各缔约方申明其对通过电子手段跨境转移信息的承诺程度，特别是，但不限于：1.各缔约方认识到，每个缔约方可能对通过电子手段转让信息有自己的监管要求；2.各缔约方应允许通过电子手段跨境转移信息，包括个人信息，如果这种活动是为了开展受保护人的业务；3.本条规定不妨碍缔约方为实现合法的公共政策目标而采取或维持与第2款不一致的措施，条件是该措施：（a）不以构成任意或无理歧视或变相限制贸易的方式实施；以及（b）对信息转让的限制不超过实现目标所需的程度。"

其中第4.4条约定："各缔约方申明其在计算机设施位置方面的承诺水平，特别是，

㊀ 由于CBPR体系仅支持作为数据控制者的跨境传输，所以PRP认证支持作为数据处理者的跨境传输，是CBPR的有效补充。

㊁ *Singapore Now Recognises APEC CBPR and PRP Certifications Under PDPA*：https://www.pdpc.gov.sg/news-and-events/announcements/2020/06/singapore-now-recognises-apec-cbpr-and-prp-certifications-under-pdpa。

但不限于：1. 各缔约方认识到，每个缔约方可能对计算机设施的使用有自己的监管要求，包括寻求确保通信安全和保密的要求；2. 任何缔约方均不得要求受管辖的人将在该缔约方领土上使用计算机设施或将其设在该领土上作为在该领土上开展业务的条件；3. 本条的任何规定均不妨碍一缔约方为实现合法的公共政策目标而采取或维持与第2款不一致的措施，但该措施必须是：（a）不以构成任意或无理歧视或变相限制贸易的方式实施；以及（b）不对计算机设施的使用或位置施加大于实现目标所需的限制。"

第三节 避雷指南：出海业务跨境传输合规三步走

白晓萌萌在理解了法律上对于数据本地化和跨境传输合规机制的具体要求后，结合出海业务需求，制定了图14-2所示的跨境传输合规路线图，以制定相应的出海业务跨境传输合规解决方案。

图 14-2 跨境传输合规路线图

1. 步骤一：调查跨境传输需求

与出海业务的业务部门以及运维部门沟通，调查跨境传输的需求，包括但不限于如下内容。

1）目标市场国，即出海业务的目标市场，也是跨境传输合规机制中的个人信息输出国。

2）数据中心所在国，即运维部门提供的拟建数据中心所在国家，也是跨境传输合规机制中的个人信息接收国。

3）所传输的个人信息类型以及跨境传输的目的。

4）如果存在由第三方提供服务，包括云存储等服务的，则进一步调查数据接收方以及数据接收方（包含次处理者）进一步跨境转移的情形。

2. 步骤二：制定跨境传输规则

在步骤一了解跨境传输的所有需求信息后，以目标市场国（即个人信息输出国）的法律规定和相关实践为基础排查如下合规要求。

1）排查是否存在数据本地化的要求以及严格程度等，可参考本章第一节的内容，以确定是否需要在目标市场国建立数据中心。

2）分析可适用跨境传输的合规机制，包括：数据中心所在国是否在充分性认定国家名单中，是否可采用标准合同条款等便捷的跨境传输机制，是否允许采取用户同意、合同履行之必要等。结合当前业务场景以及本章第二节的内容，选择可用的跨境传输合规机制。

3）了解目标市场国和数据中心所在国之间是否存在国际协定或公约等。在当前国际形势和地缘政治的推动下，逐渐形成跨境流动的圈层，比如欧洲经济共同体、东盟、亚太等，相互之间会就跨境传输和数据本地化制定相关协定，可以以圈层为基础，在一个圈层内部署一个数据中心。

基于上述排查，可以得出结论：需要建立几个数据中心、数据中心的部署国家、每个数据中心分别存储哪些目标市场国的个人信息，以及基于哪种跨境传输合规机制进行合法传输。然后提交给运维部门，进行商业考量上的分析，如数据中心国的存储服务市场、存储服务价格、存储服务的稳定性等。最终，输出跨境传输规则给业务部门，即哪个目标市场国家数据传输到哪个数据中心，以及所依赖的跨境传输机制处置方式（如同意的产品形态需求）。

3. 步骤三：记录跨境传输并动态监测

基于内部控制需求以及部分国家法律要求，应当记录跨境传输情形，包括个人信息传输国、个人信息接收国、数据接收方、传输的个人信息类型以及目的、数据接收方（如有）等，保存个人信息安全影响评估的过程，以及评估结论，即所依赖的跨境传输机制，包括签署后的标准合同条款、数据主体同意的记录等。

同时需要动态监测跨境传输合规机制的变化，如本章第二节所述，跨境传输合规机制可能存在需要进一步监测变化的情形。如采用充分性认定的机制，则需要注意个人信息传输国对充分性认定的定期审查以及可能影响效力的投诉、诉讼进展。如采用标准合同条款的机制，则需关注是否有更新标准合同条款的模板以及是否要求采取补充措施等。

小　　结

白晓萌萌通过本章清晰理解了出海业务跨境传输的两道雷——"数据本地化"和"跨境传输合规"。通过本书提供的路线图可以针对目标市场国家进行分析，准确识别法律要求，进而结合出海业务的相关信息输入，基于合规要求，将相应的合规处置方案输出给运维部门，选择数据中心以及设定跨境传输规则。

白晓萌萌在完整学习了出海业务数据合规、隐私政策撰写以及跨境传输避雷指南后，已经成为出海业务数据合规专家。接下来，白晓萌萌将面临更大的挑战：具备出海和国内双业务的公司将通过投资并购等方式壮大其业务版图，形成其生态体系，那么如何做好投资并购中的数据合规工作呢？请阅读下一章。

第十五章

企业上市中的数据合规：全面布局

【场景】经过白晓萌萌一直以来对公司业务的保驾护航，公司发展迅猛，无论是员工规模、公司创收，还是业界知名度等方面，都有极大的提升，公司也已经在法务部和外部律师的共同帮助下成功完成了数轮融资。部门领导和白晓萌萌说公司近期已经有准备上市的想法，需要白晓萌萌提前了解相关监管机构（如证监会）审查上市企业数据合规性的标准，以及公司应当提前开展哪些合规工作进行应对。公司将根据白晓萌萌了解的事实情况，有针对性地完善公司数据合规体系，为后续的企业上市工作做好准备，打好基础。

第一节 证监会上市要求洞察与分析

2019年10月11日，中国证券监督管理委员会（下文简称"证监会"）发布公告，某天气类App的IPO首发申请未予通过，IPO被否。据统计，此次事件并不是证监会第一次在IPO申请中提出需要注意数据合规问题，自2017年以来，证监会已经向数十家申请IPO的企业提出了数据合规方面的质询问题。而引起这种现象是因为自2017年开始我国《网络安全法》出台，社会各界也逐渐开始重视数据合规问题，相关的指导思想、立法文件以及执法动向都已经在紧密开展，而对于IPO方面的影响，笔者简要从以下3个方面对立法趋势进行总结。

1）数据已经成为国家战略和企业实践层面推动经济发展的新动能。近年来，国家高度重视数据在新常态中推动国家现代化建设的基础性、战略性作用。2021年4月，中共中央、国务院《关于构建更加完善的要素市场化配置体制机制的意见》发布，将数据正式列为与土地、劳动力、资本、技术平行的五大要素之一，并明确要求制定数据隐私保护制度和安全审查制度，加强对政务数据、企业商业秘密和个人数据的保护。

2）数据合规是企业公开发行股票的必要条件。数据的收集、使用、共享已经构成许多企业业务至关重要的一环。证监会发布的《首次公开发行股票并上市管理办法》《首次公开发行股票并在创业板上市管理办法》及2021年4月27日发布的《创业板首次公开发行股票注册管理办法（试行）》（征求意见稿）等文件均明确，发行人生产经营活动应符合（包括数据合规在内的）相关法律、行政法规、产业政策的规定。

3）数据立法呈现密集化、精细化的趋势。自2017年《网络安全法》伊始，我国已在数据合规和网络安全领域出台《信息安全技术　个人信息安全规范》《网络安全等级保护基本要求》《信息安全技术　移动互联网应用程序（App）收集个人信息基本规范》等一系列规制App合法合规收集使用个人信息（包括正面、负面清单等）的规范性文件，以及《网络安全审查办法》《儿童个人信息网络安全保护规定》等多部网络及数据安全方面的法律法规。

虽然目前数据法规频出，但监管也呈现多头、密集、全面覆盖的特点。App专项治理工作组、工信部、公安部、市场监管总局、国家计算机病毒应急处理中心、证监会、消保委、检察院等多方重拳出击，严厉监管数据合规问题。而在企业进行IPO申请时，证监会主要关注的问题包括：数据来源的合法性、数据商业化变现的合规性、企业内部控制制度及执行、安全保护措施、是否出现过相关的数据泄露案件或纠纷、监管出现问题后是否及时有效地整改，以及企业在面对新政策、新法规时的应对能力等涉及数据全生命周期的问题。

综上所述，结合现今数据安全立法进程以及执法机关趋严的监管动向，我们并不意外地发现，证监会已逐渐将数据合规列为企业上市申报时的审查要点之一。数据治理和合规不再只是可有可无的加分项，而是实实在在的扣分项，它会影响企业的融资、并购、上市，应当引起企业的高度关注。在上市申报前，企业应梳理数据资产，分析公司现有业务存在的风险与问题，再针对这些问题有针对性地进行有效整改，以达到上市时/后无后患之忧。俗话说，数据合规非一日之功，建议有规划上市的企业尽早准备。

第二节 拟上市企业的前期准备

1. 不同类型企业需要注意的合规要求

总体来讲，数据合规是所有企业都必须持续关注的领域。但是，对于依赖数据为企业运营"输血"的 App 运营者、SDK 提供方、AI 企业、IoT 企业、大数据公司、IDC/云服务企业、互联网金融企业以及其他科技型公司来说，数据治理更应该是合规的重中之重。下文将从不同类型的企业展开分析，梳理企业应当重点参考的相关法律法规，供相关企业在落实数据合规时参考和借鉴。

（1）App 及小程序运营者/SDK 提供方

首先，由于数据具有潜在的巨大价值，所以往往 App 运营者会通过 App 隐蔽收集用户个人信息、超出用户心理预期获取个人信息、误导用户同意收集个人信息、强制授权、过度索权，同时也存在 App 账号注销难，以及第三方 SDK 存在安全风险等典型问题。国家计算机病毒中心于 2019 年 9 月 15 日发布的《移动 App 违法违规问题及治理举措》指出了目前 App 和 SDK 存在远程控制、恶意扣费等恶意行为；涉嫌侵犯公民个人隐私；涉嫌超范围采集公民个人隐私等六大类问题。

同时，企业也不应忽视 SDK 的运营或使用。2015 年 10 月，一款名为"＊米"的第三方广告 SDK 被发现收集了用户的个人身份信息，包括 Apple ID 邮件地址、设备识别码，以及安装在手机上的 App 列表信息。最终，导致嵌入该 SDK 的 256 款 App 被苹果应用商店下架。此外，2020 年 3 月，因疫情原因，远程会议服务软件 Zoom 的用户数量随之大幅增加，但因为被连续曝出存在隐私和安全问题而引起了广泛关注，如 Zoom 隐私政策内容不甚明确、未披露第三方 SDK 接入情况。

对小程序运营的监管也将成为治理重点。2020 年 3 月 30 日，全国信安标委发布《移动互联网应用程序（App）个人信息安全防范指引（征求意见稿）》，首次将小程序明确以成文形式纳入监管文件中，要求合规比照 App 标准执行，2021 年 5 月 1 日生效的《常见类型移动互联网应用程序必要个人信息范围规定》也进一步证实了将小程序纳入 App 概念范围的猜测。

（2）AI/IoT 企业

由于 AI 和 IoT 企业本身应用场景丰富，因此隐私安全方面的问题也层出不穷。比如，某著名人工智能公司旗下一家公司研发的智能门铃被爆出，公司员工允许观看用户门铃摄像头拍摄的视频；某著名人工智能公司被爆监听用户和 Alexa 的对话，部分员工能在一分钟之内根据 Alexa 用户地理坐标查找到用户的家庭地址；某著名移动智能硬件公司推出一款智能电视，用户可以通过语音识别软件，对电视"下指令"，但录音期间"一切响动"都会被记录；另有某人工智能公司的扫地机器人利用摄像头扫描周围环境，黑客利用漏洞伪装成用户本人登录，对扫地机器人进行远程遥控，实时观看用户家中情况。

这些新闻的爆出，让我们在感慨高科技给生活带来便利的同时，也感到有点不自在与不安心。企业如果没有做好数据合规，则不但会侵害用户的隐私，还会阻碍自身的发展。比如，2019 年 2 月，深圳某科技公司被爆发生大规模数据泄露事件，超过 250 万人的数据可被获取，680 万条记录泄露，其中包括身份证信息、人脸识别图像及捕捉地点等。这个事件导致其控股公司或全面退出或减资，对企业造成了严重的负面影响。

而此前更轰动的是某知名人工智能领头羊企业被查处特大侵犯公民个人信息事件，其日均传输公民个人信息 1.3 亿余条，累计传输数据压缩后约为 4000GB，涉及数据隐私性极高，包含了手机号、上网基站代码等 40 余项信息要素，还记录了手机用户具体的上网行为，甚至部分数据能够直接进入公民个人账号主页。此事件导致多名犯罪嫌疑人入网，股东接受调查，多名高管被诉。对公司经济也造成了严重的负面影响，股票转让价格动荡、新三板停牌、复牌后股票价格下跌，损失惨重。

（3）大数据公司

虽然大数据技术及其相关产业的发展前所未有地改变着个人信息收集和使用的方式，但与此同时，自 2019 年以来，大数据安全合规方面也不断有事件爆出。

2019 年 9 月，一家位于杭州的大数据风控平台被警方控制，高管被带走，相关服务暂时瘫痪。同日，另一家提供大数据风控服务的科技人工智能公司的高管被警方带走协助调查。据相关人士了解，被警方带走协助调查的原因是这些公司涉嫌利用网络爬虫技术侵犯个人隐私。短时间内，与此业务相关的一大批公司又卷入风波。

此外，浙江省的另一家提供基于大数据的移动互联网综合服务科技企业，在 2018 年 9 月首次上市前，发审委会议重点关注了涉及其使用用户个人数据的业务，要求企业说明其数据收集、使用、处理是否获得了用户有效授权、是否符合相关法律法规和企业内部针对信息安全的控制制度，以及是否具备应对监管和政策变动的能力。

可见，企业由于业务本身与数据、个人信息有着密不可分的关系，更需要对数据合规问题高度重视。大数据企业不仅需要注意在业务过程中收集、使用数据的合规性，还需要重点关注合作中的供应链安全、采购合同等数据安全要点。

（4）IDC/ 云服务企业

作为当前高速发展的业务模式，监管机关的步伐也在步步紧逼。因此，IDC以及云服务企业更加不能忽视数据合规问题。比如，作为国内领先的中立第三方云计算服务商的某科技股份有限公司，即使它是工信部可信云服务认证的首批企业之一，但在2019年5月申请上市时，证监会就质询并明确要求该公司说明数据安全相关制度及措施（包括但不限于数据备份、加密、防窃取、防泄露、到期数据处理机制）以及数据安全事故历史。如果在上市前没有准备全面和稳妥，必将对企业的发展造成一定的阻碍。

（5）银行/互联网金融企业

我国对银行/互联网金融领域的监管态度也愈发严格。2020年5月6日，"脱口秀"演员池子在微博平台发布长文，控诉自己的老东家某文化公司违约，并且寄回给他的案件材料中包括他在某银行的个人账户交易明细。对于该银行将其个人账户流水提供给池子原东家的这一行为，池子事先并不知情，同时也并未做出任何授权行为。这一事件在网络上激发了群众的热烈讨论及社会关注。5月9日下午，中国银保监会消费者权益保护局对这一事件直面出击，公开通报该银行涉嫌违法、违规，宣布将依法依规启动立案调查程序。根据《商业银行法》第29条规定，商业银行办理个人储蓄存款业务，应当为存款人保密。并且，根据《信息安全技术 个人信息安全规范》附录A的内容，个人银行账户的交易明细属于典型的个人财产信息。《关于办理侵犯公民个人信息刑事案件适用法律若干问题的解释》第5条规定，非法获取、出售或者提供行踪轨迹信息、通信内容、征信信息、财产信息50条以上的可以追究责任人的刑事责任。

从本次事件引发出人们对互联网金融企业个人信息保护工作的关注。近日，有机构对20款常用银行App进行了测评，发现存在强制用户授权、披露第三方合作伙伴不清等问题。金融领域个人信息具有特殊性，与其他个人信息相比，其与个人的资产、信用状况等高度相关，一旦泄露，对受害者的财产安全将造成很大威胁，相关立法和监管机构也在加紧步伐，严厉打击违法违规行为。由此，我们建议相关企业参考互金行业在坚守个人信息及数据保护一般性要求的同时，严抓银监会、证监会等金融机构出台的特殊规定，比如2020年2月20日中国人民银行印发的《个人金融信息保护技术规范》，2019年12月中国人民银行出台的《金融消费者权益保护实施办法（征求意见稿）》。另外，央行也已向部分银行下发《个人金融信息（数据）保护试行办法》，待征求意见结束后将正式对外发布。互联网金融企业应密切关注立法风向标，切实将个人信息保护做到实处。

（6）其他科技型公司

2018年11月，北京某科技公司因涉及非法窃取用户个人信息30亿条于新三板终止挂牌。2019年10月，绍兴市越城区人民法院宣判该企业因触犯非法获取计算机信息系统数据罪，判处罚金人民币1000万元，公司法定代表人及涉案员工共七人分别被判处2年至3年6个月不等刑期，并处罚金。

此外，2019年某知名天气类互联网公司首发申请IPO未获得通过一事也引起了公众和法律业界的广泛关注，"天气App第一股"梦碎。在证监会发审委会议提出的4类主要质询问题中，数据安全问题格外引人注目。针对数据安全方面，证监会主要提出了5个问题，分别是针对数据的收集、数据的使用（特别是商业变现的合规性）、内部控制制度、行业监管及个人隐私保护政策对发行人业务的影响及相关应对措施，以及该公司因此前被App专项治理工作组点名整改的效果。这是证监会针对上市企业数据安全与合规质询比较全面的一次提问。

由此，我们认为企业首先应当充分认识数据合规工作的重要性，特别是企业在进行IPO、重组、投融资时，应当注重构建数据合规体系，从而保证公司为数据资产提供全生命周期的安全保护。在上市或完成重组或上市后，还应当持续关注我国关于数据以及个人信息的立法动态，及时完善公司的数据合规策略，并在企业进行数据共享、转让、公开披露，发生重大安全事件或者公司业务模式、信息系统、运行环境发生重大变更时，及时进行个人信息安全影响评估。对整个制度以及机制的落实情况，也建议要随着上市过程、投融资进展，审查是否完整落实，对于一些不合适的地方，还要考虑不断进行调整与优化。另外，还需要组织人员进行培训，对梳理出来的问题、整改情况与法律法规的动态变化，进行比对并进一步复盘和更新完善，最后构成一个有效的合规闭环。

2. 企业应重点关注的数据合规问题

企业进行数据安全与合规，主要可以遵循两条主线，即个人信息部分与非个人信息部分，分别有针对性地治理上市前企业面临的数据合规问题，以求更全面有效地应对审核机关可能提出的质疑或问询。

（1）个人信息部分

1）个人信息的全生命周期。

举个实例来看，上述提及的2019年10月首发上市未通过的天气类App，主要通过自主收集及第三方途径获取用户数据及标签，并利用数据进行商业化变现。被证监会主要质询的四大主要问题，其中主要的一个合规方面就是关于用户数据的收集、使用以及处理。在数据的收集方面，证监会质询："发行人获取用户数据及标签的过程及方法，是否对用户有明示提示，用户授权在法律上是否完备，是否明确告知收集信息的范围及使用用途，发行人获取用户数据的手段及方式是否合法合规。"此问题主要是针对用户数据的收集过程，收集行为作为整个数据生命周期的前端，其合规性直接影响数据后续使用过程的合规性。

根据《网络安全法》第 22 条，网络产品、服务具有收集用户信息功能的，其提供者应当向用户明示并取得同意；涉及用户个人信息的，还应当遵守本法和有关法律、行政法规关于个人信息保护的规定。而根据《信息安全技术 个人信息安全规范》（2020 版）（简称《个人信息安全规范》）条款 5.4 中的规定，个人信息控制者收集个人信息，应向个人信息主体告知收集、使用个人信息的目的、方式和范围等规则，并获得个人信息主体的授权同意。同时，App 专项治理小组发布的《App 违法违规收集使用个人信息自评估指南》中，评估项 5 和评估项 6 也将 App 是否向用户明示收集、使用个人信息的目的、方式、范围，同时收集使用个人信息是否经过用户自主选择同意，是否存在强制捆绑授权行为作为评估要点之一。

具体而言，App 专项治理小组在《App 违法违规收集使用个人信息行为认定方法》中明确指出了可被认定为"未公开收集使用规则"的行为：即在 App 中没有隐私政策，或者隐私政策中没有收集使用个人信息规则；在 App 首次运行时，未通过弹窗等明显方式提示用户阅读隐私政策等收集使用规则；隐私政策等收集使用规则难以访问，如进入 App 主界面后，需多于 4 次点击等操作才能访问到；以及隐私政策等收集使用规则难以阅读，如文字过小过密、颜色过淡、模糊不清，或未提供简体中文版等。

数据收集作为整个数据全生命周期的起点，使得数据收集合规工作对整个数据合规工作具有巨大的意义。从案例中我们可以看出，数据收集的核心焦点在于保证所收集数据来源的合法性。对于企业直接收集的数据，企业必须履行告知义务并征得用户同意。企业履行告知义务的具体要求和方式方法又因业务场景的不同有所区分。不同场景如个人信息的收集、个人敏感信息的收集以及将个人信息与第三方共享等情形下的告知义务法律均有不同的要求。在数据的使用方面，证监会质询："发行人使用用户数据是否合法合规，尤其是商业化变现的合规性，结合相关媒体报道的该天气类 App 上传用户隐私等情况，对照《网络安全法》《关于办理侵犯公民个人信息刑事案件适用法律若干问题的解释》等法规和司法解释，说明在报告期内，发行人是否存在侵犯用户隐私或数据的情况，是否存在法律风险或潜在法律风险。"在此问题中，证监会重点关注了当数据进行商业化变现时的合规性问题。作为企业的重要资产，合理地使用数据，能够给企业创造巨大的价值，但其使用也应当依据法律法规受到相关限制，突破这些限制就可能引发侵犯用户隐私的风险。

根据《网络安全法》第41条的规定，使用个人信息要遵守合法、正当和必要的原则。《信息安全技术　个人信息安全规范》第7.3条也规定："使用个人信息时，不应超出与收集个人信息时所声称的目的具有直接或合理关联的范围。因业务需要，确需超出上述范围使用个人信息的，应再次征得个人信息主体明示同意。"由此可以看出，使用个人信息的范围应当遵循个人信息主体授权同意的范围。事实上除了上述科技企业之外，许多企业在进行重组或者上市时，数据使用问题都成为审批部门关注的问题。

综上，我们建议企业在收集用户个人信息之前，一方面应当充分利用隐私政策、用户协议、PBD（Privacy By Design）来履行告知义务，详细说明其所收集的个人信息及其方式和目的，搭建企业数据合规工作的基石；另一方面，对于通过合作、委托处理等方式间接获取的数据，需采取必要、适当的手段、措施进行数据合法性的核实，并且要求第三方以签订承诺函等方式保证数据来源的合法性。

通过上述的讨论，我们不难看出监管机构的落脚点始终为保障个人信息主体的权利。早在2018年，证监会就曾在北京某通信技术公司的重组项目中要求公司说明目标公司对用户信息的收集、传输、保存及应用的现状是否符合2018年5月1日实施的《个人信息安全规范》的要求。由此可以预测，在2020年3月6日正式发布的《个人信息安全规范》会成为证监会重点审查个人信息的合规标准之一。

2）个人信息主体的权利保障。

根据《信息安全技术　个人信息安全规范》第8条，个人信息主体的权利包括个人信息查询权、更正权、删除权、撤销同意权、注销账户权、获取个人信息副本权等。2019年3月发布的《App违法违规收集使用个人信息自评估指南》第三部分将"App运营者对用户权利的保证"作为评估点之一，其中明确指明了App是否支持用户注销账号、更正或删除个人信息、及时反馈用户申诉这些评估标准。

根据2019年11月发布的《App违法违规收集使用个人信息行为认定方法》第6项的内容，以下行为均可被认定为"未按法律规定提供删除或更正个人信息功能"或"未公布投诉、举报方式等信息"：未提供有效的更正、删除个人信息及注销用户账号功能；为更正、删除个人信息或注销用户账号设置不必要或不合理条件；虽提供了更正、删除个人信息及注销用户账号功能，但未及时响应用户相应操作，需人工处理的；未在承诺时限内（承诺时限不得超过 15 个工作日，无承诺时限的，以 15 个工作日为限）完成核查和处理；更正、删除个人信息或注销用户账号等用户操作已执行完毕，但 App 后台并未完成的；以及未建立并公布个人信息安全投诉、举报渠道等。

尤其是在"账号注销"方面，2020 年 3 月出台的新《个人信息安全规范》对这一点做出了更加明确和细化的要求。根据《个人信息安全规范》第 8.5 a）条，为了实现用户的"账号注销权"，企业至少需要在用户可感知的网络产品交互层面为用户提供"简便易操作"的账号注销方式。何为"简便易操作"的账户注销方式？《个人信息安全规范》第 8.7 b）条建议：在网站、移动互联网应用程序、客户端软件交互式页面直接设置并提供功能或选项，便于个人信息主体在线行使其注销账号等权利。

进一步的，《个人信息保护法》更是以专章规定了"个人在个人信息处理活动中的权利"，围绕"知情权"和"决定权"，列出了"查阅、复制、更正、补充、删除、获得解释说明"的权利和一定条件下的"便携权"，并配套要求企业应当建立便捷的个人行使权利的申请受理和处理机制。

由此可见，相比于将保障个人信息权利的主旨暗示在分散的条文中，法律法规和规范性文件将个人信息权利单独名列出来以确保企业保持警醒，并将保障该等权利落在实处。

3）个人信息安全能力建设。

为落实保障个人信息主体权利，企业应将建设自身个人信息安全能力作为合规重点之一。根据《网络安全法》及配套的法律规范，建议企业建设个人信息安全能力时，首先将重点放在网络安全等级保护测评和定级备案、内部权限划分及规范以及数据存储安全三大方面。以下将分别进行介绍。

□ 网络等级保护制度

企业应当按照《网络安全法》与"等保 2.0"国家标准的规定开展网络安全等级保护测评工作。《网络安全法》第 21 条提出，网络运营者应当按照网络安全等级保护制度的要求，履行下列安全保护义务，保障网络免受干扰、破坏或者未经授权的访问，防止网络数据泄露或者被窃取、篡改：（一）制定内部安全管理制度和操作规程，确定网络安全负责人，落实网络安全保护责任；（二）采取防范计算机病毒和网络攻击、网络侵入等危害网络安全行为的技术措施；（三）采取监测、记录网络运行状态、网络安全事件的技术措施，并按照规定留存相关的网络日志不少于六个月；（四）采取数据分类、重要数据备份和加密等措施；（五）法律、行政法规规定的其他义务。而《信息安全技术　网络安全等级保护基本要求》（GB/T 22239—2019）、《信息安全技术　网络安全等级保护测评要求》（GB/T 28448—2019）、《信息安全技术　网络安全等级保护安全设计技术要求》（GB/T 25070—2019）也为企业在实践中开展等级保护测评工作提供了指导意义。

❏ 内部权限设定

建设个人信息安全能力也离不开内部人员访问数据库和使用个人信息的权限规范。根据《信息安全技术　个人信息安全规范》第7.1条，个人信息控制者对被授权访问个人信息的人员，应建立最小授权的访问控制策略，使其只能访问职责所需的最小必要的个人信息，且仅具备完成职责所需的最小的数据操作权限；同时需要对安全管理人员、数据操作人员、审计人员的角色进行分离设置；当确因工作需要，需授权特定人员超权限处理个人信息的，应经个人信息保护责任人或个人信息保护工作机构进行审批，并记录在册；而在个人敏感信息方面，对这类信息的访问、修改等操作行为，宜在对角色权限控制的基础上，按照业务流程的需求触发操作授权。例如，只有收到客户投诉，投诉处理人员才可访问该个人信息主体的相关信息。

❏ 数据存储安全

证监会早前曾在某著名的提供网络安全软件企业的非公开发行股票项目中询问：公司对在提供产品、服务过程中掌握的个人信息及国家安全信息采取了哪些防泄密措施？由此可见，数据存储安全也是不可忽略的合规方向。根据《民法典》第1038条规定，信息处理者应当采取技术措施和其他必要措施，确保其收集、存储的个人信息安全，防止信息泄露、篡改、丢失；发生或者可能发生个人信息泄露、篡改、丢失的，应当及时采取补救措施，按照规定告知自然人并向有关主管部门报告。在具体操作方面，企业可参考《信息安全技术　个人信息安全规范》的相关规定。其中第6.2条规定：收集个人信息后，个人信息控制者宜立即进行去标识化处理，并采取技术和管理方面的措施，将可用于恢复识别个人的信息与去标识化后的信息分开存储，并加强访问和使用的权限管理。而第6.3条要求，个人信息控制者在传输和存储个人敏感信息时，应采用加密等安全措施。同时企业需要注意在采用密码技术时，宜遵循密码管理相关国家标准。

4）数据安全事件处理。

一旦发生个人信息泄露，不仅会阻碍企业上市，同时也会严重影响企业的声誉，因此除了上述几点以外，企业还需要正确有效地应对数据安全事件的处理。根据《网络安全法》第25条以及《信息安全技术　个人信息安全规范》第10条的规定，企业应做到以下几点。

- 事前：制定个人信息安全事件应急预案，及时处置系统漏洞、计算机病毒、网络攻击、网络侵入等安全风险。
- 事中：定期（至少每年一次）组织内部相关人员进行应急响应培训和应急演练，使其掌握岗位职责和应急处置策略和规程。
- 事后：在发生危害网络安全的事件时，立即启动应急预案，采取相应的补救措施，并按照规定向有关主管部门报告。

5）内外部政策与协议制定。

- 隐私政策、用户服务协议

正如上文提及的，目前执法机关愈发关注网络运营者的隐私政策及用户服务协议的内容规范，以及展示规则是否符合法律法规要求。比如，2018年10月30日，中国证监会出具的《关于请做好×××有限公司发审委会议准备工作的函》中曾质询：抽样头部App产品的《用户协议》《隐私政策》中部分表述基于提升本App服务之目的而收集用户数据并向第三方共享该数据，发行人链路共享是否属于"提升本App服务之目的"。无论是对于用户还是监管机构，像隐私政策和用户协议等外部契约，是其展示自身合规水准的第一层标签。做好外部制度的建设，也是规避法律风险的第一道屏障。企业应当参考《信息安全技术 个人信息安全规范》《App违法违规收集使用个人信息自评估指南》《App违法违规收集使用个人行为认定方》以及《民法典》的相关内容，落实隐私政策及用户协议的内容，以及获取同意的方式合法合规，还应就不同数据的使用场景，尤其是当涉及如市场营销等场景时，制定相应完善的隐私政策及用户协议方案。

- 内部制度

对于个人信息保护的监管，不限于对隐私政策等外部协议文件的监管，还包括对企业个人信息保护内部控制制度的监管。同样以上述天气类App为例，证监会在公告中质询："数据获取、使用、处理等过程的内部控制制度及执行情况，对数据安全和个人隐私的保护措施与手段，是否出现过个人信息、隐私泄露事件，是否存在纠纷或潜在纠纷？"

首先，《信息安全技术 个人信息安全规范》第5.5条规定，个人信息控制者制定的隐私政策应当包括遵循个人信息安全基本原则、具备数据安全能力，以及采取个人信息安全保护措施，必要时，可公开数据安全和个人信息保护相关合规证明。同时，正如上文所讨论的内部权限部分，企业应对个人信息访问制定控制措施，要求对被授权访问个人信息的人员建立最小授权的访问控制策略，并对安全管理人员、数据操作人员、审计人员角色分离设置相关制度及流程等。

由此可见，内部制度建设是防止信息安全事件发生的很重要的一个环节。从数据内部使用的审批制度，到每一个收集使用数据环节的审计制度，再到发生信息安全事件时的应急响应制度，每一个步骤都应达到相应的合规标准，才能增强企业对个人信息的整体保护能力。企业要注重加强在内部管理（包括HR、IT等部门）上的文化和制度建设，以避免潜在的信息安全事件。《个人信息安全规范》第5.5条没有阐述公开数据安全和个人信息保护相关的"必要"合规证明的具体情景，根据司法实践，此情景可能发生在用户提出要求，监管部门进行核查或者发生数据安全事件时作为免责事由的证明等。无论在何种情境中，企业内部的合规建设都有着重要的作用。企业内部数据安全内控制度建设的完成情况同样也是审批部门重点关注的方面。

因此，我们建议拟上市企业构建和完善企业内部管理制度，可以从领导决策、人员管理、安全技术方面的管理制度以及风险管理制度3个维度入手，建立安全有效的内部管理与控制制度。

❏ 与第三方的合作协议

不同于隐私政策等"外部契约"，第三方合作协议是企业和与其有业务关联的第三方合作方所签订的相关契约。因为数据流转是数据生命周期中非常重要的一个环节，也是企业进行投资以求获得商业价值的关键流程。企业从第三方获取数据，需要第三方保障数据来源的合法性；如果是企业向第三方共享数据，则需要确保获得用户的授权同意，对第三方的安全能力提前进行安全评估，并对共享后第三方处理数据的行为进行合理审计。2018年，北京某数据科技公司（首发）未通过的其中一个阻碍，就是企业与第三方经营数据相关的业务方面遭到了证监会质询："与客户所签署业务合同的业务内容条款和保密条款是否存在协助或变相协助客户、第三方开展可能侵犯第三方商业秘密或个人信息安全的行为？"企业在与第三方签订合作协议时，应明确双方在数据合规及保护方面的相应责任义务，尽量避免可能造成侵犯第三方商业秘密或其他合法权益的争议条款，此外，企业应针对不同的合作模式、业务类型、场景分别设计有针对性的合作协议，避免一味采用格式条款或模板合同，易造成对合规承诺、责任分配等的疏漏。

6）网络安全审查。

2021年12月31日公布的《网络安全审查办法》明确规定，掌握超过100万用户个人信息的网络平台运营者赴国外上市的，必须向网络安全审查办公室申报网络安全审查。

此处的"网络平台运营者"为《网络安全审查办法》新增的义务主体，但是该办法并未对这一概念给出明确的定义。根据《网络数据安全管理条例（征求意见稿）》第73条规定，"互联网平台运营者"是指为用户提供信息发布、社交、交易、支付、视听等互联网平台服务的数据处理者。但结合此前《网络安全审查办法（修订草案征求意见稿）》所采用的表述"数据处理者"，显然此处的"网络平台运营者"概念范围应大于以往"互联网平台运营者"的范围，即只要在网络活动中涉及数据处理，则均有可能构成该办法下的"网络平台运营者"。此外，结合《出境入境管理法》的规定，目前一般认为，赴香港上市的企业仍须考虑数据跨境传输等问题带来的数据合规义务。

那么具体而言，符合上述条件的网络平台运营者应当向网络安全审查办公室提供：① 申报书；② 关于影响或者可能影响国家安全的分析报告；③ 采购文件、协议、拟签订的合同或者拟提交的首次公开募股（IPO）等上市申请文件；④ 网络安全审查工作需要的其他材料等。

网络安全审查办公室将在收到符合条件的审查申报材料起10个工作日内，确定是否需要审查并书面通知当事人。若需要进行网络安全审查，则将重点评估以下国家安全风险因素：

- 产品和服务使用后带来的关键信息基础设施被非法控制、遭受干扰或者破坏的风险。
- 产品和服务供应中断对关键信息基础设施业务连续性的危害。
- 产品和服务的安全性、开放性、透明性、来源的多样性，供应渠道的可靠性以及因为政治、外交、贸易等因素导致供应中断的风险。
- 产品和服务提供者遵守中国法律、行政法规、部门规章情况。
- 核心数据、重要数据或者大量个人信息被窃取、泄露、毁损以及非法利用、非法出境的风险。
- 上市存在关键信息基础设施、核心数据、重要数据或者大量个人信息被外国政府影响、控制、恶意利用的风险，以及网络信息安全风险。
- 其他可能危害关键信息基础设施安全、网络安全和数据安全的因素。

（2）非个人信息部分

1）业务连续性管理。

建设和维持有效而良好的业务连续性管理是企业开展数据合规不可小觑的方面。根据《网络安全法》第22、第23条，企业建设关键信息基础设施，应保证其具有业务稳定、持续运行的性能，并保证安全技术措施同步规划、同步建设、同步使用；同时企业应当为其产品、服务持续提供安全维护；在规定或者当事人约定的期限内，不得终止提供安全维护。由此可见，良好的业务连续性管理是数据安全的基础，如果企业忽视这一点，则可以预见数据安全必然会出现漏洞，从而导致企业的发展受到阻碍。

2）组织及人员管理。

企业应当在建立人员组织管理的同时，明确网络安全负责人，并设立相应的数据安全治理机构（或小组），以更好地应对数据合规要求。根据《网络安全法》第34条以及《网络安全等级保护条例（征求意见稿）》第20、第21条，企业应当按照国家法律法规的规定和相关国家标准的强制性要求，设置专门的网络安全管理机构和网络安全管理负责人，对网络安全管理负责人和关键岗位的人员进行安全背景审查，落实持证上岗制度。执证上岗具体规定由国务院人力资源社会保障部门会同网信办等部门制定。此外，企业应当确定网络安全等级保护工作责任人，建立网络安全等级保护工作责任制，落实责任追究制度。

如果企业以经营为目的收集重要数据，则应根据《数据安全管理办法（征求意见稿）》第17、第18条的规定，明确数据安全责任人，数据安全责任人由具有相关管理工作经历和数据安全专业知识的人员担任，参与有关数据活动的重要决策，直接向网络运营者的主要负责人报告工作。同时，数据安全责任人应当履行以下职责：1）组织制定数据保护计划并督促落实；2）组织开展数据安全风险评估，督促整改安全隐患；3）按要求向有关部门和网信部门报告数据安全保护和事件处置情况；4）受理并处理用户投诉和举报。企业应当为数据安全责任人提供必要的资源，保障其独立履行职责。

3）数据安全管理。

企业在数据安全管理方面首先应当注意《网络安全法》第10条下的原则性要求：依照法律、行政法规的规定和国家标准的强制性要求，采取技术保障措施和其他必要措施，维护网络数据的完整性、保密性和可用性。这要求企业依照《网络安全法》第37条，《网络安全等级保护条例（征求意见稿）》第31条，《数据安全管理办法（征求意见稿）》第15、第24、第32条的规定，对数据的收集、使用、处理、存储、委托处理等方面分别有针对性地进行管理。此外，为了更好地进行数据安全管理，企业同样不能忽视安全技术管理与物理环境安全管理，确保根据相关法律法规达到一定的安全标准。

4）密码及通信安全管理。

2020年3月26日，《关于开展商用密码检测认证工作的实施意见》发布，作为细化市场可操作性的指引，我们不难推测密码及通信安全管理也将愈发受到监管机构的重视。我们建议企业根据《网络安全等级保护条例（征求意见稿）》第 4 条的规定，在网络建设过程中，同步规划、同步建设、同步运行网络安全保护、保密和密码保护措施。如果企业网络不涉密，则应当依据第 47、第 48 条的内容，按照国家密码管理法律法规和标准的要求，使用密码技术、产品和服务。如果企业网络定级为第三级以上，则应当采用密码保护，并使用国家密码管理部门认可的密码技术、产品和服务。公司应当履行密码安全管理职责，加强密码安全制度建设，完善密码安全管理措施，规范密码使用行为。

在密码产品的引进和使用方面，企业应当依据《商用密码管理条例》第 13、第 14 条的规定，在进口密码产品以及含有密码技术的设备或者出口商用密码产品时，必须报经国家密码管理机构批准。企业及企业员工只能使用经国家密码管理机构认可的商用密码产品，不得使用自行研制但未经认可的或者境外生产的密码产品。此外，企业及企业员工不得销售境外的密码产品。

5）风险评估和审计管理。

达成风险评估和审计管理的重要方面之一，就是落实网络安全等级保护制度。证监会曾在某企业发行可转债项目中询问："发行人开展现有业务、本次募投项目是否需要进行信息安全等级保护测评？"由此可见，如果无法落实网络等级保护制度，则也会对企业的发展无可避免地造成一定程度的阻碍。根据《网络安全等级保护条例（征求意见稿）》第 33 条的规定，企业建设、运营、维护和使用网络，向社会公众提供需取得行政许可的经营活动的，相关主管部门应当将网络安全等级保护制度落实情况纳入审计、审核范围。根据拟定的不同等级，<u>企业应当遵守的责任和义务也有不同</u>。

关于风险控制和审计管理的相关要求，建议企业通过安全审计员对系统各个组成部分的安全审计进行集中管理，包括根据安全审计策略对各类网络安全信息进行分类记录；对各类审计记录分类存储、管理、查询和分析，并根据分析结果及时处理；系统对各类安全报警和日志信息进行关联分析，生成统一审计报告，提取出概括性的重要安全事件或发掘隐藏的攻击规律，进行重点报警和分析，并对全局存在类似风险的系统进行安全预警。同时，应对安全审计员进行身份鉴别，只允许其通过特定的命令或操作界面进行安全审计操作。在进行云计算平台安全设计时，还应对云服务器、云数据库、云存储等云服务的创建、删除等操作行为进行审计，通过运维审计系统对管理员的运维行为进行安全审计；通过租户隔离机制，确保审计数据隔离的有效性。

6）安全事件与应急管理。

可以将非个人信息部分的安全事件应急管理分为事前、事中以及事后3个阶段，具体如下。

❏ 事前及事中

依据《网络安全法》第22及第34条、《关键信息基础设施安全保护条例（征求意见稿）》第24条，企业应当按照国家法律法规的规定和相关国家标准的强制性要求，制定网络安全事件应急预案并定期进行演练；当企业发现提供的产品、服务存在安全缺陷、漏洞等风险时，应当立即采取补救措施，按照规定及时告知用户并向有关主管部门报告；当企业发布具体网络和信息系统存在风险、脆弱性情况时，应当事先征求网络和信息系统运营者的书面意见，但是相关风险、脆弱性已被消除或修复，或已提前30日向网信、电信、公安或相关行业主管部门举报的情况除外。未经政府部门批准和授权，企业及企业员工发布网络安全威胁信息时，标题中不得含有"预警"字样。

此外，根据《网络安全等级保护条例（征求意见稿）》第30条的规定，对于公司定级在三级以上的网络，应当建立健全网络安全监测预警和信息通报制度，按照规定向同级公安机关报送网络安全监测预警信息，报告网络安全事件。有行业主管部门的，同时应当向行业主管部门报送和报告。

❏ 事后

当安全事件发生后，对外，企业应根据《网络安全法》第54条及《网络安全等级保护条例（征求意见稿）》第20、第32条的规定，在24小时内向属地公安机关报告；泄露国家秘密的，应当同时向属地保密行政管理部门报告。网络安全事件发生的风险增大时，公司应当配合省级以上政府，依据其法定权限及程序，收集报告相关信息，加强网络安全风险监测；对网络安全风险信息进行分析评估，预测事件发生的可能性、影响范围和危害程度。同时，公司处置网络安全事件应当保护现场，记录并留存相关数据信息，并在24小时内向属地县级以上公安机关和行业主管部门报告；泄露国家秘密的，应当同时向属地保密行政管理部门报告。公司应当按照规定进行报告，不得迟报、漏报、瞒报。

对内，企业应根据《网络安全法》第25、第55条的规定，立即启动网络安全事件应急预案，对网络安全事件进行调查和评估，采取相应的补救措施，采取技术措施和其他必要措施消除安全隐患，防止危害扩大，并及时向社会发布与公众有关的警示信息。

此外，企业也可以依据《网络安全漏洞管理规定（征求意见稿）》，针对相关的网络产品、服务、系统采取相应的漏洞修补或防范措施。

7）投诉与举报管理。

企业应当关注投诉与举报的响应时间、流程、方式，同时还应及时反馈处理结果。根据《网络安全法》第 49 条、《电信和互联网用户个人信息保护规定》第 12 条以及《规范互联网信息服务市场秩序若干规定》第 14 条，企业应当建立网络信息安全投诉、举报制度，公布投诉、举报方式等信息，及时受理并处理有关网络信息安全的投诉和举报，并自接到投诉之日起十五日内答复投诉人。公司应当配合网信部门和有关部门依法实施的监督检查。

第三节　企业上市后的合规保健

结合上述讨论，概括而言，我们建议企业成功上市后，应当将后续数据合规的日常治理工作放在以下 3 个部分。

1. 定期审查和更新外部政策与协议

企业应当结合法律法规及产品业务侧的更新情况，对企业已经制定的外部协议内容进行更新，具体可能包括产品个人信息保护政策、用户服务协议及其他单行规则，产品隐私保护实践方案设计、与第三方公司间签署的数据合作方面的相关合同、数据处理协议、承诺函等。

2. 落实和完善内部数据安全管理控制制度

企业应当严格遵照已经制定好的内部安全管理制度，并对上市前因其处于低优先级而未完善的相应制度进行补充完善，有针对性地设计企业员工手册、行为规范以及 HR 及 IT 部门的制度文件及规程。此外，企业还应当定期开展企业内部培训与预警演练，并及时根据演练情况和结果对安全保护措施、应急预案及应急处理流程进行优化。

3. 定期开展员工培训、内部安全评估等工作

企业应当定期（至少每年一次）开展对数据处理岗位相关员工的合规培训，提高员工合规意识，并建议将培训过程作为合规义务履行的证据留存，以便监管机关审查时能够给出充分的理由进行自证。建议企业定期开展内部的安全评估工作，对全系统的排查评估的频率至少保持在一年一次，存在特殊情形（如产品功能发生重大改变、有新功能上线等情况）的，建议根据法律法规要求开展针对性评估工作。如果评估后发现存在风险的，

应当及时进行整改。评估报告及工作文件应当留存，作为日后工作的参考，也可以作为合规证据留存。

小　　结

　　经过一番摸索，对企业上市数据合规方面需要提前做哪些准备这一问题，白晓萌萌已经有了较为整体的初步了解。首先，数据合规是企业首次公开募股（Initial Public Offering，IPO）的必要条件，会影响企业的上市顺利与否。公司在具体开展数据合规准备工作时，可以依据公司类型梳理关注的重点，并分别遵循个人信息部分与非个人信息部分这两条主线，有针对性地治理上市前企业可能面临的问题，如数据来源的合法性、数据商业化变现的合规性、企业内部控制制度及执行、安全保护措施、数据泄露事件的及时响应等。最后，在成功上市后，企业也应继续对数据合规的日常治理工作保持关注，避免因违规带来不利影响与经济损失。

　　数据合规非一日之功，在了解相关情况后，白晓萌萌已经及时将相关情况汇报给了领导。带着领导们的认可，白晓萌萌已经着手规划如何开展公司上市前的基础准备工作。

第十六章

月薪 10 万元是个小目标：职业跨越式发展

【场景】白晓萌萌经过了一番刻苦学习与修炼，已经从数据合规法务小白发展成为数据合规法务专家。她深谙国内以及重要海外市场的法律规定和监管态势，能将法律要求转化为与公司业务实践结合的合规要求，覆盖业务基本场景：App、SDK、员工个人信息、账号注销等，在此基础上将法律要求与高深场景深度结合，精准营销、算法推荐、人工智能、投资并购、业务出海、上市合规，统统不在话下。然而摆在白晓萌萌面前的问题是：未来的发展方向是什么，是否已经到达了职业发展的天花板？

第一节 从数据合规律师到数据保护官

近两年来因监管的收紧，数据保护或者隐私合规行业在国内逐渐形成了气候，乃至于被称为蓝海、个人信息保护行业迎来了春天，号称已经有"月入 6 万元的数据合规人才"。行业内的人才背景各异，有其他细分法律行业拓展的，有信息安全管理咨询行业拓展的，还有技术专业跨界的，似乎谁都能任数据合规岗位，逐渐出现竞争激烈之态势。正如第一章所阐述的，数据合规工作覆盖了政策研究、合规评估、管理体系、技术措施等方面。律师法务深入理解数据保护相关法律，对于形成合规要求清单具有得天独厚的优势，确定了合规的"规"，同时合规评估的本质是风险评估和处置，这也是律师法务的长处。信息安全管理咨询师具备信息安全知识以及管理体系化思维，能快速在公司内建立数据保护管理体系，通过管理方式逐步推进提升数据合规成熟度。研发工程师、算法专家等，可以通过技术方案将合规要求或者管理体系所设定的企业内部标准落地实施。

白晓萌萌在职业规划上有两种上升路径：一是扩大在数据合规法务律师圈内的竞争力，持续深耕数据合规法务或律师的法律专业领域，专注于数据合规法律若干方面特别成熟的经验和深入的研究，如大数据杀熟、第三方数据引入等，或者专注于某方面的技能，如应对个人信息保护的诉讼、政府问询等；二是扩大在数据合规整个行业内的竞争力，补足管理体系、技术措施等综合能力，跨越式成长为数据保护官。

此时，我们应该探讨个人成长的问题。《巨人的工具》中提到的漫画作者斯科特·亚当斯，他的呆伯特系列漫画同时在65个国家刊载、使用25种语言、超过两千家报纸转载。亚当斯提出，如果你想取得出类拔萃的成就，有两种选择：第一种选择是把某项技能练到全世界最好，这个难度非常大；第二种选择是你可以选择两项技能，每项技能练就到世界前25%的水平，这相对容易。如果你能把这两项技能结合起来去做一件事，你就可能取得了不起的成就。比如亚当斯，他不是世界上画画技能最好的，但是能达到前25%，他写笑话的技能也不是全世界最好的，但是也能达到前25%的水平，把二者结合起来就是"呆伯特漫画"，能做到这一点的人就极其少了[1]。在当前，白晓萌萌职业发展路径选择的分叉口是一致的，可以选择将数据合规法律相关专业做得更为精深，也可以掌握多种技能并加以结合，也就是跨越式成长为数据保护官。

数据保护官（Data Protection Officer）在国内一般称为"个人信息保护负责人"。《个人信息保护法》规定：处理个人信息达到国家网信部门规定数量的个人信息处理者应当指定个人信息保护负责人，负责对个人信息处理活动以及采取的保护措施等进行监督[2]。

《信息安全技术 个人信息安全规范》规定：个人信息保护负责人和个人信息保护工作机构的职责应包括但不限于：

❏ 全面统筹实施组织内部的个人信息安全工作，对个人信息安全负直接责任。
❏ 组织制定个人信息保护工作计划并督促落实。
❏ 制定、签发、实施、定期更新个人信息保护政策和相关规程。
❏ 建立、维护和更新组织所持有的个人信息清单（包括个人信息的类型、数量、来源、接收方等）和授权访问策略。
❏ 开展个人信息安全影响评估，提出个人信息保护的对策建议，督促整改安全隐患。

---

[1] 万维钢解读《巨人的工具》，载于"得到"App。
[2] 《个人信息保护法》第52条第1款。

- 组织开展个人信息安全培训。
- 在产品或服务上线发布前进行检测,避免未知的个人信息收集、使用、共享等处理行为。
- 公布投诉、举报方式等信息并及时受理投诉举报。
- 进行安全审计。
- 与监督、管理部门保持沟通,通报或报告个人信息保护和事件处置等情况。

以此为数据保护官的职责基础,其能力模型包括如下。

1. 数据保护管理体系

首先应当构建一个数据保护管理体系和全公司数据保护的全景视图,并以有机组织体来实现相互之间的合力。当前国际通行的数据保护管理体系较多,如美国国家标准与技术研究院(National Institute of Standards and Technology,NIST)提供的 Privacy Framework 和 Cybersecurity Framework、ISO 27701 以及 IAPP CIPM 管理框架,它们涉及的相关大模块是类似的,企业可以根据需求选择适用的。

本书以 NIST Privacy Framework 为例,介绍数据保护管理体系的模块,借此可以了解数据保护官的核心能力。图 16-1[一]展示了主要模块。

Identify-P 的核心是识别当前因数据处理活动而产生的隐私风险,具体包括梳理数据目录以及映射到的系统产品服务清单,厘清企业在商业环境中的使命、愿景等,以确认隐私工作的重要性、优先级,评估数据处理活动的风险和处置行为,评估企业数据合规相关的规则流程是否已经被企业利益相关者认可且运用于生态系统中的第三方。

Govern-P 的核心是制定并实施治理架构,以实现隐私风险管理事项,包括制定隐私管理制度、流程和规程,结合企业的风险容忍度、使命愿景等制定风险管理策略,对员工等进行隐私意识教育和专业知识的相关培训,对企业的隐私合规状态进行持续监测。

Control-P 的核心是制定和实施适当的措施,以实现隐私风险管理,包括建立数据处理的政策、流程等,根据风险管理策略进行隐私管理,建立可分离处理的解决方案,以实现数据被最小化地收集和存储等原则。

Communicate-P 的核心是采取适当措施,实现各组织和个人能够了解并参与如何进行数据处理和隐私保护的对话和充分沟通,包括建立相关沟通流程和制度,以及增强数

[一] *National Institute of Standard and Technology: Privacy Framework*, p19, https://nvlpubs.nist.gov/nistpubs/CSWP/NIST.CSWP.01162020.pdf.

据处理的透明性和可预测性。

Protect-P 的核心是采取适当的措施以落实个人信息保护措施,包括建立相关流程制度、身份认证访问控制、数据安全措施、保护技术等。

功能的唯一标识符	功能	类别的唯一标识符	类别
ID-P	Identify-P	ID.IM-P	数据清单和数据地图
		ID.BE-P	业务环境
		ID.RA-P	风险评估
		ID.DE-P	数据处理系统风险管理
GV-P	Govern-P	GV.PO-P	治理政策、过程和程序
		GV.RM-P	风险管理策略
		GV.AT-P	意识和培训
		GV.MT-P	监控和评估
CT-P	Control-P	CT.PO-P	数据处理政策、过程和程序
		CT.DM-P	数据处理过程管理
		CT.DP-P	离散数据的处理
CM-P	Communicate-P	CM.PO-P	交流政策、过程和程序
		CM.AW-P	数据处理意识
PR-P	Protect-P	PR.PO-P	数据保护政策、过程和程序
		PR.AC-P	身份管理、认证和访问控制
		PR.DS-P	数据安全
		PR.MA-P	维护
		PR.PT-P	保护性措施

图 16-1　NIST Privacy Framework

管理体系更强调的是体系化的思维方式和能力,全面整体地考虑数据合规的计划、实施和落地,避免出现重大缺失和不足。其内容层面已经可以涵盖所有的数据合规工作了。

2. 商业理解和利益相关方管理

数据被称为 21 世纪的石油,能发挥出促进业务发展的核心作用,因此在进行数据合规工作时,应当充分分析企业的使命、愿景以及数据在企业发挥的作用等,从而在法律法规的强制性要求上做出合理的商业理解,真正成为企业的商业策略伙伴。比如苹果公司一直将隐私作为公司的核心价值观之一,如图 16-2 所示。因此苹果的产品在数据合规上的要求会高于法律法规的强制性要求,甚至会主动采取净化移动生态的措施,包括推动追踪透明框架,要求 App 主动告知用户是否追踪用户,以及由用户自行选择是否被追踪。然而其他拥有不同价值观和愿景的公司，在处置产品或服务收集使用数据，甚至产品的隐私功能方面有较大的差异。数据保护官应当抽离出合规视角，从企业的商业角度考量隐私与公司发展的关联与结合点。

图 16-2　苹果隐私保护的价值观

利益相关方管理也是极其重要的。有一种普遍的误解是将数据合规作为法律强制性要求去推动内部利益相关方落实，然而这会产生负面影响，让利益相关方产生抵触或僵化执行，甚至以过关思维试图逃过内部控制措施。数据合规不仅仅是法律合规，更是企业的品牌声誉和用户信任。例如，来自 Transcend 的最近一项研究表明，93% 的美国人会转用一家优先考虑数据隐私的公司，38% 的人认为，在优先考虑数据隐私的公司中花更多的钱是值得的[○]。因此，只有准确把握利益相关方的利益诉求，平衡各方面所需，使其各自价值得以体现，数据保护官才能充分调动各利益相关方的积极性，实现企业内部利益最大化。比如，要求落实用户权利实现的机制，如注销账号、删除数据，应当充分考虑产品经理对于用户体验的追求，在功能体验和用户隐私理念传递上加大力度，而非追求僵化落实法律要求。

3. 合规和审计能力

正如本书内容不断提到的，数据合规工作的本质是个人信息保护影响评估与处置，这是数据合规人员的核心竞争力。个人信息影响保护评估与处置可以从正面建设和反向建设两个角度思考，即合规和审计。本书的全部内容都在解读数据合规要求及不同场景

○ Joe Cai 翻译，Ironman Lou 校对：《超越合规理念：我们如何沟通隐私所产生的不同影响力》，2020年 11 月 30 日载于公众号"IAPP KnowledgeNet"，请见 https://mp.weixin.qq.com/s?__biz=MzI0NTE0ODA1MA==&mid=2247484181&idx=1&sn=f9788ca808595941340da71c686897d1&chksm=e953b3e8de243afe56cd158f929c0a0527f5a039ba105c880874e53bcd5bb113c0b195a57082&scene=21%23wechat_redirect。

下合规要求的落地实施，故不再赘述，重点在于法律法规的解读、场景的理解，以及在相应场景下的评估和处置能力。审计根据实施主体的不同，可以分为内部审计和外部审计，核心都是以中立的地位审视隐私数据合规状态，进而保障持续合规。审计步骤一般包括确定审计目标、审计框架（如 GDPR）、审计范围等，制定审计方法和步骤（如访谈、技术测试等），输出审计结论。因此，数据保护官应当具备审计的基本素养和能力。

4. 隐私文化构建

数据合规治理并非"运动式"的。单次治理"运动"能让企业的数据处理活动在某一段时间内达到合规状态，但如需长久维持这种状态，仅依靠每次单项的治理是远远不够的，还需要企业积极构建隐私文化。隐私文化能让企业内部在经营活动中合理判断并合法开展用户信息处理时形成有效的共识，从而更好地支持企业的发展战略目标。此外，隐私文化还能有效提升企业内跨团队的隐私项目执行力，提升团队对于隐私合规治理目标的理解与支持，从而在满足企业数据价值发掘需求与用户个人信息保护诉求之间实现平衡。而对于数据合规治理团队而言，构建隐私文化可以将隐私保护的理念更深地植入到企业的每个分支机构，通过绘制数据使用的共同愿景，来扩大隐私治理的影响力，有效提升数据合规治理的效率、降低阻力。○

隐私文化构建的方式包括隐私意识活动以及专业知识培训等，如公司隐私日、新员工隐私意识培训和认证考试、隐私专业知识的名家讲堂等。

5. 隐私保护技术措施

除了传统的加密、脱敏等安全技术外，隐私发现等数据管理工具都在日常数据合规工作中扮演着重要的作用。如图 16-3 所示为在 RSA2020 创新沙盒中 Securiti.ai 公司的 CEO Rehan Jalil 所展示的 PrivacyOps 解决方案，以协助企业快速遵守全球范围内的隐私法要求。该方案由七大核心元素组成，分别是 People Data Graph Automation（个人数据图谱自动化）、Data Subject Rights Fulfillment Automation（数据主体请求履行自动化）、Internal Assessment Automation（内部评估自动化）、Vendor Assessment Automation（供应商评估自动化）、Vendor Privacy Risk Monitoring（供应商隐私风险监控）、Consent Lifecycle Management（授权全生命周期管理）和 Data Mapping（个人数据地图）。○

○ 汪明翻译，宋文宽校对：《如何建立隐私文化》，2020 年 5 月 18 日载于微信公众号"IAPP KnowledgeNet"，请见 https://mp.weixin.qq.com/s/nGW4rUd-hLWC6TPUPHGWFg，译自 Aaron Weller, CIPP/US, CIPM, CIPT, FIP, Emily Leach, CIPP/E, CIPP/US：How to build a culture of privacy?, https://iapp.org/news/a/how-to-build-a-culture-of-privacy/。

○ 全知科技数据安全服务团队：《从 RSA2020 看隐私与合规的挑战》，载于微信公众号"全知科技"，见 https://mp.weixin.qq.com/s/mWMtDluPdGsAiuDBF74LkA。

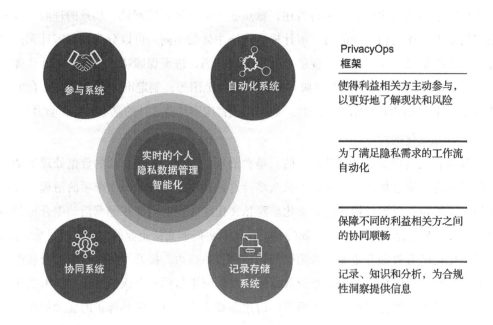

图 16-3　PrivacyOps 系统示意图

隐私保护技术措施近些年还包括非常亮眼的隐私计算，如阿里巴巴达摩院发布的《2020 年十大科技趋势》，其中趋势九——保护数据隐私的 AI 技术将加速落地。数据流通产生的合规成本越来越高，使用 AI 技术保护数据隐私正成为新的技术热点，其能够在保证各方数据安全和隐私的同时促进数据利用，包括安全多方计算、差分隐私、可信软件硬件等。

数据保护官在能力模型上应充分考虑上述数据保护管理体系、商业理解和对利益相关方的理解、合规与审计能力、文化构建以及隐私保护技术措施。当然，这并不意味着数据保护官必须精通这些技能，但其应当具备这样的认知与格局，建立隐私相关组织或者与公司内相关部门合作，全面推进数据合规，以实现公司的长治久安。

第二节　数字化转型时代对数据保护官的进一步要求

数据保护官具备综合的背景和能力，已具备较高的门槛。下面进一步探讨在未来世界发展之下，数据保护官应该朝哪个方向发展，进一步灵魂拷问数据保护官是否可以成为奋斗终身的职业。

判断在 20～30 年内是否仍然坚守数据保护官岗位，应当先判断当前时代发展的变化。毋庸置疑的是两个重要的变革趋势：数字化转型和人工智能。

Gartner 给数字化转型下的定义为：开发数字化技术及支持能力，以新建一个富有活力的数字化商业模式。数字化转型是应用数字化技术来重塑企业的信息化环境和业务过程，其价值不仅在于企业的增效降本提质，更侧重于企业的管理和业务创新。㊀以 Netflix 为例，它是目前全世界最大的互联网视频公司，市值超过 2000 亿美元。其转型前是一家很小的在线录像制品租赁公司。Netflix 在在线租赁期间积累了很多用户习惯，进而了解了市场发展走向。比如用户喜欢"刷剧"模式，喜欢一次性看完所有剧集，以前美剧是一季一季拍摄，每周播放一集，而 Netflix 基于此前的数据积累改变了商业决策。2013 年 2 月 1 日，Netflix 一次性推出《纸牌屋》第一季 13 集，从此开启了线上美剧观看模式的新时代。㊁基于笔者个人见解，数字化转型不等同于"互联网+"用互联网思维来进行各行各业的产业迭代，数字化转型更类似于产业革命，通过数字化的方式刻画出各行业的规律、轨迹，进而预测分析，调整产业发展方向。

另一个重要趋势是人工智能的发展。从 AlphaGo 打败李世石开始，人工智能就成为这个时代发展的最强音之一。AlphaGo 的例子充分解释了人工智能最重要的 3 个因素是算法、算力和大数据。在大数据方面，AlphaGo 一共学习了 3000 万盘已有的棋局，自己跟自己又下了 3000 万盘，一共 6000 万盘棋局，这个数据量是很大的。算法是蒙特卡罗树搜索、强化学习、深度学习等，并利用了巨大的计算能力，共有 1202 个 CPU 和 280 个 GPU。㊂此后，人工智能技术从高深的楼阁走向了日常生活，包括语音识别、翻译、无人驾驶等。数据的利用直接决定了人工智能发展的速度。

结合数字化转型和人工智能，2019 年我国正式提出了"智能+"战略：深化大数据、人工智能等研发应用；打造工业互联网平台，拓展"智能+"，为制造业转型升级赋能。以 5G、物联网、人工智能等技术为代表的智能技术群落迅速成熟，从万物互联到万物智能，从连接到赋能的"智能+"浪潮即将开启。

在这样的时代背景下，数据保护官处于数据利用和发展的第一线，数据合规是数据利用和发展的安全底座，对数据保护官的需求是会持续不断的。数据成为数字化转型和人工智

㊀ 石秀峰：《深入聊一聊企业数字化转型这个事儿》，2021 年 3 月 8 日载于微信公众号"谈数据"，见 https://mp.weixin.qq.com/s/j-kC7GXaJpLGR4X0P77rwQ。

㊁ 司若，黄莺，孙怡，张鹏：《从 Netflix 看大数据如何影响影视创作》，2021 年 2 月 1 日载于微信公众号"腾讯研究院"，见 https://mp.weixin.qq.com/s/8pfE28w740ofcdLX2CFLpw。

㊂ 张钹：《第三代人工智能的特点、现状及未来趋势》，2020 年 10 月 16 日载于微信公众号"大数据 DT"，见 https://mp.weixin.qq.com/s/7HrJt0_6vkaeBvqfrbbToQ。

能的核心因素之一，也是"智能+"的核燃料，将对数据保护官提出更高的要求。新加坡个人数据保护委员会（Personal Data Protection Commission，PDPC）对数据保护官提出了促进数据驱动创新的能力，其在官方文件中解释："企业逐渐将数据作为战略性资产，以开发新产品和改善产品。一个称职的数据保护官应当具备协助企业在确保公众信任和企业责任的基础上，使用数据推动创新和与合作伙伴分享数据以获得竞争优势。"因此，新加坡个人数据保护委员会提出了图16-4所示的数据保护官能力模型图，从促进数据创新角度提出了数据伦理、数据分享和设计思考实践。数据伦理和数据分享着重解决数据合规和数据创新之间的平衡，设计思考实践主要是将隐私和个人信息保护的要求结合到数据驱动的设计思考过程中。

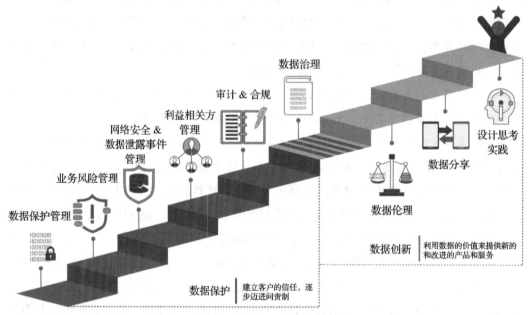

图16-4 新加坡个人数据保护委员会制定的数据保护官能力模型

数字化转型时代对数据保护官的要求仍然处于很朦胧的状态，因为数字化转型和人工智能本身就处在急剧的发展过程中。但是仅仅强调数据保护不能满足未来时代的发展需求，如何能够在数据利用和数据保护之间基于当前的内外部利益相关方下找到平衡点，并且固化实施是极具挑战性的一项工作。

数据保护官应当开拓视野，看到更广阔的技术发展、行业发展以及国际格局等，为未来的变化提前找到能力的支点，通过杠杆发挥更大的作用。数据保护官们完成跨越式成长，成为更具综合能力、更贴近时代脉搏的人才，未来可期！

后 记 *Postscript*

书稿从设想到成文交稿,耗时一年多。今日付梓,算是给自己了了一桩大心事。

特此感谢督促和推动此书成形的机械工业出版社华章分社的佘洁老师。佘老师作为资深编辑,没有放弃我们这群拖延症患者,一直给予我们莫大的鼓励和支持,让我们相信写书的梦想是可以完成的。

感谢陪伴此书成稿的何国锋、董杰睿、李絁芩、陈子谦同学。本书能够面世,离不开他们利用周末和假期来帮忙做了那么多琐碎的支持工作,包括组织会议、催稿提示、法条核对、格式调整、文句审校……他们是成书的一大助力。

在本书写作过程中,与业内专家老师、好友们有很多次热点讨论、头脑风暴,每次讲课后也会收到听众们的各种提问和反馈,我们支持的业务线同学更是会不断提出新问题、新场景……这一切都在帮助我们对数据合规这个领域保持深入的洞察和前沿的觉知,受益颇深。

还要感谢家人们的支持,特别是感谢娃儿。做互联网法务和律师的职场妈妈都是天天忙到飞起,能够利用极其有限的碎片时间或假期时光来写书,全赖娃儿的乖乖睡觉或自觉学习。谢谢娃儿以实际行动支持职场妈妈去努力实现梦想。

特别致谢周汉华老师。周老师作为个人信息保护法律领域的资深学者,对我们这些晚学不揣冒昧的求教和想法总是耐心指点、包容鼓励,让我们受益匪浅。

总之,对于本书之成稿和面世,满怀感恩。

成书既是终点，也是始点。回头看自己的文字，总是觉得不够完善，总是发现留有遗憾。如有读者翻看本书，只感粗疏浅薄，乃是幸事，说明行业发展、法律规范、观念认知、技术加持等多方因素都在全面提升数据安全与个人信息保护水平，数据合规领域专业共同体的水平也在水涨船高。

　　最后，真诚期待读者诸君指正。

作者

2022 年 1 月　北京

附录

- 附录A　名词解释
- 附录B　与数据保护相关的常用法规、规章与规范性文件
- 附录C　数据保护领域单行专项法律
- 附录D　综合性法律中的数据保护专条
- 附录E　关于数据本地化和出境要求的规范汇总

附录 A

名词解释

序号	名词	内涵解释
1	个人信息	指以电子或者其他方式记录的与已识别或者可识别的自然人有关的各种信息,不包括匿名化处理后的信息(《个人信息保护法》第 4 条)
2	敏感个人信息	指一旦泄露或者非法使用,容易导致自然人的人格尊严受到侵害或者人身、财产安全受到危害的个人信息,包括生物识别、宗教信仰、特定身份、医疗健康、金融账户、行踪轨迹等信息,以及不满十四周岁未成年人的个人信息(《个人信息保护法》第 28 条)
3	个人信息主体	指个人信息所标识或者关联的自然人(GB/T 35273—2020《信息安全技术 个人信息安全规范》第 3.3 条)
4	个人信息控制者	指有能力决定个人信息处理目的、方式等的组织或个人(GB/T 35273—2020《信息安全技术 个人信息安全规范》第 3.4 条)
5	个人信息处理者	指在个人信息处理活动中自主决定处理目的、处理方式的组织、个人(《个人信息保护法》第 73 条)
6	个人信息的处理	指个人信息的收集、存储、使用、加工、传输、提供、公开、删除等(《个人信息保护法》第 4 条)
7	收集	指获得个人信息的控制权的行为。包括由个人信息主体主动提供、通过与个人信息主体交互或记录个人信息主体行为等自动采集行为,以及通过共享、转让、搜集公开信息等间接获取个人信息等行为 如果产品或服务的提供者提供工具供个人信息主体使用,提供者不对个人信息进行访问的,则不属于收集(GB/T 35273—2020《信息安全技术 个人信息安全规范》第 3.5 条)
8	删除	指在实现日常业务功能所涉及的系统中去除个人信息的行为,使其保持不可被检索、访问的状态(GB/T 35273—2020《信息安全技术 个人信息安全规范》第 3.10 条)
9	公开披露	指向社会或不特定人群发布信息的行为(GB/T 35273—2020《信息安全技术 个人信息安全规范》第 3.11 条)

（续）

序号	名词	内涵解释
10	转让	指将个人信息控制权由一个控制者向另一个控制者转移的过程（GB/T 35273—2020《信息安全技术　个人信息安全规范》第3.12条）
11	共享	指个人信息控制者向其他控制者提供个人信息，且双方分别对个人信息拥有独立控制权的过程（GB/T 35273—2020《信息安全技术　个人信息安全规范》第3.13条）
12	明示同意	个人信息主体通过书面、口头等方式主动做出纸质或电子形式的声明，或者自主做出肯定性动作，对其个人信息进行特定处理做出明确授权的行为 肯定性动作包括个人信息主体主动勾选、主动点击"同意""注册""发送""拨打"、主动填写或提供等（GB/T 35273—2020《信息安全技术　个人信息安全规范》第3.6条）
13	授权同意	个人信息主体对其个人信息进行特定处理做出明确授权的行为，包括通过积极的行为做出授权（即明示同意），或者通过消极的不作为而做出授权（如信息采集　区域内的个人信息主体在被告知信息收集行为后没有离开该区域）（GB/T 35273—2020《信息安全技术　个人信息安全规范》第3.7条）
14	自动化决策	指通过计算机程序自动分析、评估个人的行为习惯、兴趣爱好或者经济、健康、信用状况等，并进行决策的活动（《个人信息保护法》第73条）
15	用户画像	通过收集、汇聚、分析个人信息，对某特定自然人个人特征，如职业、经济、健康、教育、个人喜好、信用、行为等方面做出分析或预测，形成其个人特征模型的过程 直接使用特定自然人的个人信息，形成该自然人的特征模型，称为直接用户画像 使用来源于特定自然人以外的个人信息，如其所在群体的数据，形成该自然人的特征模型，称为间接用户画像（GB/T 35273—2020《信息安全技术　个人信息安全规范》第3.8条）
16	应用算法推荐技术	指利用生成合成类、个性化推送类、排序精选类、检索过滤类、调度决策类等算法技术向用户提供信息
17	匿名化	指个人信息经过处理无法识别特定自然人且不能复原的过程（《个人信息保护法》第73条）
18	去标识化	指个人信息经过处理，使其在不借助额外信息的情况下无法识别特定自然人的过程，无法识别或者关联个人信息主体的过程（《个人信息保护法》第73条）
19	个性化展示	指基于特定个人信息主体的网络浏览历史、兴趣爱好、消费记录和习惯等个人信息，向该个人信息主体展示信息内容、提供商品或服务的搜索结果等活动（GB/T 35273—2020《信息安全技术　个人信息安全规范》第3.16条）
20	个人信息安全影响评估	指针对个人信息处理活动，检验其合法合规程度，判断其对个人信息主体合法权益造成损害的各种风险，以及评估用于保护个人信息主体的各项措施有效性的过程（GB/T 35273—2020《信息安全技术　个人信息安全规范》第3.9条）
21	儿童	指不满14周岁的未成年人（《儿童个人信息网络保护规定》第2条）
22	App	即移动互联网应用程序，包括移动智能终端预置、下载安装的应用软件，基于应用软件开放平台接口开发的、用户无需安装即可使用的小程序（《常见类型移动互联网应用程序必要个人信息范围规定》第2条）
23	应用程序提供者	提供信息服务的移动互联网应用程序所有者或者运营者

（续）

序号	名词	内涵解释
24	应用程序分发平台	提供移动互联网应用程序发布、下载、动态加载等分发服务的互联网信息服务提供者
25	数据	指任何以电子或者其他方式对信息的记录（《数据安全法》第3条）
26	数据处理	指数据的收集、存储、使用、加工、传输、提供、公开等（《数据安全法》第3条）
27	数据安全	指通过采取必要措施，确保数据处于有效保护和合法利用的状态，以及具备保障持续安全状态的能力（《数据安全法》第3条）
28	SDK	Software Development Kit 的缩写，即软件开发工具包，一般为软件工程师为特定的软件包、软件框架、硬件平台、操作系统等建立应用软件时的开发工具的集合
29	四部委	指国家互联网信息办公室、工业和信息化部、公安部、国家市场监督管理总局
30	国标35273	指国家市场监督管理总局与国家标准化管理委员会于2020年3月6日联合发布，并于2020年10月1日正式实施的编号为 GB/T 35273—2020 的国家标准《信息安全技术 个人信息安全规范》

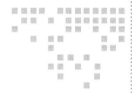

附录 B Appendix B

与数据保护相关的常用法规、规章与规范性文件

行政法规	发文机构	发布时间	实施时间
《关键信息基础设施安全保护条例》	国务院	2021.7.30	2021.9.1
《中华人民共和国电信条例》（2016）	国务院	2016.2.6	2016.2.6
《征信业管理条例》	国务院	2013.1.21	2013.3.15
《互联网信息服务管理办法》	国务院	2000.9.25	2000.9.25
部门规章与规范性文件	**发文机构**	**发布时间**	**实施时间**
《人类遗传资源管理条例实施细则》	科学技术部	2023.5.26	2023.7.1
《信息安全技术 个人信息处理中告知和同意的实施指南》	全国信息安全标准化技术委员会	2023.5.23	2023.12.1
《生成式人工智能服务管理办法（征求意见稿）》	国家互联网信息办公室	2023.04.11	
《工业和信息化领域数据安全管理办法（试行）》	国家互联网信息办公室、工业和信息化部、国家市场监督管理总局	2022.12.8	2023.1.1
《互联网信息服务深度合成管理规定》	国家互联网信息办公室、工业和信息化部、公安部	2022.11.25	2023.1.10
《互联网弹窗信息推送服务管理规定》	国家互联网信息办公室	2022.9.9	2022.9.30
《数据出境安全评估办法》	国家互联网信息办公室	2022.7.7	2022.9.1
《移动互联网应用程序信息服务管理规定》	国家互联网信息办公室	2022.6.14	2022.8.1
《信息安全技术 移动互联网应用程序（App）收集个人信息基本要求》	国家市场监督管理总局、国家标准化管理委员会	2022.4.15	2022.11.1
《未成年人网络保护条例（征求意见稿）》	国家互联网信息办公室	2022.3.14	—

（续）

部门规章与规范性文件	发文机构	发布时间	实施时间
《信息安全技术 移动互联网应用程序（App）生命周期安全管理指南（征求意见稿）》	全国信息安全标准化技术委员会	2022.2.8	—
《信息安全技术 网络安全服务成本度量指南（征求意见稿）》	全国信息安全标准化技术委员会	2022.1.17	—
《信息安全技术 网络安全从业人员能力基本要求（征求意见稿）》	全国信息安全标准化技术委员会	2022.1.17	—
《信息安全技术 重要数据识别指南（征求意见稿）》	全国信息安全标准化技术委员会	2022.1.13	—
《互联网信息服务算法推荐管理规定》	国家互联网信息办公室、工业和信息化部、公安部、国家市场监督管理总局	2021.12.31	2022.3.1
《网络安全审查办法》	国家互联网信息办公室、国家发展和改革委员会、工业和信息化部、公安部、国家安全部、财政部、商务部、中国人民银行、国家市场监督管理总局、国家广播电视总局、中国证券监督管理委员会、国家保密局、国家密码管理局	2021.12.28	2022.2.15
《网络数据安全管理条例（征求意见稿）》	国家互联网信息办公室	2021.11.14	—
《移动互联网应用程序SDK安全规范（征求意见稿）》	中国互联网协会	2021.11.12	—
《移动互联网应用程序数据安全风险测评指南（征求意见稿）》	中国互联网协会	2021.11.12	—
《移动互联网应用程序数据安全测评服务机构能力评定准则（征求意见稿）》	中国互联网协会	2021.11.12	—
《互联网平台分类分级指南（征求意见稿）》	国家市场监督管理总局	2021.10.29	—
《互联网平台落实主体责任指南（征求意见稿）》	国家市场监督管理总局	2021.10.29	—
《互联网用户账号名称信息管理规定（征求意见稿）》	国家互联网信息办公室	2021.10.26	—
《信息安全技术 汽车采集数据的安全要求（征求意见稿）》	全国信息安全标准化技术委员会	2021.10.19	—
《关于加强互联网信息服务算法综合治理的指导意见》	国家互联网信息办公室、中共中央宣传部、教育部、科学技术部、工业和信息化部、公安部、文化和旅游部、国家市场监督管理总局、国家广播电视总局	2021.9.17	2021.9.17
《关于进一步压实网站平台信息内容管理主体责任的意见》	国家互联网信息办公室	2021.9.15	2021.9.15

（续）

部门规章与规范性文件	发文机构	发布时间	实施时间
《关于加强车联网网络安全和数据安全工作的通知》	工业和信息化部	2021.9.15	2021.9.15
《汽车数据安全管理若干规定（试行）》	国家互联网信息办公室、国家发展和改革委员会、工业和信息化部、公安部、交通运输部	2021.8.16	2021.10.1
《移动互联网应用程序个人信息保护管理暂行规定（征求意见稿）》	工业和信息化部	2021.4.26	—
《网络交易监督管理办法》	国家市场监管总局	2021.3.15	2021.5.1
《常见类型移动互联网应用程序必要个人信息范围规定》	国家互联网信息办公室、工业和信息化部、公安部、国家市场监督管理总局	2021.3.12	2021.5.1
《中国银保监会监管数据安全管理办法（试行）》	中国银行保险监督管理委员会	2020.9.23	2020.9.23
《网络安全标准实践指南—移动互联网应用程序（App）个人信息保护常见问题及处置指南》	全国信息安全标准化技术委员会	2020.9.18	2020.9.18
《关于工业大数据发展的指导意见》	工业和信息化部	2020.4.28	2020.4.28
《工业数据分类分级指南（试行）》	工业和信息化部	2020.2.27	2020.2.27
《个人金融信息保护技术规范》	中国人民银行	2020.2.13	2020.2.13
《App违法违规收集使用个人信息行为认定方法》	国家互联网信息办公室、工业和信息化部、公安部、国家市场监督管理总局	2019.11.28	2019.11.28
《网络音视频信息服务管理规定》	国家互联网信息办公室、文化和旅游部、国家广播电视总局	2019.11.18	2020.1.1
《儿童个人信息网络保护规定》	国家互联网信息办公室	2019.8.22	2019.10.1
《关于引导规范教育移动互联网应用有序健康发展的意见》	教育部、工业和信息化部、中央网络安全和信息化委员会办公室、公安部、民政部、国家市场监督管理总局、国家新闻出版署、全国扫黄打非工作小组	2019.8.10	2019.8.10
《互联网信息服务严重失信主体信用信息管理办法（征求意见稿）》	国家互联网信息办公室	2019.7.22	—
《网络产品安全漏洞管理规定》	工业和信息化部、国家互联网信息办公室、公安部	2019.7.12	2021.9.1
《个人信息出境安全评估办法（征求意见稿）》	国家互联网信息办公室	2019.6.13	2021.9.1
《数据安全管理办法（征求意见稿）》	国家互联网信息办公室	2019.5.28	—
《互联网个人信息安全保护指南》	公安部、北京市网络行业协会	2019.4.10	2019.4.10
《App违法违规收集使用个人信息自评估指南》	App违法违规收集使用个人信息专项治理工作组	2019.3.3	2019.3.3

（续）

部门规章与规范性文件	发文机构	发布时间	实施时间
《网络安全等级保护条例（征求意见稿）》	公安部	2018.6.27	—
《移动智能终端应用软件预置和分发管理暂行规定》	工业和信息化部	2016.12.16	2017.7.1
《移动互联网应用程序信息服务管理规定》	国家互联网信息办公室	2016.6.28	2016.8.1
《寄递服务用户个人信息安全管理规定》	国家邮政局	2014.3.26	2014.3.26
《电信和互联网用户个人信息保护规定》	工业和信息化部	2013.7.16	2013.9.1
《信息安全技术公共及商用服务信息系统个人信息保护指南》	国家质量监督检验检疫总局、国家标准化管理委员会	2012.11.5	2013.2.1

（截至 2023 年 6 月重印修订）

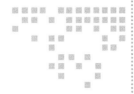

附录C

数据保护领域单行专项法律

法律	发文机构	发布时间	实施时间
《中华人民共和国个人信息保护法》	全国人民代表大会常务委员会	2021.8.20	2021.11.1
《中华人民共和国数据安全法》	全国人民代表大会常务委员会	2021.6.10	2021.9.1
《中华人民共和国网络安全法》	全国人民代表大会常务委员会	2016.11.7	2017.6.1

（更新于2022年3月31日）

附录 D

综合性法律中的数据保护专条

规范性文件	发布时间	实施时间	相关法条
《中华人民共和国未成年人保护法》	2020.10.17	2021.6.1	第四条 保护未成年人，应当坚持最有利于未成年人的原则。处理涉及未成年人事项，应当符合下列要求： （一）给予未成年人特殊、优先保护； （二）尊重未成年人人格尊严； （三）保护未成年人隐私权和个人信息； （四）适应未成年人身心健康发展的规律和特点； （五）听取未成年人的意见； （六）保护与教育相结合。 第七十二条 信息处理者通过网络处理未成年人个人信息的，应当遵循合法、正当和必要的原则。处理不满十四周岁未成年人个人信息的，应当征得未成年人的父母或者其他监护人同意，但法律、行政法规另有规定的除外。 未成年人、父母或者其他监护人要求信息处理者更正、删除未成年人个人信息的，信息处理者应当及时采取措施予以更正、删除，但法律、行政法规另有规定的除外。 第七十三条 网络服务提供者发现未成年人通过网络发布私密信息的，应当及时提示，并采取必要的保护措施。 第七十四条 网络产品和服务提供者不得向未成年人提供诱导其沉迷的产品和服务。 网络游戏、网络直播、网络音视频、网络社交等网络服务提供者应当针对未成年人使用其服务设置相应的时间管理、权限管理、消费管理等功能。 以未成年人为服务对象的在线教育网络产品和服务，不得插入网络游戏链接，不得推送广告等与教学无关的信息。

（续）

规范性文件	发布时间	实施时间	相关法条
《中华人民共和国未成年人保护法》	2020.10.17	2021.6.1	第七十五条　网络游戏经依法审批后方可运营。 　　国家建立统一的未成年人网络游戏电子身份认证系统。网络游戏服务提供者应当要求未成年人以真实身份信息注册并登录网络游戏。 　　网络游戏服务提供者应当按照国家有关规定和标准，对游戏产品进行分类，作出适龄提示，并采取技术措施，不得让未成年人接触不适宜的游戏或者游戏功能。 　　网络游戏服务提供者不得在每日二十二时至次日八时向未成年人提供网络游戏服务。 　　第七十八条　网络产品和服务提供者应当建立便捷、合理、有效的投诉和举报渠道，公开投诉、举报方式等信息，及时受理并处理涉及未成年人的投诉、举报。
《中华人民共和国刑法》	2020.12.26	2021.3.1	第二百五十三条之一　【侵犯公民个人信息罪】违反国家有关规定，向他人出售或者提供公民个人信息，情节严重的，处三年以下有期徒刑或者拘役，并处或者单处罚金；情节特别严重的，处三年以上七年以下有期徒刑，并处罚金。 　　违反国家有关规定，将在履行职责或者提供服务过程中获得的公民个人信息，出售或者提供给他人的，依照前款的规定从重处罚。 　　窃取或者以其他方法非法获取公民个人信息的，依照第一款的规定处罚。 　　单位犯前三款罪的，对单位判处罚金，并对其直接负责的主管人员和其他直接责任人员，依照各该款的规定处罚。 　　第二百八十五条　【非法侵入计算机信息系统罪；非法获取计算机信息系统数据、非法控制计算机信息系统罪；提供侵入、非法控制计算机信息系统程序、工具罪】违反国家规定，侵入国家事务、国防建设、尖端科学技术领域的计算机信息系统的，处三年以下有期徒刑或者拘役。 　　违反国家规定，侵入前款规定以外的计算机信息系统或者采用其他技术手段，获取该计算机信息系统中存储、处理或者传输的数据，或者对该计算机信息系统实施非法控制，情节严重的，处三年以下有期徒刑或者拘役，并处或者单处罚金；情节特别严重的，处三年以上七年以下有期徒刑，并处罚金。 　　提供专门用于侵入、非法控制计算机信息系统的程序、工具，或者明知他人实施侵入、非法控制计算机信息系统的违法犯罪行为而为其提供程序、工具，情节严重的，依照前款的规定处罚。 　　单位犯前三款罪的，对单位判处罚金，并对其直接负责的主管人员和其他直接责任人员，依照各该款的规定处罚。 　　第二百八十六条　【破坏计算机信息系统罪；网络服务渎职罪】违反国家规定，对计算机信息系统功能进行删除、修改、增加、干扰，造成计算机信息系统不能正常运行，后果严重的，处五年以下有期徒刑或者拘役；后果特别严重的，处五年以上有期徒刑。 　　违反国家规定，对计算机信息系统中存储、处理或者传输的数据和应用程序进行删除、修改、增加的操作，后果严重的，依照前款的规定处罚。 　　故意制作、传播计算机病毒等破坏性程序，影响计算机系统正常运行，后果严重的，依照第一款的规定处罚。 　　单位犯前三款罪的，对单位判处罚金，并对其直接负责的主管人员和其他直接责任人员，依照第一款的规定处罚。

（续）

规范性文件	发布时间	实施时间	相关法条
《最高人民法院、最高人民检察院关于办理侵犯公民个人信息刑事案件适用法律若干问题的解释》	2017.5.8	2017.6.1	第一条　刑法第二百五十三条之一规定的"公民个人信息"，是指以电子或者其他方式记录的能够单独或者与其他信息结合识别特定自然人身份或者反映特定自然人活动情况的各种信息，包括姓名、身份证件号码、通信通讯联系方式、住址、账号密码、财产状况、行踪轨迹等。 第二条　违反法律、行政法规、部门规章有关公民个人信息保护的规定的，应当认定为刑法第二百五十三条之一规定的"违反国家有关规定"。 第三条　向特定人提供公民个人信息，以及通过信息网络或者其他途径发布公民个人信息的，应当认定为刑法第二百五十三条之一规定的"提供公民个人信息"。 未经被收集者同意，将合法收集的公民个人信息向他人提供的，属于刑法第二百五十三条之一规定的"提供公民个人信息"，但是经过处理无法识别特定个人且不能复原的除外。 第四条　违反国家有关规定，通过购买、收受、交换等方式获取公民个人信息，或者在履行职责、提供服务过程中收集公民个人信息的，属于刑法第二百五十三条之一第三款规定的"以其他方法非法获取公民个人信息"。 第五条　非法获取、出售或者提供公民个人信息，具有下列情形之一的，应当认定为刑法第二百五十三条之一规定的"情节严重"： （一）出售或者提供行踪轨迹信息，被他人用于犯罪的； （二）知道或者应当知道他人利用公民个人信息实施犯罪，向其出售或者提供的； （三）非法获取、出售或者提供行踪轨迹信息、通信内容、征信信息、财产信息五十条以上的； （四）非法获取、出售或者提供住宿信息、通信记录、健康生理信息、交易信息等其他可能影响人身、财产安全的公民个人信息五百条以上的； （五）非法获取、出售或者提供第三项、第四项规定以外的公民个人信息五千条以上的； （六）数量未达到第三项至第五项规定标准，但是按相应比例合计达到有关数量标准的； （七）违法所得五千元以上的； （八）将在履行职责或者提供服务过程中获得的公民个人信息出售或者提供给他人，数量或者数额达到第三项至第七项规定标准一半以上的； （九）曾因侵犯公民个人信息受过刑事处罚或者二年内受过行政处罚，又非法获取、出售或者提供公民个人信息的； （十）其他情节严重的情形。 实施前款规定的行为，具有下列情形之一的，应当认定为刑法第二百五十三条之一第一款规定的"情节特别严重"： （一）造成被害人死亡、重伤、精神失常或者被绑架等严重后果的； （二）造成重大经济损失或者恶劣社会影响的； （三）数量或者数额达到前款第三项至第八项规定标准十倍以上的；

（续）

规范性文件	发布时间	实施时间	相关法条
《最高人民法院、最高人民检察院关于办理侵犯公民个人信息刑事案件适用法律若干问题的解释》	2017.5.8	2017.6.1	（四）其他情节特别严重的情形。 第六条　为合法经营活动而非法购买、收受本解释第五条第一款第三项、第四项规定以外的公民个人信息，具有下列情形之一的，应当认定为刑法第二百五十三条之一规定的"情节严重"： （一）利用非法购买、收受的公民个人信息获利五万元以上的； （二）曾因侵犯公民个人信息受过刑事处罚或者二年内受过行政处罚，又非法购买、收受公民个人信息的； （三）其他情节严重的情形。 实施前款规定的行为，将购买、收受的公民个人信息非法出售或者提供的，定罪量刑标准适用本解释第五条的规定。 第七条　单位犯刑法第二百五十三条之一规定之罪的，依照本解释规定的相应自然人犯罪的定罪量刑标准，对直接负责的主管人员和其他直接责任人员定罪处罚，并对单位判处罚金。 第八条　设立用于实施非法获取、出售或者提供公民个人信息违法犯罪活动的网站、通讯群组，情节严重的，应当依照刑法第二百八十七条之一的规定，以非法利用信息网络罪定罪处罚；同时构成侵犯公民个人信息罪的，依照侵犯公民个人信息罪定罪处罚。 第九条　网络服务提供者拒不履行法律、行政法规规定的信息网络安全管理义务，经监管部门责令采取改正措施而拒不改正，致使用户的公民个人信息泄露，造成严重后果的，应当依照刑法第二百八十六条之一的规定，以拒不履行信息网络安全管理义务罪定罪处罚。 第十条　实施侵犯公民个人信息犯罪，不属于"情节特别严重"，行为人系初犯，全部退赃，并确有悔罪表现的，可以认定为情节轻微，不起诉或者免予刑事处罚；确有必要判处刑罚的，应当从宽处罚。 第十一条　非法获取公民个人信息后又出售或者提供的，公民个人信息的条数不重复计算。 向不同单位或者个人分别出售、提供同一公民个人信息的，公民个人信息的条数累计计算。 对批量公民个人信息的条数，根据查获的数量直接认定，但是有证据证明信息不真实或者重复的除外。 第十二条　对于侵犯公民个人信息犯罪，应当综合考虑犯罪的危害程度、犯罪的违法所得数额以及被告人的前科情况、认罪悔罪态度等，依法判处罚金。罚金数额一般在违法所得的一倍以上五倍以下。
《中华人民共和国民法典》	2020.5.28	2021.1.1	第一百零九条　自然人的人身自由、人格尊严受法律保护。 第一百一十条　自然人享有生命权、身体权、健康权、姓名权、肖像权、名誉权、荣誉权、隐私权、婚姻自主权等权利。 法人、非法人组织享有名称权、名誉权和荣誉权。 第一百一十一条　自然人的个人信息受法律保护。任何组织或者个人需要获取他人个人信息的，应当依法取得并确保信息安全，不得非法收集、使用、加工、传输他人个人信息，不得非法买卖、提供或者公开他人个人信息。

（续）

规范性文件	发布时间	实施时间	相关法条
《中华人民共和国民法典》	2020.5.28	2021.1.1	第一百二十七条　法律对数据、网络虚拟财产的保护有规定的，依照其规定。 第九百九十九条　为公共利益实施新闻报道、舆论监督等行为的，可以合理使用民事主体的姓名、名称、肖像、个人信息等；使用不合理侵害民事主体人格权的，应当依法承担民事责任。 第一千零三十条　民事主体与征信机构等信用信息处理者之间的关系，适用本编有关个人信息保护的规定和其他法律、行政法规的有关规定。 第一千零三十二条　自然人享有隐私权。任何组织或者个人不得以刺探、侵扰、泄露、公开等方式侵害他人的隐私权。 隐私是自然人的私人生活安宁和不愿为他人知晓的私密空间、私密活动、私密信息。 第一千零三十三条　除法律另有规定或者权利人明确同意外，任何组织或个人不得实施下列行为： （一）以电话、短信、即时通讯工具、电子邮件、传单等方式侵扰他人的私人生活安宁； （二）进入、拍摄、窥视他人的住宅、宾馆房间等私密空间； （三）拍摄、窥视、窃听、公开他人的私密活动； （四）拍摄、窥视他人身体的私密部位； （五）处理他人的私密信息； （六）以其他方式侵害他人的隐私权。 第一千零三十四条　自然人的个人信息受法律保护。 个人信息是以电子或者其他方式记录的能够单独或者与其他信息结合识别特定自然人的各种信息，包括自然人的姓名、出生日期、身份证件号码、生物识别信息、住址、电话号码、电子邮箱、健康信息、行踪信息等。 个人信息中的私密信息，适用有关隐私权的规定；没有规定的，适用有关个人信息保护的规定。 第一千零三十五条　处理个人信息的，应当遵循合法、正当、必要原则，不得过度处理，并符合下列条件： （一）征得该自然人或者其监护人同意，但是法律、行政法规另有规定的除外； （二）公开处理信息的规则； （三）明示处理信息的目的、方式和范围； （四）不违反法律、行政法规的规定和双方的约定。 个人信息的处理包括个人信息的收集、存储、使用、加工、传输、提供、公开等。 第一千零三十六条　处理个人信息，有下列情形之一的，行为人不承担民事责任： （一）在该自然人或者其监护人同意的范围内合理实施的行为； （二）合理处理该自然人自行公开的或者其他已经合法公开的信息，但是该自然人明确拒绝或者处理该信息侵害其重大利益的除外；

（续）

规范性文件	发布时间	实施时间	相关法条
《中华人民共和国民法典》	2020.5.28	2021.1.1	（三）为维护公共利益或者该自然人合法权益，合理实施的其他行为。 　　第一千零三十七条　自然人可以依法向信息处理者查阅或者复制其个人信息；发现信息有错误的，有权提出异议并请求及时采取更正等必要措施。 　　自然人发现信息处理者违反法律、行政法规的规定或者双方的约定处理其个人信息的，有权请求信息处理者及时删除。 　　第一千零三十八条　信息处理者不得泄露或者篡改其收集、存储的个人信息；未经自然人同意，不得向他人非法提供其个人信息，但是经过加工无法识别特定个人且不能复原的除外。 　　信息处理者应当采取技术措施和其他必要措施，确保其收集、存储的个人信息安全，防止信息泄露、篡改、丢失；发生或者可能发生个人信息泄露、篡改、丢失的，应当及时采取补救措施，按照规定告知自然人并向有关主管部门报告。 　　第一千零三十九条　国家机关、承担行政职能的法定机构及其工作人员对于履行职责过程中知悉的自然人的隐私和个人信息，应当予以保密，不得泄露或者向他人非法提供。 　　第一千二百二十六条　医疗机构及其医务人员应当对患者的隐私和个人信息保密。泄露患者的隐私和个人信息，或者未经患者同意公开其病历资料的，应当承担侵权责任。
《中华人民共和国消费者权益保护法》	2013.10.25	2014.3.15	第十四条　消费者在购买、使用商品和接受服务时，享有人格尊严、民族风俗习惯得到尊重的权利，享有个人信息依法得到保护的权利。 　　第二十九条　经营者收集、使用消费者个人信息，应当遵循合法、正当、必要的原则，明示收集、使用信息的目的、方式和范围，并经消费者同意。经营者收集、使用消费者个人信息，应当公开其收集、使用规则，不得违反法律、法规的规定和双方的约定收集、使用信息。 　　经营者及其工作人员对收集的消费者个人信息必须严格保密，不得泄露、出售或者非法向他人提供。经营者应当采取技术措施和其他必要措施，确保信息安全，防止消费者个人信息泄露、丢失。在发生或者可能发生信息泄露、丢失的情况时，应当立即采取补救措施。 　　经营者未经消费者同意或者请求，或者消费者明确表示拒绝的，不得向其发送商业性信息。 　　第五十条　经营者侵害消费者的人格尊严、侵犯消费者人身自由或者侵害消费者个人信息依法得到保护的权利的，应当停止侵害、恢复名誉、消除影响、赔礼道歉，并赔偿损失。 　　第五十六条　经营者有下列情形之一，除承担相应的民事责任外，其他有关法律、法规对处罚机关和处罚方式有规定的，依照法律、法规的规定执行；法律、法规未作规定的，由工商行政管理部门或者其他有关行政部门责令改正，可以根据情节单处或者并处警告、没收违法所得、处以违法所得一倍以上十倍以下的罚款，没有违法所得的，处以五十万元以下的罚款；情节严重的，责令停业整顿、吊销营业执照： 　　（一）提供的商品或者服务不符合保障人身、财产安全要求的；

（续）

规范性文件	发布时间	实施时间	相关法条
《中华人民共和国消费者权益保护法》	2013.10.25	2014.3.15	（二）在商品中掺杂、掺假，以假充真，以次充好，或者以不合格商品冒充合格商品的； （三）生产国家明令淘汰的商品或者销售失效、变质的商品的； （四）伪造商品的产地，伪造或者冒用他人的厂名、厂址，篡改生产日期，伪造或者冒用认证标志等质量标志的； （五）销售的商品应当检验、检疫而未检验、检疫或者伪造检验、检疫结果的； （六）对商品或者服务作虚假或者引人误解的宣传的； （七）拒绝或者拖延有关行政部门责令对缺陷商品或者服务采取停止销售、警示、召回、无害化处理、销毁、停止生产或者服务等措施的； （八）对消费者提出的修理、重作、更换、退货、补足商品数量、退还货款和服务费用或者赔偿损失的要求，故意拖延或者无理拒绝的； （九）侵害消费者人格尊严、侵犯消费者人身自由或者侵害消费者个人信息依法得到保护的权利的； （十）法律、法规规定的对损害消费者权益应当予以处罚的其他情形。 经营者有前款规定情形的，除依照法律、法规规定予以处罚外，处罚机关应当记入信用档案，向社会公布。
《全国人民代表大会常务委员会关于加强网络信息保护的决定》	2012.12.28	2012.12.28	为了保护网络信息安全，保障公民、法人和其他组织的合法权益，维护国家安全和社会公共利益，特作如下决定。 一、国家保护能够识别公民个人身份和涉及公民个人隐私的电子信息。 任何组织和个人不得窃取或者以其他非法方式获取公民个人电子信息，不得出售或者非法向他人提供公民个人电子信息。 二、网络服务提供者和其他企业事业单位在业务活动中收集、使用公民个人电子信息，应当遵循合法、正当、必要的原则，明示收集、使用信息的目的、方式和范围，并经被收集者同意，不得违反法律、法规的规定和双方的约定收集、使用信息。 网络服务提供者和其他企业事业单位收集、使用公民个人电子信息，应当公开其收集、使用规则。 三、网络服务提供者和其他企业事业单位及其工作人员对在业务活动中收集的公民个人电子信息必须严格保密，不得泄露、篡改、毁损，不得出售或者非法向他人提供。 四、网络服务提供者和其他企业事业单位应当采取技术措施和其他必要措施，确保信息安全，防止在业务活动中收集的公民个人电子信息泄露、毁损、丢失。在发生或者可能发生信息泄露、毁损、丢失的情况时，应当立即采取补救措施。 五、网络服务提供者应当加强对其用户发布的信息的管理，发现法律、法规禁止发布或者传输的信息的，应当立即停止传输该信息，采取消除等处置措施，保存有关记录，并向有关主管部门报告。 六、网络服务提供者为用户办理网站接入服务，办理固定电话、移动电话等入网手续，或者为用户提供信息发布服务，应当在与用户签订协议或者确认提供服务时，要求用户提供真实身份信息。

（续）

规范性文件	发布时间	实施时间	相关法条
《全国人民代表大会常务委员会关于加强网络信息保护的决定》	2012.12.28	2012.12.28	七、任何组织和个人未经电子信息接收者同意或者请求，或者电子信息接收者明确表示拒绝的，不得向其固定电话、移动电话或者个人电子邮箱发送商业性电子信息。 八、公民发现泄露个人身份、散布个人隐私等侵害其合法权益的网络信息，或者受到商业性电子信息侵扰的，有权要求网络服务提供者删除有关信息或者采取其他必要措施予以制止。 九、任何组织和个人对窃取或者以其他非法方式获取、出售或者非法向他人提供公民个人电子信息的违法犯罪行为以及其他网络信息违法犯罪行为，有权向有关主管部门举报、控告；接到举报、控告的部门应当依法及时处理。被侵权人可以依法提起诉讼。 十、有关主管部门应当在各自职权范围内依法履行职责，采取技术措施和其他必要措施，防范、制止和查处窃取或者以其他非法方式获取、出售或者非法向他人提供公民个人电子信息的违法犯罪行为以及其他网络信息违法犯罪行为。有关主管部门依法履行职责时，网络服务提供者应当予以配合，提供技术支持。 国家机关及其工作人员对在履行职责中知悉的公民个人电子信息应当予以保密，不得泄露、篡改、毁损，不得出售或者非法向他人提供。 十一、对有违反本决定行为的，依法给予警告、罚款、没收违法所得、吊销许可证或者取消备案、关闭网站、禁止有关责任人员从事网络服务业务等处罚，记入社会信用档案并予以公布；构成违反治安管理行为的，依法给予治安管理处罚。构成犯罪的，依法追究刑事责任。侵害他人民事权益的，依法承担民事责任。

（截至 2022 年 3 月 31 日）

Appendix E 附录 E

关于数据本地化和出境要求的规范汇总

一、水平层面的法律法规

	规范性文件	数据本地化存储的条文
1	《个人信息保护法》 全国人民代表大会常务委员会 2021.11.1 实施 本地存储＋有条件出境	第三十六条 国家机关处理的个人信息应当在中华人民共和国境内存储；确需向境外提供的，应当进行安全评估。安全评估可以要求有关部门提供支持与协助。 第四十条 关键信息基础设施运营者和处理个人信息达到国家网信部门规定数量的个人信息处理者，应当将在中华人民共和国境内收集和产生的个人信息存储在境内。确需向境外提供的，应当通过国家网信部门组织的安全评估；法律、行政法规和国家网信部门规定可以不进行安全评估的，从其规定。 第四十一条 中华人民共和国主管机关根据有关法律和中华人民共和国缔结或者参加的国际条约、协定，或者按照平等互惠原则，处理外国司法或者执法机构关于提供存储于境内个人信息的请求。非经中华人民共和国主管机关批准，个人信息处理者不得向外国司法或者执法机构提供存储于中华人民共和国境内的个人信息。
2	《数据安全法》 全国人民代表大会常务委员会 2021.9.1 实施 本地存储＋有条件出境	第三十六条 中华人民共和国主管机关根据有关法律和中华人民共和国缔结或者参加的国际条约、协定，或者按照平等互惠原则，处理外国司法或者执法机构关于提供数据的请求。非经中华人民共和国主管机关批准，境内的组织、个人不得向外国司法或者执法机构提供存储于中华人民共和国境内的数据。
3	《网络安全法》 全国人民代表大会常务委员会 2017.6.1 实施 本地存储＋有条件出境	第三十七条 关键信息基础设施的运营者在中华人民共和国境内运营中收集和产生的个人信息和重要数据应当在境内存储。因业务需要，确需向境外提供的，应当按照国家网信部门会同国务院有关部门制定的办法进行安全评估；法律、行政法规另有规定的，依照其规定。

（续）

	规范性文件	数据本地化存储的条文
4	《保守国家秘密法（2010修订）》 全国人民代表大会常务委员会 2010.10.1 实施 本地存储+禁止出境	第二十四条　机关、单位应当加强对涉密信息系统的管理，任何组织和个人不得有下列行为： （一）将涉密计算机、涉密存储设备接入互联网及其他公共信息网络； （二）在未采取防护措施的情况下，在涉密信息系统与互联网及其他公共信息网络之间进行信息交换；…… 第二十五条　机关、单位应当加强对国家秘密载体的管理，任何组织和个人不得有下列行为： …… （四）邮寄、托运国家秘密载体出境； （五）未经有关主管部门批准，携带、传递国家秘密载体出境。
5	《数据出境安全评估办法（征求意见稿）》 国家互联网信息办公室 2022.9.1 施行 本地存储+有条件出境	第二条　数据处理者向境外提供在中华人民共和国境内运营中收集和产生的重要数据和个人信息的安全评估，适用本办法。法律、行政法规另有规定的，依照其规定。 第三条　数据出境安全评估坚持事前评估和持续监督相结合、风险自评估与安全评估相结合，防范数据出境安全风险，保障数据依法有序自由流动。 第四条　数据处理者向境外提供数据，有下列情形之一的，应当通过所在地省级网信部门向国家网信部门申报数据出境安全评估。 （一）数据处理者向境外提供重要数据； （二）关键信息基础设施运营者和处理100万人以上个人信息的数据处理者向境外提供个人信息； （三）自上年1月1日起累计向境外提供超过十万人以上个人信息或者一万人以上敏感个人信息； （四）国家网信部门规定的其他需要申报数据出境安全评估的情形。 第五条　数据处理者在向境外提供数据前，应事先开展数据出境风险自评估，重点评估以下事项： （一）数据出境及境外接收方处理数据的目的、范围、方式等的合法性、正当性、必要性； （二）出境数据的数量、范围、种类、敏感程度，数据出境可能对国家安全、公共利益、个人或者组织合法权益带来的风险； （三）境外接收方承诺承担的责任义务，以及履行责任义务的管理和技术措施、能力等能否保障出境数据的安全； （四）数据出境中和出境后遭到篡改、破坏、泄露、丢失、转移或者被非法获取和利用等的风险，个人维护个人信息权益的渠道是否通畅等； （五）与境外接收方订立的数据出境相关合同或者其他具有法律效力的文件等（以下统称法律文件）是否充分约定了数据安全保护责任义务。 第八条　数据出境安全评估重点评估数据出境活动可能对国家安全、公共利益、个人或者组织合法权益带来的风险，主要包括以下事项： （一）数据出境的目的、范围、方式等的合法性、正当性、必要性； （二）境外接收方所在国家或者地区的数据安全保护政策法规及网络安全环境对出境数据安全的影响；境外接收方的数据保护水平是否达到中华人民共和国法律、行政法规规定和强制性国家标准的要求； （三）出境数据的数量、范围、种类、敏感程度，出境中和出境后遭到泄露、篡改、丢失、破坏、转移或者被非法获取、非法利用等风险；

（续）

	规范性文件	数据本地化存储的条文
5	《数据出境安全评估办法（征求意见稿）》 国家互联网信息办公室 2022.9.1 施行 本地存储＋有条件出境	（四）数据安全和个人信息权益是否能够得到充分有效保障； （五）数据处理者与境外接收方拟订立的法律文件中是否充分约定了数据安全保护责任义务； （六）遵守中国法律、行政法规、部门规章情况； （七）国家网信部门认为需要评估的其他事项。 第九条　数据处理者应当在与境外接收方订立的法律文件中明确约定数据安全保护责任义务，至少包括以下内容： （一）数据出境的目的、方式和数据范围，境外接收方处理数据的用途、方式等； （二）数据在境外保存地点、期限，以及达到保存期限、完成约定目的或者法律文件终止后出境数据的处理措施； （三）限制境外接收方将出境数据再转移给其他组织、个人的约束性要求； （四）境外接收方在实际控制权或者经营范围发生实质性变化，或者所在国家、地区数据安全保护政策法规和网络安全环境发生变化以及发生其他不可抗力情形导致难以保障数据安全时，应当采取的安全措施； （五）违反法律文件约定的数据安全保护义务的补救措施、违约责任和争议解决方式； （六）出境数据遭到篡改、破坏、泄露、丢失、转移或者被非法获取、非法利用等风险时，妥善开展应急处置的要求和保障个人维护其个人信息权益的途径和方式。 第十条　国家网信部门受理申报后，组织行业主管部门、国务院有关部门、省级网信部门、专门机构等进行安全评估。 涉及重要数据出境的，国家网信部门征求相关行业主管部门意见。 第十二条　数据出境评估结果有效期二年。在有效期内出现以下情形之一的，数据处理者应当重新申报评估： （一）向境外提供数据的目的、方式、范围、类型和境外接收方处理数据的用途、方式发生变化，或者延长个人信息和重要数据境外保存期限的； （二）境外接收方所在国家或者地区法律环境发生变化，数据处理者或者境外接收方实际控制权发生变化，数据处理者与境外接收方合同变更等可能影响出境数据安全的； （三）出现影响出境数据安全的其他情形。 有效期届满，需要继续开展原数据出境活动的，数据处理者应当在有效期届满六十个工作日前重新申报评估。 未按本条规定重新申报评估的，应当停止数据出境活动。
6	《数据安全管理办法（征求意见稿）》 国家互联网信息办公室 2019.5.28 发布 本地存储＋有条件出境	第二十八条　网络运营者发布、共享、交易或向境外提供重要数据前，应当评估可能带来的安全风险，并报经行业主管监管部门同意；行业主管监管部门不明确的，应经省级网信部门批准。
7	《国务院办公厅关于加强政府网站域名管理的通知》 2018.9.6 发布 本地存储＋不得出境	四、（一）自行建设运维的政府网站服务器不得放在境外；租用网络虚拟空间的，所租用的空间应当位于服务商的境内节点。使用内容分发网络（CDN）服务的，应当要求服务商将境内用户的域名解析地址指向其境内节点，不得指向境外节点。

（续）

	规范性文件	数据本地化存储的条文
8	《网络数据安全管理条例（征求意见稿）》 国家互联网信息办公室 2021.11.14 发布 本地存储＋有条件出境	第三十五条 数据处理者因业务等需要，确需向中华人民共和国境外提供数据的，应当具备下列条件之一： （一）通过国家网信部门组织的数据出境安全评估； （二）数据处理者和数据接收方均通过国家网信部门认定的专业机构进行的个人信息保护认证； （三）按照国家网信部门制定的关于标准合同的规定与境外数据接收方订立合同，约定双方权利和义务； （四）法律、行政法规或者国家网信部门规定的其他条件。 数据处理者为订立、履行个人作为一方当事人的合同所必需向境外提供当事人个人信息的，或者为了保护个人生命健康和财产安全而必须向境外提供个人信息的除外。 第三十七条 数据处理者向境外提供在中华人民共和国境内收集和产生的数据，属于以下情形的，应当通过国家网信部门组织的数据出境安全评估： （一）出境数据中包含重要数据； （二）关键信息基础设施运营者和处理一百万人以上个人信息的数据处理者向境外提供个人信息； （三）国家网信部门规定的其他情形。 法律、行政法规和国家网信部门规定可以不进行安全评估的，从其规定。 第三十八条 中华人民共和国缔结或者参加的国际条约、协定对向中华人民共和国境外提供个人信息的条件等有规定的，可以按照其规定执行。 第三十九条 数据处理者向境外提供数据应当履行以下义务： （一）不得超出报送网信部门的个人信息保护影响评估报告中明确的目的、范围、方式和数据类型、规模等向境外提供个人信息； （二）不得超出网信部门安全评估时明确的出境目的、范围、方式和数据类型、规模等向境外提供个人信息和重要数据； （三）采取合同等有效措施监督数据接收方按照双方约定的目的、范围、方式使用数据，履行数据安全保护义务，保证数据安全； （四）接受和处理数据出境所涉及的用户投诉； （五）数据出境对个人、组织合法权益或者公共利益造成损害的，数据处理者应当依法承担责任； （六）存留相关日志记录和数据出境审批记录三年以上； （七）国家网信部门会同国务院有关部门核验向境外提供个人信息和重要数据的类型、范围时，数据处理者应当以明文、可读方式予以展示； （八）国家网信部门认定不得出境的，数据处理者应当停止数据出境，并采取有效措施对已出境数据的安全予以补救； （九）个人信息出境后确需再转移的，应当事先与个人约定再转移的条件，并明确数据接收方履行的安全保护义务。 非经中华人民共和国主管机关批准，境内的个人、组织不得向外国司法或者执法机构提供存储于中华人民共和国境内的数据。 第四十条 向境外提供个人信息和重要数据的数据处理者，应当在每年1月31日前编制数据出境安全报告，向设区的市级网信部门报告上一年度以下数据出境情况：

（续）

	规范性文件	数据本地化存储的条文
8	《网络数据安全管理条例（征求意见稿）》 国家互联网信息办公室 2021.11.14 发布 本地存储＋有条件出境	（一）全部数据接收方的名称、联系方式； （二）出境数据的类型、数量及目的； （三）数据在境外的存放地点、存储期限、使用范围和方式； （四）涉及向境外提供数据的用户投诉及处理情况； （五）发生的数据安全事件及其处置情况； （六）数据出境后再转移的情况； （七）国家网信部门明确向境外提供数据需要报告的其他事项。 第四十一条　国家建立数据跨境安全网关，对来源于中华人民共和国境外、法律和行政法规禁止发布或者传输的信息予以阻断传播。 任何个人和组织不得提供用于穿透、绕过数据跨境安全网关的程序、工具、线路等，不得为穿透、绕过数据跨境安全网关提供互联网接入、服务器托管、技术支持、传播推广、支付结算、应用下载等服务。 境内用户访问境内网络的，其流量不得被路由至境外。

二、医疗健康领域的规定

	规范性文件	数据本地化的条文
1	《医疗卫生机构网络安全管理办法》 2022.8.8 实施 本地存储＋有条件出境	第二十二条　各医疗卫生机构应加强数据收集、存储、传输、处理、使用、交换、销毁全生命周期安全管理工作，数据全生命周期活动应在境内开展，因业务确需向境外提供的，应当按照相关法律法规及有关要求进行安全评估或审核，影响或者可能影响国家安全的数据处理活动需提交国家安全审查，防止数据安全事件发生。 …… （三）各医疗卫生机构应按照有关法规标准，选择合适的数据存储架构和介质在境内存储，并采取备份、加密等措施加强数据的存储安全。
2	《中华人民共和国人类遗传资源管理条例》 国务院 2019.7.1 实施 本地存储＋有条件出境	第七条　外国组织、个人及其设立或者实际控制的机构不得在我国境内采集、保藏我国人类遗传资源，不得向境外提供我国人类遗传资源。 第二十七条　利用我国人类遗传资源开展国际合作科学研究，或者因其他特殊情况确需将我国人类遗传资源材料运送、邮寄、携带出境的，应当符合下列条件，并取得国务院科学技术行政部门出具的人类遗传资源材料出境证明： （一）对我国公众健康、国家安全和社会公共利益没有危害； （二）具有法人资格； （三）有明确的境外合作方和合理的出境用途； （四）人类遗传资源材料采集合法或者来自合法的保藏单位； （五）通过伦理审查。 利用我国人类遗传资源开展国际合作科学研究，需要将我国人类遗传资源材料运送、邮寄、携带出境的，可以单独提出申请，也可以在开展国际合作科学研究申请中列明出境计划一并提出申请，由国务院科学技术行政部门合并审批。 将我国人类遗传资源材料运送、邮寄、携带出境的，凭人类遗传资源材料出境证明办理海关手续。

（续）

	规范性文件	数据本地化的条文
3	《国家健康医疗大数据标准、安全和服务管理办法（试行）》 国家卫生健康委员会 2018.7.21 实施 本地存储＋有条件出境	第三十条　责任单位应当具备符合国家有关规定要求的数据存储、容灾备份和安全管理条件，加强对健康医疗大数据的存储管理。健康医疗大数据应当存储在境内安全可信的服务器上，因业务需要确需向境外提供的，应当按照相关法律法规及有关要求进行安全评估审核。
4	《人口健康信息管理办法（试行）》 国家卫生和计划生育委员会（已撤销） 2014.5.5 实施 本地存储＋不得出境	第十条　责任单位应当结合服务和管理工作需要，及时更新与维护人口健康信息，确保信息处于最新、连续、有效状态。 不得将人口健康信息在境外的服务器中存储，不得托管、租赁在境外的服务器。

三、金融、审计领域的规定

	规范性文件	数据本地化的条文
1	《证券基金经营机构信息技术管理办法（2021修订）》 中国证券监督管理委员会 2021.1.15 实施 本地存储＋有条件出境	第三十四条　证券基金经营机构应当建立健全数据安全管理制度，不得收集与服务无关的客户信息，不得购买或使用非法获取或来源不明的数据。在收集使用客户信息之前，证券基金经营机构应当公开收集、使用的规则和目的，并征得客户同意。 除法律法规和中国证监会另有规定外，证券基金经营机构不得允许或者配合其他机构、个人截取、留存客户信息，不得以任何方式向其他机构、个人提供客户信息。
2	《个人金融信息保护技术规范》 中国人民银行 2020.2.13 实施 本地存储＋有条件出境	7.1.3 使用 d）在中华人民共和国境内提供金融产品或服务过程中收集和产生的个人金融信息，应在境内存储、处理和分析。因业务需要，确需向境外机构（含总公司、母公司或分公司、子公司及其他为完成该业务所必需的关联机构）提供个人金融信息的，具体要求如下： ☐ 应符合国家法律法规及行业主管部门有关规定； ☐ 应获得个人金融信息主体明示同意； ☐ 应依据国家、行业有关部门制定的办法与标准开展个人金融信息出境安全评估，确保境外机构数据安全保护能力达到国家、行业有关部门与金融业机构的安全要求； ☐ 应与境外机构通过签订协议、现场核查等方式，明确并监督境外机构有效履行个人金融信息保密、数据删除、案件协查等职责义务。
3	《外商投资期货公司管理办法》 中国证券监督管理委员会 2018.8.24 实施 本地存储＋可能是有条件出境	第十五条　外商投资期货公司交易、结算、风险控制等信息系统的核心服务器以及记录、存储客户信息的数据设备，应当设置在中国境内。 在符合法律、行政法规和中国证监会有关规定的前提下，外商投资期货公司可以利用境外股东的资源和技术，提升信息系统的效率和安全水平。

（续）

	规范性文件	数据本地化的条文
4	《网络借贷信息中介机构业务活动管理暂行办法》 中国银监会、工业和信息化部、公安部、国家互联网信息办公室 2016.8.17 实施 本地存储+有条件出境	第二十七条　网络借贷信息中介机构应当加强出借人与借款人信息管理，确保出借人与借款人信息采集、处理及使用的合法性和安全性。 网络借贷信息中介机构及其资金存管机构、其他各类外包服务机构等应当为业务开展过程中收集的出借人与借款人信息保密，未经出借人与借款人同意，不得将出借人与借款人提供的信息用于所提供服务之外的目的。
4	《网络借贷信息中介机构业务活动管理暂行办法》 中国银监会、工业和信息化部、公安部、国家互联网信息办公室 2016.8.17 实施 本地存储+有条件出境	在中国境内收集的出借人与借款人信息的储存、处理和分析应当在中国境内进行。除法律法规另有规定外，网络借贷信息中介机构不得向境外提供境内出借人和借款人信息。
5	《会计师事务所从事中国内地企业境外上市审计业务暂行规定》 财政部 2015.7.1 实施 本地存储+不得出境	第五条　中国内地企业依法委托境外会计师事务所审计的，该受托境外会计师事务所应当与中国内地会计师事务所开展业务合作。双方应当签订业务合作书面协议，自主协商约定业务分工以及双方的权利和义务，其中在境内形成的审计工作底稿应由中国内地会计师事务所存放在境内。
6	《注册会计师法修订草案（征求意见稿）》 财政部 2021.10.15 发布 本地存储+不得出境	第四十二条　会计师事务所应当增强信息安全责任意识，建立、实施信息安全制度。会计师事务所、注册会计师执业活动形成的工作底稿及相关文件、资料及电子数据应当存储在境内。 对审计数据的储存、访问、使用和传输应当符合国家保密规定和被审计单位的保密要求。 第四十六条　会计师事务所、注册会计师从事本法第三条规定的审计、鉴证业务形成的审计档案保存期限不得少于十年。 已到保存期限，但国务院财政部门或者省级财政部门尚未完成检查或法律诉讼涉及的审计档案，不得销毁。 审计档案所有权属于会计师事务所。审计档案及复制件应当存放在境内，未经批准不得携带、传递出境。
7	《征信业管理条例》 国务院 2013.3.15 实施 本地存储+有条件出境	第二十四条　征信机构在中国境内采集的信息的整理、保存和加工，应当在中国境内进行。 征信机构向境外组织或者个人提供信息，应当遵守法律、行政法规和国务院征信业监督管理部门的有关规定。
8	《中国人民银行关于银行业金融机构做好个人金融信息保护工作的通知》 中国人民银行 2011.5.1 实施 本地存储+有条件出境	六、在中国境内收集的个人金融信息的储存、处理和分析应当在中国境内进行。除法律法规及中国人民银行另有规定外，银行业金融机构不得向境外提供境内个人金融信息。

四、气象、地理领域的相关规定

	规范性文件	数据本地化的条文
1	《风云气象卫星数据管理办法（试行）》 中国气象局 2018.7.6 实施 推定本地存储＋明确有条件出境	第八条　向涉外各类用户提供的风云气象卫星数据内容如下： （一）世界气象组织会员需要使用风云气象卫星数据的，可以根据世界气象组织相关决议免费获取基本数据，需要定制数据的，应当与国务院气象主管机构另行协商。 （二）其他国际组织、区域性组织需要使用风云气象卫星数据的，应当以对等互利为原则，与国务院气象主管机构协商交换数据，并签订使用协议。 （三）其他外国组织机构在公益性或经营性活动中需要使用风云气象卫星数据的，参照第七条第（二）、（三）项执行。 与涉外各类用户签订数据使用协议、服务合同的，由卫星数据共享服务单位向国务院气象主管机构申报并办理审批手续；与涉外各类用户签署涉及卫星数据共享使用的合作协议的，由中方合作单位向国务院气象主管机构申报并办理审批手续。向涉外各类用户提供基本数据之外的数据时，应当遵守《涉外提供和使用气象资料审查管理规定》有关规定。
2	《涉外提供和使用气象资料审查管理规定》 中国气象局 2007.1.1 实施 推定本地存储＋明确有条件出境	第五条　任何组织和个人不得向未经批准的境外组织、机构和个人提供气象探测场所和气象资料，不得将涉及国家秘密的气象资料以任何方式提供给其他组织和个人或者予以发表。
3	《地图管理条例》 国务院 2016.1.1 实施 本地存储＋不得出境	第三十四条　互联网地图服务单位应当将存放地图数据的服务器设在中华人民共和国境内，并制定互联网地图数据安全管理制度和保障措施。 县级以上人民政府测绘地理信息行政主管部门应当会同有关部门加强对互联网地图数据安全的监督管理。

五、电信服务领域数据规范

	规范性文件	数据本地化的条文
1	《工业和信息化领域数据安全管理办法（试行）（征求意见稿）》 2021.9.30 发布 本地存储＋不得出境	第二条【适用范围】在中华人民共和国境内开展的工业和电信数据处理活动及其安全监管，应当遵守相关法律、行政法规和本办法的要求。 第二十四条【数据出境】工业和电信数据处理者在中华人民共和国境内收集和产生的重要数据，应当依照法律、行政法规要求在境内存储，确需向境外提供的，应当依法依规进行数据出境安全评估，在确保安全的前提下进行数据出境，并加强对数据出境后的跟踪掌握。核心数据不得出境。

（续）

	规范性文件	数据本地化的条文
2	《信息产业部关于加强外商投资经营增值电信业务管理的通知》[信部电函〔2006〕342号] 信息产业部（含邮电部） （已撤销） 2006.7.13 实施 本地存储+未限制出境	一、外国投资者在我国境内投资经营电信业务，应严格按照《规定》要求申请设立外商投资电信企业，并申请相应电信业务经营许可证。未依法在我国境内设立外商投资电信企业并取得电信业务经营许可证的，外国投资者不得在我国境内投资经营电信业务。 二、(三)关于场地和服务器等设施的设置：《电信业务经营许可证管理办法》第六条第三项规定，申请经营增值电信业务应当有必要的场地和设施。该规定所指的场地和设施应当在经营许可证业务覆盖范围内设置，并与经营者所获准经营的增值电信业务相适应。（其中"经营许可证业务覆盖范围"是指中国全国或省、自治区、直辖市范围内，因此，通常理解经营增值电信业务的场地和设施即服务器应当在中国大陆境内。）
3	《关于规范云服务市场经营行为的通知》（公开征求意见稿） 工业和信息化部 2016.11.24 截止 本地存储+有条件出境	三、境外投资者在我国境内投资经营云服务，应严格按照《外商投资电信企业管理规定》（国务院令第534号）等有关规定以及《内地与香港/澳门关于建立更紧密经贸关系的安排》服务贸易协议（CEPA）等有关IDC业务对外开放政策，申请设立外商投资电信企业并取得相应的增值电信业务经营许可证。 七、云服务经营者应在境内建设云服务平台，相关服务器与境外联网时，应通过工业和信息化部批准的互联网国际业务出入口进行连接，不得通过专线、虚拟专用网络（VPN）等其他方式自行建立或使用其他信道进行国际联网。

六、交通出行与运输业务类数据规范

	规范性文件	数据本地化的条文
1	《汽车采集数据处理安全指南》 全国信息安全标准化技术委员会 2021.10.8 发布 本地存储+有条件出境	7.1 车外数据、座舱数据、位置轨迹数据不应出境；运行数据如需出境，应当通过国家网信部门组织开展的数据出境安全评估。
2	《汽车数据安全管理若干规定（试行）》 2021.10.1 生效 本地存储+有条件出境	第三条 重要数据是指一旦遭到篡改、破坏、泄露或者非法获取、非法利用，可能危害国家安全、公共利益或者个人、组织合法权益的数据，包括： （一）军事管理区、国防科工单位以及县级以上党政机关等重要敏感区域的地理信息、人员流量、车辆流量等数据； （二）车辆流量、物流等反映经济运行情况的数据； （三）汽车充电网的运行数据； （四）包含人脸信息、车牌信息等的车外视频、图像数据； （五）涉及个人信息主体超过10万人的个人信息； （六）国家网信部门和国务院发展改革、工业和信息化、公安、交通运输等有关部门确定的其他可能危害国家安全、公共利益或者个人、组织合法权益的数据。

（续）

	规范性文件	数据本地化的条文
2	《汽车数据安全管理若干规定（试行）》 2021.10.1 生效 本地存储+有条件出境	第十一条　重要数据应当依法在境内存储，因业务需要确需向境外提供的，应当通过国家网信部门会同国务院有关部门组织的安全评估。未列入重要数据的涉及个人信息数据的出境安全管理，适用法律、行政法规的有关规定。 第十二条　汽车数据处理者向境外提供重要数据，不得超出出境安全评估时明确的目的、范围、方式和数据种类、规模等。
3	《工业和信息化部关于加强车联网网络安全和数据安全工作的通知》 工业和信息化部 2021.9.15 实施 本地存储+有条件出境	（十六）强化数据出境安全管理。智能网联汽车生产企业、车联网服务平台运营企业需向境外提供在中华人民共和国境内收集和产生的重要数据的，应当依法依规进行数据出境安全评估并向所在省（区、市）通信管理局、工业和信息化主管部门报备。各省（区、市）通信管理局会同工业和信息化主管部门做好数据出境备案、安全评估等工作。
4	《工业和信息化部关于加强智能网联汽车生产企业及产品准入管理的意见》 工信部通装〔2021〕103 号 2021.7.30 实施 本地存储+有条件出境	（一）强化数据安全管理能力。企业应当建立健全汽车数据安全管理制度，依法履行数据安全保护义务，明确责任部门和负责人。建立数据资产管理台账，实施数据分类分级管理，加强个人信息与重要数据保护。建设数据安全保护技术措施，确保数据持续处于有效保护和合法利用的状态，依法依规落实数据安全风险评估、数据安全事件报告等要求。在中华人民共和国境内运营中收集和产生的个人信息和重要数据应当按照有关法律法规规定在境内存储。需要向境外提供数据的，应当通过数据出境安全评估。
5	《网络预约出租汽车经营服务管理暂行办法（2019年修正）》 交通运输部 2019.12.28 实施 本地存储+有条件出境	第二十七条　网约车平台公司应当遵守国家网络和信息安全有关规定，所采集的个人信息和生成的业务数据，应当在中国内地存储和使用，保存期限不少于 2 年，除法律法规另有规定外，上述信息和数据不得外流。

七、其他数据规范

	规范性文件	数据本地化的条文
1	《深圳经济特区数据条例》 深圳市人民代表大会 2022.1.1 实施 有条件出境	第八十二条　数据处理者向境外提供个人数据或者国家规定的重要数据，应当按照有关规定申请数据出境安全评估，进行国家安全审查。
2	《上海市数据条例》 上海市人民代表大会常务委员会 2022.1.1 生效 有条件出境	第六十九条　本市按照国家相关法律、法规的规定，在临港新片区内探索制定低风险跨境流动数据目录，促进数据跨境安全、自由流动。在临港新片区依法开展跨境数据活动的自然人、法人和非法人组织，应当按照要求报送相关信息。

（续）

	规范性文件	数据本地化的条文
3	《中华人民共和国档案法（2020修订）》 全国人民代表大会常务委员会 2021.1.1 生效 本地存储+有条件出境	第二十五条 属于国家所有的档案和本法第二十二条规定的档案及其复制件，禁止擅自运送、邮寄、携带出境或者通过互联网传输出境。确需出境的，按照国家有关规定办理审批手续。
4	《网络出版服务管理规定》 国家新闻出版总署、工信部 2016.3.10 实施 本地存储+有条件出境	第八条 图书、音像、电子、报纸、期刊出版单位从事网络出版服务，应当具备以下条件：……（三）有从事网络出版服务所需的必要的技术设备，相关服务器和存储设备必须存放在中华人民共和国境内。
5	《关于加强境内企业境外发行证券和上市相关保密和档案管理工作的规定（征求意见稿）》 中国证监会 2022.4.2 发布 本地存储+有条件出境	九、为境内企业境外发行证券和上市提供相关证券服务的证券公司、证券服务机构在境内形成的工作底稿等档案应当存放在境内。未经有关主管部门批准，不得通过携带、寄运等任何方式将其转移至境外或者通过信息技术等任何手段传递给境外机构或者个人。涉及对国家和社会具有重要保存价值的档案或档案复制件需要出境的，按照国家有关规定办理审批手续。
6	《会计师事务所一体化管理办法》 财政部 2022.10.1 实施 本地存储	第十五条 会计师事务所信息系统核心功能或子系统包括但不限于：审计作业管理、工时管理、客户管理、人力资源管理、独立性与职业道德管理、电子邮件、会计核算与财务管理等。会计师事务所的系统服务器应当架设在境内，数据信息应当在境内存储，并符合国家安全保密等规定。
7	《会计师事务所监督检查办法》 财政部 2022.7.1 实施 本地存储	第二十四条 省级财政部门对会计师事务所信息安全情况开展监督检查，应当重点检查以下内容：（一）存储业务工作、被审计单位资料的数据服务器和信息技术应用服务器是否架设在中国境内，是否设置安全隔离或备份；（四）是否建立审计工作底稿出境涉密筛查制度及程序；（五）是否对境外网络成员所或合作所访问会计师事务所信息系统设有隔离、限制、权限管理等措施。

（更新于2023年7月重印）